선어말어미 '-오-' 연구론

엮은이 **전정예**

서울대학교, 미국 Georgetown대학교 졸업
언어학 박사
현재 건국대학교 국어국문과 교수

주요 저서
『새로운 '-오-' 연구』, 한국문화사, 1995
『언어와 문화』, 박이정, 1999
『얘기 좀 할래요?』, 건국대학교 출판부, 2002
『훈민정음과 문자론』, 역락, 2002
『언어변화이론』, 박이정, 2005
『언어학특강』, 경진, 2006

선어말어미 '-오-' 연구론

초판 인쇄 2015년 8월 1일
초판 발행 2015년 8월 10일

엮은이 전정예 **┃ 글쓴이** 조용준 외 7
펴낸이 박찬익 **┃ 편집장** 권이준 **┃ 책임편집** 김지은
펴낸곳 ㈜ **박이정 ┃ 주소** 서울시 동대문구 천호대로 16가길 4
전화 02) 922-1192~3 **┃ 팩스** 02) 928-4683 **┃ 홈페이지** www.pjbook.com
이메일 pijbook@naver.com **┃ 등록** 2014년 8월 22일 제305-2014-000028호

ISBN 979-11-5848-059-2 (93710)

* 책값은 뒤표지에 있습니다.

선어말어미
'-오-' 연구론

전정예 엮음

(주)박이정

머리말

　　선어말어미 '-오-'는 오랜 기간을 거쳐 소멸된 문법 형태소로서 국어
문법사 연구에서 오랫동안 뜨거운 논란의 대상이 되어 왔으나 아직까지도
확실한 결론을 내리지 못하고 있는 문법범주이다. 그 오래된 주제를 새삼
다시 본격적으로 이 책에서 다뤄보려는 이유는 우선 이 '-오-'가 우리 국어
사 연구에서 피해갈 수 없는 아주 중요한 주제이고, 다음으로는 이 미완의
연구를 마치 연구가 끝나버린 주제처럼 기정사실화해 버리고 아무도 주의
를 기울이지 않는다는 점 때문이다. 1960년대의 허웅(1958)의 주체대상법
과 이숭녕(1959)의 의도법설 사이에 치열한 논쟁이 있었음은 우리가 잘
알고 있는 사실이다. 1970년대의 이인모(1975)의 연구는 이 둘과는 다른
눈여겨볼 가치가 충분히 있는 접근이었으나 아무도 주목하지 않았다. 1980
년대는 생성문법 이론에 입각한 새로운 접근이 이루어지기도 하였으나
별다른 진전 없이 허웅과 이숭녕의 이론을 확대·보완하는 방향의 연구가
계속해서 진행되었다. 1990년대에 들어서 전정례(1991)에 의하여 이인모
의 연구와 생성문법이론의 이해가 아우러진 '-오-'에 대한 종합적인 고찰
과 함께 새로운 접근법에 의한 연구가 이루어졌다. 그 후 2000년대의 양정
호(2001)와 2010년대의 정수현(2011)에서는 전정례에 대한 찬반양론이 대
두되면서 미완의 형태소 '-오-'에 대한 논의가 다시 활발히 진행되었다고
볼 수 있다.

　　'-오-' 연구에서 가장 큰 문제점은 허웅과 이숭녕으로 양분되어 고정된
이론에 '-오-' 연구 모두를 묻어버리고 이 두 설의 대립적이고 불충분한
설명에도 불구하고 우리가 한 발자국도 앞으로 내딛지 못하고 있다는 점이
다. 그 후에 이루어진 새로운 패러다임에 대하여 극히 부정적인 선입견을

가지고 대함으로써 '-오-' 연구는 해답을 찾지 못하고 지금도 표류하고 있는 것이다. 한 언어 안에 존재하는 어떤 언어 사실은 언어학자들이 설명해내야 할 과제이다. 그러므로 '-오-'에 대한 만족할 만한 설명이 이루어질 때까지 '-오-'에 대한 논쟁은 계속되어야 하며 또한 반드시 계속될 것이다.

이 책은 내 사랑하는 제자들과 '-오-' 연구회를 조직하여 2년여 간 머리를 맞대고 논의한 결과물이다. 반증될 수 있는 자료들을 찾고, 또 그 해답을 찾으면서 고민하는 과정에서 확신을 갖기도 했던 '-오-' 연구의 총체이다. 형태소 '-오-'는 어떠한 형태소적 환경에서 나타나며, 문장 구성에서의 통사적 기능은 무엇이고, 어떤 이유로 어떻게 소멸하였는지, 다시 말해 소멸의 동인은 무엇이고 소멸이 어디에서부터 시작하여 어떻게 완성되었는지, 우리는 이러한 근본적인 문제들에 대하여 하나하나가 어떻게 전체적으로 유기적 관련성을 가지고 있는가를 중점적으로 연구를 진행하였으며 이러한 의문들에 대한 일관된 설명을 찾는 데 주력하였다.

'-오-' 연구는 끝나지 않았다. 그리고 그 중요함은 우리 문법사 연구에서 결코 비켜 지나갈 수 있는 주제가 아니다. 다시 뜨거운 논쟁을 하더라도 꼭 해결하고 넘어야 할 큰 산맥이다. 이 책을 계기로 앞으로 활발한 연구가 이루어지기를 기대해 본다.

2015년 여름
전 정 예

차례

15세기 문헌

문헌명	연도	약호
훈민정음 해례본	1446	훈해
훈민정음 언해본	1447	훈언
용비어천가	1447	용가
석보상절	1447	석상
월인천강지곡	1447	월곡
월인석보	1459	월석
능엄경언해	1461	능엄
법화경언해	1463	법화
금강경언해	1463	금강
선종영가집언해	1464	영가
아미타경언해	1464	아미
상원사중창권선문	1464	상원
반야심경언해	1464	반언
원각경언해	1465	원각
구급방언해	1466	구방
목우자수심결	1467	목우
두시언해	1481	두시-초
삼강행실도	1460년경	삼강
몽산화상법어약록언해	1472년	몽법
내훈(서,목록,권1,2,3)	1475	내훈
금강경삼가해	1482	금삼
남명집언해	1482	남명
불정심다라니경	1485	불정
구급간이방	1489	구간
육조법보단경언해	1496	육조

16세기 문헌

문헌명	연도	약호
속삼강행실도	1514	속삼
번역노걸대	1510년대	번노
번역박통사	1510년대	번박
사성통해	1517	사해
번역소학	1518	번소
여씨향약언해	1518	여씨
이륜행실도	1518	이륜
분문온역이해방	1542	온역
은중경언해	1563	은중
청주순천김씨묘출토간찰	1565-1575	청주간찰
선가귀감언해	1579	선가
소학언해	1588	소언
대학언해	1590	대언
중용언해	1590	중언
논어언해	1590	논언
맹자언해	1590	맹언
동몽선습언해	16세기	동몽

17세기 문헌

문헌명	연도	약호
언해태산집요	1608	언태
언해두창집요	1608	언두
연병지남	1612	연병
동의보감	1613	동의
동국신속삼강행실도	1617	동신

문헌명	연도	약호
가례언해	1632	가례
신전자취염소방언해	1635	염소
화포식언해	1635	화포
가례언해	1632	가언
두시언해 중간본	1632	두시-중
권념요록	1637	권념
신간구황촬요	1639	구황
산성일기	1639	산성
벽온신방	1653	벽온
어록해초간본	1657	어록초
경민편언해(규장각본)	1658	경민중
어록해중간본	1669	어록중
노걸대언해	1670	노언
첩해신어 초간본	1676	첩신-초
박통사언해	1677	박언
마경초집언해	1682	마경
구황보유방	1686	보유방
역어유해	1690	역어
신전자초방언해	1698	자초
남평조씨부인병자일기	1636-1640	병자
여훈언해	17세기 초	여훈
계축일기	17세기	계축

18세기 문헌

문헌명	연도	약호
몽어노걸대	1741	몽노
청어노걸대	1765	청노
박통사신석언해	1765	박통신

선어말어미 '-오-' 연구사

조용준

1. 서론

선어말어미 '-오-'는 국어사 연구에 있어 지속적인 논란의 대상이 되어온 대표적인 문법 형태 중 하나이다. 15세기 문헌에서 빈번하게 사용되다가 17세기 이후에 소멸하였기에 현대 국어의 언어 직관으로서는 접근하기 어려운 이 형태소에 대한 학계의 뜨거운 관심은 양적인 측면에서도 여실히 증명된다. 허웅(1958)의 본격적 연구 이후 현재까지 73여 편에 이르는 연구 논문이 쏟아져 나왔으며 이 중 박사 학위 논문이 이남덕(1970), 이인모(1975), 차현실(1981), 전정례(1991ㄱ), 양정호(2001), 정수현(2013) 등 총 6편에 이르며 연구사적 논의도 한재영(1990), 손주일(1994), 임동훈(2005), 전정예(2010), 정수현(2010), 석주연(2014) 등 총 6편에 이르고 있다.[1]

　시대별로 '-오-' 연구를 간략히 살펴보면 외국인에 의한 초기 연구 이후[2] 허웅(1958)에서 본격적으로 시작한 '-오-' 연구는 1960년대 초로 이어지면서 허웅(1958, 1959, 1963, 1964, 1965, 1973, 1975)의 인칭대상활용설과 이숭녕(1959, 1960, 1964ㄱ, 1964ㄴ)의 의도법설 사이의 치열한 논쟁이 있었으며 1970년대와 1980년대는 허웅과 이숭녕의 이론을 확대 · 보완하는 방향의 연구가 진행되었으나 1990년대 들어 전정례(1991)를 비롯한 새로운 접근법에 의한 연구가 진행되었다. 2000년대와 2010년대는 허웅(1958)의 인칭대상활용설과 이숭녕(1959)의 의도법설, 그리고 전정례(1991) 등의 새로운 접근법을 수정 · 확대 혹은 보완하는 방향의 연구가 꾸준히 진행되어 오고 있다.[3]

　선어말어미 '-오-'에 대한 연구는 그간 상당한 연구가 축적되어 왔기에 석주연(2014)의 지적처럼 연구 성과의 검토조차 사실상 쉽지 않다. 이런 점에서 본 논문은 '-오-' 연구의 주요 연구 성과의 요지 및 그 흐름을 비판적으로 제시할 것이다. 다시 말해 본 논문은 선어말어미

---

1) 위에 제시한 5편의 연구사 논문의 특징을 살펴보면 다음과 같다. 우선 한재영(1990)은 '-오-' 연구에 대한 최초의 연구사이며, 손주일(1994)은 1994년까지의 '-오-' 연구를 시기별, 이론별로 심층적으로 논의하였다. 임동훈(2005)은 허웅(1958)과 이숭녕(1959)를 중심으로 '-오-' 연구를 쟁점 위주로 살펴본 논문이며 전정예(2010)는 형태소 분석, 기능과 변천을 중심으로 전정례(1991) 이후의 연구사를 종합적으로 논의한 연구이다. 정수현(2010)은 허웅(1958) 이후 2010년까지의 '-오-' 연구사를 세밀히 살펴본 논문이다. 석주연(2014)은 '-오-' 연구에 대한 쟁점을 위주로 범언어적 고찰 및 15세기 이전 문헌에 대한 면밀한 고찰이 필요함을 역설하고 있다.
2) 허웅(1958) 이전의 '-오-' 연구는 이숭녕(1960), 손주일(1994) 등을 참조하기 바란다.
3) 시대별 · 관점별 연구사 개괄은 부록에 실린 표를 참조하기 바란다.

'-오-' 연구에 대한 사적 논의로서 연구 관점의 측면에서 기존 연구의 주요 부분을 비판적으로 정리하고 이로부터 연구의 쟁점을 제시하고자 한다.

'-오-' 연구의 초점은 크게 세 가지로 요약할 수 있는데 첫째는 선어말어미 '-오-'의 형태소 확인과 형태소적 분포 환경이며 둘째는 '-오-'의 문법적 기능 규명이고 셋째는 '-오-'의 변천과 소멸 과정의 규명이다. 이들 세 문제에 관련하여 차례로 절을 달리하여 그 연구사를 살펴볼 것이다.

2. '-오-'의 형태 분석에 대한 연구사

'-오-' 연구에 있어 형태소 분석, 즉 형태소 출현 환경을 규정하고 이형태를 확인하며 융합형을 분석하는 것 등이 '-오-' 연구의 출발점이 될 것이다. 연구 대상에 적합하지 않은 자료를 포함할 경우나 연구 대상에 당연히 포함되어야 하나 그렇지 않을 경우에는 이론이나 연구가 왜곡될 수 있기 때문이다. 이런 점에서 '-오-'의 형태 분석에 대한 연구사를 살펴보면 다음과 같다.

우선 선어말어미 '-오-'는 다음과 같은 환경에 출현한다.

(1) 선어말어미 '-오-'의 출현 환경
   ① -옴 ② -온 ③ -논 ④ -올
   ⑤ -오니 ⑥ -노니 ⑦ -오리니 ⑧ 오딕 ⑨ -오려
   ⑩ -오라 ⑪ -오이다 ⑫ -오니라 ⑬ -노라 ⑭ -노이다 ⑮ -노니라
   ⑯ -오리라 ⑰ -오리이다 ⑱ -논가 ⑲ -노닛가 ⑳ -은가 ㉑ -오리잇가 ㉒ -오리잇고 ㉓ -오려다 ㉔ 오마

이들은 '-오이다'와 '-노이다', '오딘'라는 예외를 제외하고 모두 '-ㄴ, -ㄹ, -ㅁ' 앞에서 출현함을 알 수 있다. 이와 같은 모습을 명시적으로 논의한 최초의 연구는 전정례(1991)였다. 전정례(1991)에 따르면 이를 동명사형 어미 앞이라는 일반화를 제시함으로써 '-오-'의 통사적 기능에 대한 실마리가 나오며, '-오-'의 개재에 대한 간단명료하며 체계적인 기술을 제공할 수 있다고 보았다.

'-오-'의 형태소 분석에 관련한 연구는 먼저 허웅(1958)과 손주일 (1979), 고영근(1981), 정재영(1985), 전정례(1991), 전정예(2010)를 들 수 있다. 허웅(1958)에서는 용언의 모음조화에 의해 '-오/우-'가 삽입되며 이 경우 선행 용언이 모음으로 끝날 경우에는 축약이 일어나거나 반모음 y가 삽입되어 '-요/유-'로 변동된다고 보았다. 또한 지정사 뒤에서는 '-로-'로 변동한다고 하였으며 '-시-'와 결합하면 '-샤-'로 '-거-'와 결합할 경우 '-가-'나 '-과-'로 변동한다고 설명하였다. 반면 명사화 어미 '-ㅁ' 앞에서의 '-오-'는 따로 분석하지 않았다. 이숭녕(1959)과 강길운(1972)에서는 사역형의 '-오-'를 이병선(1971)에서 부사형의 '-오-'를 포함하기도 하였으나 이는 어간을 형성하는 접미사이므로 논의에서 제외되어야 할 것이다.

고영근(1981)에서는 형태소 분석의 계열 관계와 통합관계를 만족시키지 못하므로 '-옴', '-오마', '오딘'의 '-오-'를 분석할 수 없다고 보았으며 '-옷', '-돗', '-ㅅ'의 경우 선어말어미 '-오-'와는 다른 형태소로 보았다. 반면 손주일(1980), 차현실(1981), 정재영(1985) 등에서는 고영근(1981)과는 달리 '-옷', '-돗-', '-ㅅ'의 경우 선어말어미 '-오-'로 보았다.

'-오-'의 기능을 관형형·명사형에서와 종결형·연결형에서 일원적으로 볼 것이냐 혹은 이원적으로 볼 것이냐에 따라 동일 형태소로 볼 수도 있고 그렇지 않을 수도 있다. 일원론적 시각에 있는 이숭녕 (1959)은 동일 형태소로 보는 반면 그렇지 않은 허웅(1958)에서는 이를 동음이의 형태로 본다.

전정례(1991)와 전정예(2010)는 '-오-' 연구에 있어 형태소 분석에 대한 객관적 기준을 제시한 연구로 평가할 수 있다. (1)에서 살펴볼 때 무엇보다도 '-오-'는 동명사형 어미로 일컬어지는 '-ㄴ, -ㄹ, -ㅁ' 앞에서 나타난다는 일차적 기준을 제시할 수 있다. 예외로서 '-오이다' 와 '-노이다', '오딕'가 있는데 '오딕'의 경우 전정례(2000)에서 석독구결 자료를 통해 '-온딕/-올딕'>'-오딕' 변화 과정을 실증함으로써 예외가 아님을 보여주었다. 전정례(1991)와 전정예(2010)에서 제시한 동일 형태소 설정 기준을 좀 더 자세히 살펴보면 첫째 종결·연결형에서의 '-오-'와 관형사·명사형에서의 '-오-'는 동일 형태소이며, 둘째 대립항의 유무에 의한 동일 형태소 설정 문제는 통시적 관점을 고려해야 한다고 보아 '-옴', '-오마', '오딕'의 경우 대립항이 없다고 하더라도 이 경우의 '-오-'를 동일 형태소로 보았다. 셋째로 '-옷-', '-돗-'의 '-오-' 는 동일 형태소가 아니라고 보았다. 넷째로 '-로-', '-샤', '-다-', '-가(아)-', '-과(와)-' 등은 음운론적으로 조건 지을 수 있는 '-우-', '-요/유-' 와 함께 선어말어미 '-오-'의 이형태들이라고 보았다. '-로-'에 대해서는 두 가지 설명 방식이 있는데 첫째는 허웅(1958)의 분석으로 이를 '-오-'의 형태론적 이형태로 설정하는 방법이며 다른 하나는 河野六郎 (1979)의 분석으로서 '이다'의 어원을 '*일다'로 추측하는 방법이다.

'-샤'에 관련하여서는 이미 안병희(1963)에서 '-시-'가 '-아, 오딕, -옴' 등의 모음 앞에서 음운론적으로 교체되는 이형태로 분석하였다는 점을 고려할 때 '-다-'와 '-가-'에 대해서 동일한 설명을 제공할 수 있다. 그러나 '-시-'가 '-오-'와 결합하여 '-샤'가 되는 것은 음운론적으로 설명되지 않는다. 이런 점에서 임홍빈(1980), 전정례(1991), 전정예 (2010) 등에서는 선어말어미 '-오-'의 이형태로 '-아-'를 설정한 후 그 결합 양상을 설명하였다.4) 이와 같이 이형태로 분석하는 방법도 있으나 두 형태소의 통합형, 혹은 융합형으로 분석하는 방향의 접근도 가능하다. 그러나 정재영(1997)에서는 두 가지 이유를 들어 이를 배격하였다. 첫째로 15세기의 공시적 입장에서 보면 종결·연결형에 '-시-'의 결합이 불가능하였으며, 둘째로 동사 어간의 끝이 '시'인 경우 '어/아'나 '오/우' 등의 모음 어미와 결합하면 '셔'나 '쇼/슈'로 변동하는 모습을 고려하면 통합형 어미로 분석하기는 어렵다고 보았다.

3. '-오-'의 문법적 기능에 대한 연구사

3.1. 통사론적 관점에서의 연구

선어말어미 '-오-'의 문법적 기능에 대한 규명은 크게 두 가지 관점에서 출발하였다. 하나는 일치(agreement)와 같은 통사적 기능을 담당한다고 보는 통사론적 관점이며 다른 하나는 서법(mood), 양태(modality)와 같은 기능을 담당한다고 보는 의미화용론적 관점이다.

'-오-' 연구의 본격적인 시작을 알린 허웅(1958)과 이후 일련의 연구(허웅 1958, 1959, 1963, 1964, 1965, 1973, 1975)는 '-오-'에 대한 초기의 통사론적 관점을 대표하는 연구들이다. 무엇보다도 이들 연구에서는 종결·연결형에서의 '-오-'와 관형형에서의 '-오-'를 분리하여 전자에서는 인칭활용법, 후자에서는 대상활용법의 통사적 기능을 선어말어미 '-오-'가 담당한다고 보는 이분법적인 입장을 취하였다.

우선 인칭활용법의 내용을 정리하면 다음과 같다.

---

4) 이와 같은 주장에 정재영(1997)은 반론을 제기하기를, 석독 구결 자료에 '-샤'가 문증되지 않는다고 하였다. 석독 구결에는 선어말어미 '-오-'가 '오'로 읽힐 수 있는 구결자가 보이는데 이들의 통합형은 '-샤-'의 모습을 보여주지 않기 때문이라고 하였다.

(2) 가. 이 형태소는 … 종지법과 접속법에 있어서 일인칭 활용 어미로 사용되고 …. (허웅, 1958:151)

　　 나. 일인칭 활용이란 주어가 제일인칭일 때에 일치되는 용언의 활용방식이며, 이, 삼인칭 활용이란 주어가 이, 삼인칭일 경우에 일치되는 용언의 활용 방식을 말한다. (허웅, 1958:151)

(3) 가. 말할이가 자기자신을 화제의 주인공으로 (즉 논리적 주어로) 등장시키게 되면, 그 술어의 어미에는 {오/우}가 연결되는 것이다. (허웅, 1963:3)

　　 나. 말할이가 자기자신에 관한 말을 하고 있을 때─또는, 하고 있다고 생각하고 있을 때─에는 {오/우}활용형을 사용한다…. (허웅, 1964:14)

(2)의 주장에 따르면 주어가 1인칭일 때 종결형과 연결형 어미에 '-오-'가 선접하는 다음 예를 설명할 수 있다.

(4) 가. 내…프서리예아ᄃᆞ를<u>나호니</u> (월곡10:24)
　　 나. 婢ᄒᆞᆫ아ᄃᆞ를<u>나ᄒᆞ니</u> (월곡21:55)

(4가)에서 1인칭 주어 '내'에 이끌려 연결형 어미 '-니' 앞에 선어말어미 '-오-'가 선접한 반면, 3인칭 주어 '婢'가 쓰인 (4나)에서는 동일한 연결형 어미 '-니' 앞에서 '-오-'가 출현하지 않았다. 이와 같이 "주어가 제일인칭인 경우에 그 동사에 연결되는 요소"(허웅, 1959:88)라고 보는 관점이 인칭활용법이다. 이 관점에 서면 '-오-'가 15세기 이후의 문헌 중 종결형·연결형에서 주체높임법 어미 '-시-'와의 결합이 거의 발견되지 않는 사실을 자연스럽게 설명할 수 있다. 즉 화자가 자신을 스스로 높이는 것은 불가능하므로 화자가 주어인 1인칭문에서는 '-시-'가 논리상 나타날 수 없다.

그러나 아래 예들은 언뜻 인칭활용법으로는 설명되지 않아 보인다.

(5) 가. 能은字를아디몯ᄒ노니 (육조서:15)
     나. 寂滅이現前ᄒ이다.
     다. 兜率은곧第四天이니ᄒ듸잇노니 (법화7:177)
     라. 一切衆生이다圓覺인들證ᄒ노니 (원각7:54)

(6) 가. 우리ᄒ가짓百千萬億사ᄅ미…잇ᄂ니 (석상13:45)
     나. 우리어ᅀᅵ아ᄃ리…기드리노니 (석상6:5)

(7) 가. 내너爲ᄒ야…一千五百히ᄅ를의쇼리라 (월석7:55)
     나. 내녀ᄆᆞ나라해부톄ᄃᆞ외야ᄯᅩ다ᄅᆞᆫ일후미이시리니 (월석14:57)
     다. 다시모ᄃᆡ안조ᄃᆡ端正히ᄒ오리라 (몽법2)

(5)는 표면상 주어가 3인칭인데도 불구하고 '-오-'가 나타난 예이며 (6)은 1인칭 복수가 주어인 경우 '-오-'의 결합이 수의적으로 나타나며 (7)은 '-리-' 앞에서 '-오-'의 결합이 수의적임을 보여주고 있다.

결국 일인칭활용 어미로서의 '-오-'는 인구어의 일치 현상처럼 맹목적이며 기계적으로 도출되지 않는다. 이런 점에서 (2)와 같은 인칭법에 대한 상세한 정의가 필요하게 된다. 주어가 '나' 혹은 '우리'라는 대명사일 때에만 '-오-'가 출현하는 것이 아니며, 허웅(1964:12)의 표현에 따르면 "관념상의 1인칭 범주가 문법상으로도 1인칭의 범주로서" '-오-'가 용언에 결합한다. 즉 주어가 화자를 실질적으로 지시하고 그 문장이 화자 자신에 대해 말하고 있을 때라면 3인칭 주어라도 '-오-'가 나타나며 심지어는 (3나)에서처럼 "1인칭적 의식"(허웅, 1964:4)에 의해 '-오-'의 출현이 좌우되는 일도 있다고 지적하였다. (6가)의 경우를 예로 들면 자기 자신에 관한 말이란 사실이, 그 중간에 있는 동격(同格)의 명사구 때문에 흐려졌는데 대해서, 뒤의 말은 자기 자신들에 관한 일을 알고 있다는 의식이 작용하여 '-오-'의 출현이 결정된다는 것이다. 또한 단순 미래와 의지 미래를 구분하여 '-오-'가 선접하면 의지 미래를, 그렇지 않으면 단순 미래를 나타낸다고 보았다.

(8) 長者야녀나믄 飮食에이르리佛僧끠받즙디몯ᄒᆞ야셔몬져먹디마로리니ᄒᆞ다가그르먹거나 (월석21:111)

특히 (8)의 '마로리니'의 경우에 이르러서는 "다른 사람에 관한 일일지라도 그것에 말할이 자신의 의사를 반영시키려는 의욕이 강할 때는 자기자신에 관한 일을 서술하는 의사 미래의 형식에 '-오-'가 유용되는 것"(허웅, 1963)이라고 지적하였는데 이는 "1인칭적 의식"을 반영하고 있다는 점에서 엄밀한 의미에서의 통사론적 접근이라고 볼 수 있을까 의문이다. 화자의 의식 혹은 판단이 개입된다는 측면에서 "기본 태도의 대수정"(이숭녕, 1964ㄱ:1) 혹은 '주장의 변모(變貌)'로도 보여질 수 있는데 특히 임동훈(2005:648)에 이르러서는 '-오-'의 실현 여부가 이와 같이 화자의 판단에 의존하게 되므로 "문장 내부에 의해서만 규정될 수 없어 순수한 통사 표지로 보기 어렵다"는 지적까지 하였다. 이 표지가 인칭법이라는 순수한 통사 표지라는 주장을 뒷받침할 수 있는 증거가 더 확보되어야 인칭법이 좀 더 설득력을 가지게 될 것이다.

특히 관념상의 인칭과 문법상의 인칭의 일치 여부에 대한 주장은 범언어적 비교가 필요한 부분일 것이다. 국어사에서만 발견되고 다른 언어에서는 발견되지 않는다면 우리는 다른 결정적 증거가 없는 이상 그 존재를 의심할 수밖에 없다. 인칭법은 일반적으로 보면 일치(agreement)라는 현상 속에서 살펴볼 수 있는데 일치는 통사적 일치(syntactic agreement)와 의미적 일치(semantic agreement)로 나뉘어지는 것으로 알려져 있다(Corbett 2006:155-157). 의미적 일치란 통제자

(controller)의 의미에 기반한 일치 현상을 가리킨다. 영어의 경우를 예를 들면 복수 일치(plural agreement)에 있어서는 다음과 같이 의미적 일치(semantic agreement) 현상이 나타난다.

(9) 가. His lifelong companion and the editor of his autobiography is at his bedside.

나. His lifelong companion and the editor of his autobiography are at his bedside.

(Wechsler, 2004)

주어 위치에 놓인 두 명사구가 한 사람을 지시할 때에는 (9가)처럼 단수 취급을 받지만 각각 다른 사람을 지시할 때에는 (9나)처럼 복수 취급을 받게 된다.

허웅(1958) 이후의 일련의 논의는 15세기 국어의 인칭법은 통사적 일치가 아니라 의미적 일치라고 주장하는 것인데 이는 범언어적 검증이 필요한 부분이다. 수(數) 이외에 인칭에 의해 의미적 일치가 촉발된 경우가 보고되지 않았기 때문에 이는 좀 더 면밀한 검증이 요구되지만 현 시점에서의 판단으로는 허웅(1958)의 인칭법 논의는 범언어적으로 보았을 때 매우 예외적인 경우에 속한다.

허웅(1958)에서는 관형사형의 경우에 대해서는 주체대상활용설에 의해 설명한다. 다음 예를 들어 살펴보자.

(10) 가. 아기나혼겨집들홀 (석상9:26)

나. 阿那律陁ㅣ父母나혼모물 여희디아니ᄒ야셔 (월석17:59)

(10)에서 관계절의 주어는 모두 3인칭인 '겨집들' 혹은 '父母'이기 때문에 인칭활용법으로는 설명되지 않는다. 이 경우 명사구 핵어(核語, head)가 선행하는 관형절에서 속뜻상 주어인지 혹은 목적어인지에

의해 '-오-'의 출현 여부가 결정되는 것이라고 허웅(1958)은 보았다. 우선 (10가)의 명사구 핵어인 '겨집둟'은 선행하는 관형절에서 속뜻으로 보아 주어가 가리키는 주체여서 '-오-'가 선접하지 않는 반면 (10나)의 경우에는 명사구 핵어인 '子息'이 선행하는 관형절에서 속뜻으로 보아 목적어가 가리키는 대상이어서 선어말어미 '-오-'가 선접하였다고 보았다. 즉 명사구 핵어가 선행하는 관형절의 주체인 경우에는 '-오-'가 관형화 어미 앞에 선접하지 않지만 대상인 경우에는 '-오-'가 선접한다는 것이 바로 주체대상법의 요체이다. 이와 같은 주체대상법에 따르면 관형형에 있어 '-오-' 개재형에 형용사가 발견되지 않는 사실이 자연스럽게 설명되는 이점이 있다. 반면 명사구 핵어가 주체나 대상이 아닌 부사어의 경우나 보문의 경우에는 주체대상법의 적용 대상이 되지 않으므로 '-오-'의 결합이 '불규칙하게' 실현된다고 보았다. 또한 이와 같은 주체대상법에 다음과 같은 예외가 존재한다고 보았는데 이는 '-오-'의 변천 및 그 방향성에 대한 증거로 해석하였다.

(11) 가. 샹녜孝慈로나혼부모싱각ᄒ야 (월석23:98)
　　　나. 父母나혼누ᄂ로 (월석17:57)

(11가)는 '-오-' 비개재형이 쓰여야 할 곳에 '-오-'가 쓰였으며, (11나)는 '-오-' 개재형이 쓰여야 할 곳에 '-오-'가 나타나지 않은 예이다. 이들 예외에 대한 허웅(1958)의 설명에 따르면 첫째로 '-오-'의 개재가 불규칙적인 경우가 원래 많으며 둘째로 인칭법과는 달리 '-오-'의 개입을 결정하는 말이 뒤에 와 미리 예측해야 하므로 불규칙성이 나타날 수밖에 없고 셋째로 대상법은 속구조에 의해 규정되어 잠재적이고 간접적인 관계이며 넷째로 '-ᄉᆞ-'과 '-시-'의 경우에 상당한 예외가 발견되는데 이는 정신적 부담이 크기 때문이며, 마지막으로 (11가)의 예외보다 (11나)의 예외가 많은 것은 15세기에 이미 대상법은 혼란되기

시작하여 '-오-' 비개재형이 '-오-' 개재형을 대체하려는 경향이 있었기 때문으로 보았다. 요약하면 주체대상법이 내재하고 있는 불규칙성과 정보처리에 있어서의 부담량 및 변화의 방향에 의해 의한 것이다.

주체대상법의 수많은 비판 가운데 중심적인 것은 무엇보다도 이 이론이 수많은 불규칙성을 함의하고 있다는 점이다. 부사어가 한정변형된 경우 및 보문화 명사구내포문의 경우, 설령 주체대상법이 철저하게 지켜지더라도 그 적용 범위를 벗어나므로 근본적으로 불규칙성을 보일 수밖에 없으며 이는 극복되어야 할 부분이다.

허웅(1958 외) 이후 통사론적 관점에서의 연구는 주로 허웅(1958 외)의 주체대상법을 보완해 나가는 방향의 연구가 진척되었다. 김승곤(1974)에서는 노걸대와 박통사를 대상으로 종결형, 연결형, 관형형, 명사형 등에서의 '-오-'의 빈도에 기초하여 그 기능을 각각 살펴본 연구로서 대체적으로 보아 허웅(1958 외)의 인칭대상활용설에 준하는 연구로 볼 수 있다. 최남희(1987)에서는 15세기 국어에 있어 '-오-'는 이미 혼란의 와중에 있는 것으로 보고 그 이전의 고대 국어 자료, 특히 신라 향가와 고려 향가의 자료를 근거로 허웅(1958 외)의 주체대상활용설을 옹호한 논문이다. 본 논문의 특징으로는 15세기 국어의 '-오-'는 이미 그 기능이 소멸하여 어떤 문법적 의의나 통사적 기능을 찾을 수 없는 '삽입모음'으로 보고 있다는 점이다. 강규선(1989)은 이숭녕(1959 외)의 의도법설과 허웅(1958 외)의 인칭대상활용설을 비교한 후 후자의 타당성을 주장한 논문이다.

양정호(2001/2003)는 전기 중세국어의 석독구결 자료를 대상으로 주로 동명사형의 '-오-'에 한정하여 살펴본 연구로서 전기 중세국어에 있어 '-ㄴ, -ㄹ'이 명사화 어미로서 사용되었고 이 경우 '-오-' 개재형과 '-오-' 비개재형의 변이 현상이 상당한 존재한다고 보고하고 이를 규제하는 원리를 제시하고자 하였다. 서술어가 요구하는 주어와 목적어 이외에 필수 성분을 '보어'라 칭하고 관계절에서 핵어 명사가 목적어나 보어로 복원 될 수 있으면 '-오-'가 통합된다고 보았다. 보문절이나 명사화 구문의 경우에는 서술어가 목적어나 보어를 필요할 경우 '-오-'가 통합되는 것으로 분석하였다. 그런데 이와 같은 요건을 만족하고 있더라도 '-오-'는 수의적으로 생략이 가능하다고 본다는 점에서 허웅 (1958)보다 불규칙성이 좀 더 확장된 것으로 평가할 수 있다. 왜냐하면 허웅(1958)의 경우에는 주어와 목적어가 한정변형된 경우에 있어서는 불규칙성이 나타나지 않아야 하는 것으로 예측되는 반면 양정호 (2001/2003)에서는 이 경우마저도 수의적으로 생략되는 것으로 보아 많은 경우에 있어 근본적인 불규칙성 혹은 변이를 내재하기 때문이다. 수의성에 기인한 '-오-'결합의 불규칙성은 결국 비규칙성으로도 볼 여지가 있기 때문에 이론적으로 보아 방만한 성격을 피할 수 없다.

양정호(2001/2003)의 또 한 가지 특색은 허웅(1958)의 대상법의 범위를 목적어로부터 (필수적) 부사어까지 확장했다는 점이다. 목적어뿐만 아니라 서술어의 의미에 긴밀한 부사어를 보어라 칭하고 관계절에 있어 목적어나 보어가 한정변형된 경우 '-오-'가 개재하는 것으로 분석하기 때문이다. 이와 같은 대상법의 확장은 나카지마(2003)에서도 발견되는데 본 논문에서는 관계절에 있어 핵어 명사가 관계절 서술어에 대해 넓은 의미의 대상이 될 때 '-오-'가 개재하는 것으로 분석하였다.[5)]

석주연(2001)은 허웅(1958 외)의 주체대상설을 다른 각도에서 접근한 시도로서 관계절에서의 '-오-'를 핵어 명사가 주어가 아니어서 유표적일 때 그 유표성을 표시하는 장치로 분석하였다. 유표성의 정도는 명사구접근위계 가설(NP Accessibility Hypothesis)에 따르면 '주어>목적어>부사어'의 순서에 따르게 되어 부사어의 경우가 목적어의 경우보다 유표성이 증가하게 된다. 만약 '-오-'가 유표성 표지라고 한다면

---

5) 나카지마(2003)에서는 '-오-'의 기능을 허웅(1958 외)과는 다르게 보고 있다. 동사구가 지시하는 사실이 텍스트 안의 현실 세계에서 현재적(顯在的, actual)인 동작이나 상태임을 나타낸다고 보았다.

부사어가 한정변형된 경우에 '-오-' 결합의 규칙성이 더 증가할 것을 예측된다. 그러나 주어나 목적어가 한정변형된 경우보다 불규칙성을 더 많이 보여주는 것이 15세기 국어의 현실이다.

3.2. 의미화용론적 관점에서의 연구

이숭녕(1959)에 있어, 허웅(1958) 유형의 통사론적 관점의 가장 큰 문제점은 동일한 외형을 가지고 있으며 어형의 변화도 동일하여 어미 구조체에서 동일한 계열적 위치를 가지고 있으면서도 연결형·종결형 에 선접하는 '-오-'와 관형형·명사형에 선접하는 '-오-'를 분리하여 설명했다는 것이다. 따라서 이숭녕(1959:5)은 "같은 活用에서 같은 形 態部는 같은 原理에서 解決되어야 할 것"이라는 원칙 아래 이 두 환경 의 '-오-'를 "하나의 원리"(이숭녕, 1959:6) 즉 서법이라는 의미화용론 적 관점에서 풀어보려고 하였다. 따라서 (1)과 (2)의 경우를 모두 서법, 특히 의도법이라는 관점에서 바라보았다. 이숭녕(1959)의 의도법설에 따르면 '-오-'는 "제 행동이든 또는 남의 행동이든 화자의 뜻대로 전개 되거나 진행됨을 바라는 형식의 서법으로 장차의 귀추에 대한 화자의 의도를 나타내는 volitive form의 prefinal ending이다"(이숭녕, 1960). 따라서 이 관점에서는 "혼, ᄒ논, 홇은 한정하는 <u>주체가 인간이라는 것</u>, 그 인간의 능동적인 행동에 의한 한정이란 것이 가장 큰 관점이 된다"(이숭녕, 1964)고 보았다.[6]

이 관점에 따르게 되면 '-오-' 개재형의 의미 기능은 '의지(voluna- tive), 가능(potential), 원망(desiderativum), 당위(nezessitativ), 화자의 주관적 진술, 화자의 주관적 한정'으로 분류된다. 이 모두를 아우르는 의도법이란 매우 추상적인 개념으로서 반증가능성이 꽤 낮은 문제점

---

6) 인용에서 밑줄은 필자의 것임.

을 지니고 있다. 또한 '-오-' 개재형이 위의 의미기능을 갖고 있다고 하더라도 그것은 개재형이라는 전체 구성의 의미인지 '-오-' 자체만이 갖고 있는 의미 특성인지 파악하기 어려운 난점을 지니고 있다. 더불어 '-오-' 개재형과 '-오-' 비개재형의 차이를 세밀히 기술하여야 하는데 '-오-' 개재형의 의미와 기능에 대해서는 논했으나 '-오-' 비개재형의 경우에는 화자의 의도가 개입하지 않았음에 대한 논의가 부족하였다.

'-오-'에 대한 이숭녕(1959)의 의도법설은 후에 다양하게 계승되었는데 이들 의미화용론적 접근의 특색 중 하나는 이숭녕(1959)을 그대로 답습한 경우는 드물며 서법의 구체적 내용에 있어 다양한 변이가 나타났다는 점이다. 이종은(1968)에서는 서법 중 '주관적 확인 판단'을 나타나는 것으로 보았으며, 박형달(1968)에서는 관형사형의 '-오-'에 대해 한문 원문의 所의 일치에 근거하여 수식어가 피수식어를 제한하는 정도에 있어 특수적이고 국한적인 경우를 강화된 관형사형으로 보아 이 때 '-오-'가 사용되는 것으로 보았다. 이남덕(1970)에서는 화자와 관련된 정동법(情動法) 표지로 보았으며, 강길운(1971)에서는 한정법(限定法) 어미로 보았고 임홍빈(1981)에서는 '-오-'가 어떤 사실의 확실성에 대한 화자의 믿음을 나타내는 형태소로 분석하였다.

차현실(1981)은 생성의미론의 입장에서 '-오-'를 살펴본 연구로서 상위문의 주어와 내포문의 주어가 상호지시적일 때 응축 보문을 형성할 경우 내포문 동사 어간에 후접하여 나타나는 형태소로 영화응축표지로 분석하였다. 생성의미론을 차용하여 분석하기는 하였으나 화자의 인식 태도와 직접 연관되어 있는 것으로 파악하고 있으므로 의미화용론적 접근의 일환으로 볼 수 있다.

이숭녕(1959)의 의도법설 이후 '-오-'에 대한 의미화용론적 접근의 또 다른 특색은 대체적으로 일원론적 시각에서 이루어졌다는 점이다. 다시 말해 연결형·종결형에서의 '-오-'와 관형형·명사형에서의 '-오-'를 별개로 보지 않고 동일한 의미기능을 갖는 것으로 분석하였다. 이는 이숭녕(1959)의 입장을 꾸준히 견지해 온 것으로서 통사적 접근은 이분법적이요, 의미화용론적 시각은 그렇지 않다고 볼 수도 있다. 그러나 이는 논리적으로 필연적인 것은 아니며 양측 입장에서 모두 일원론적 시각과 이원론적 시각을 모두 갖출 수가 있다. 의미화용론적 접근에서의 이원론적 시각을 보여주는 연구의 예로는 임동훈(2005)을 들 수 있다.

임동훈(2005)에서는 15세기 국어에서 관형형의 경우 모든 주체가 무언가를 대상으로 한 지향적 행위를 할 때에는 인칭과 관계없이 주체가 관련 행위를 의식한다고 여겨질 때 '-오-'가 쓰이고 연결형·종결형에서는 문법화가 진행되어 실제로 관련 행위를 의식할 수 있는 화자가 주체일 경우에만 '-오-'가 결합한다고 추정하였다. 구체적 자료에 의거해 제시된 의견은 아니어서 실제 자료를 대상으로 검증해 보아야 할 주장이나 의미화용론적 입장에서도 이원론적 시각이 가능함을 보여주는 예이다.

3.3. 새로운 시각에서의 연구

허웅(1958 외)의 통사론적 접근과 이숭녕(1959 외)의 의미화용론적 접근은 대체적으로 한 방향의 접근들이었다. 통사론적 접근은 통사론적 접근만을 취하고 의미화용론적 시각은 따르지 않았으며 의미화용론적 접근은 그 반대였다. 그러나 이들 입장이 전적으로 맞거나 전적으로 틀리다고 주장하기는 어렵다. 한편에서는 통사론적 접근이, 또 한편으로는 의미화용론적 접근이 타당할 수 있기 때문이다.

이와 같은 입장을 처음 보여준 연구로는 이인모(1971)를 들 수 있다. 이인모에서는 관형형·명사형에서의 '-오-'에 대해서는 통사론적 접근을, 연결형·종결형에서의 '-오-'에 대해서는 의미화용론적 접근을 취하는 이분법적 자세를 취하였다. 이인모(1971)에 따르면 관형형·명사형에서의 '-오-'는 '종속적 전달 관계(dependent nexus)'를 나타내는 것으로 보았으며 연결형·종결형에서의 '-오-'는 화자의 지각, 표상, 사유인 내용 의식을 표시하는 형태소로 분석하였다. 특히 연결형·종결형에 있어 1인칭 주어에 쓰이는 경우도 상당하나 사유, 감정, 의지를 표시할 때는 모든 인칭에 '-오-'가 두루 사용되었다고 보아 인칭활용설을 반박하였다.

전정례(1991)의 연구도 이와 같은 통합적 시각을 보여 주는데, 본 논문에서는 통사적 접근과 의미화용론적 접근으로 이분하여 '-오-'를 바라볼 필요가 없다고 보고 문구성이라는 거시적 관점에서 '-오-'의 기능을 규명하고자 하였다. '-오-'의 통사적 기능을 규명하기 위해 형태소 설정의 객관적 기준으로 동명사형 어미 '-ㄴ, -ㄹ, -ㅁ' 앞이라는 점을 제시하고 이들 앞에서 규칙적으로 '-오-'가 선접된다는 사실에 기초하여 명사구내포문 표지임을 주장하였다. 이는 결국 '-오-'가 명사성과 긴밀한 연관성을 가진 것으로 볼 수 있으며 15세기 국어에 있어 해당 구성의 명사성의 정도에 따라 '-오-'의 결합이 좌우될 수 있음을 시사한다. 따라서 명사성의 정도가 약한 부사성 의존명사나 서술성 의존명사 등에서는 '-오-'의 개재가 불규칙할 것으로 예측되는데 이는 15세기의 실제 문헌으로 입증되는 바이다. 이와 같이 명사구내포문 표지라는 주장에 동조적인 연구로는 손주일(1996), 홍종선(1997), 정수현(2012 등), 최대희(2013) 등을 들 수 있다.

전정례(2010:19-20)에 따르면 '-오-'가 명사구내포문을 구성하는 표지임을 논증하기 위해서는 두 가지 관점에서 반증을 설명해 낼 수 있어야 한다고 보았다. 첫째는 문(절) 구성이 아닌 구 구성에서는 '-오-'가 선접되지 않는다는 것이며 둘째는 명사절 구성이 아닌 부사절·서술절 구성에서는 '-오-'가 선접되지 않는다는 사실이다. 명사구내포문 표지(NP)라는 점에서 구에는 선접이 불가능하다고 보며, 명사성이 약한 부사구(ADVP)·서술구(VP) 구성에서는 '-오-'가 불규칙하게 사용된다는 것이다. 전정례(1991)와 손주일(1996) 등에서는 많은 유형의 예문을 통해 이와 같은 두 가지 반증 사례를 검토하고 명사구내포문 표지라는 주장을 논증하였다. 정수현(2012)은 전정례(2001)의 입장을 연결·종결형에서의 '-오-'로 확장하고 전체적 시각에서의 '-오-'의 변천과정을 살펴본 연구이다. 이에 따르면 중세국어 명사구내포문 구성에 관여한 '-오-'는 양태적 의미를 갖는 연결·종결형에서도 나타나나 이미 소멸 과정 중에 있는 것으로 파악하였다.

4. '-오-'의 변천과 소멸에 대한 연구사

'-오-'의 초기 연구 및 그 이후의 연구는 15, 16세기 국어에 집중되었다. 그 이전의 이두 및 구결 자료를 대상으로 한 연구는 백두현(1996, 1997), 정재영(1997), 양정호(2001/2003)를 들 수 있다. 특히 정재영(1997)과 양정호(2001/2003)에서는 관형사형 어미 '-ㄴ, -ㄹ'이 명사적 용법으로도 사용되었다는 점을 지적하면서, 이와 같은 환경에서 신라 시대나 고려 시대 자료에도 '-오-' 개재형과 '-오-' 비개재형이 혼재하고 있었다고 밝혔다. 최근 석독구결 자료 등 중세 이전 자료에 대한 분석 연구가 축적되어 가고 있다는 점에서 '-오-'의 기능과 그 변천에 대한 연구는 폭과 깊이를 달리할 것으로 생각된다.

'-오-'에 대한 초기의 연구 및 중심적인 연구가 15세기와 16세기 국어에 집중되어 있으므로 이들 시기에 대한 성격 규정을 어떻게 내리느냐에 따라 설명 방식에 차이가 있게 된다. 예를 들어 허웅(1958)에서는 이미 이 시기가 변화 과정 중에 있으므로 예외가 출현한다고 보았으며 이숭녕(1959)에서는 15세기 말에서 붕괴의 모습을 보이기 시작하였으니 그 이전 시기의 문헌은 규칙적인 양상을 보인다고 해석하게 된다. 전정례(1991)에서는 이 시기가 명사구내포문의 경우 상대적으로 안정적인 모습은 보이고 있으나 일부 명사성이 약한 구성에서는 소멸의 모습을 보이고 있다고 지적하였다.

‘-오-’의 변천과 소멸에 대한 연구는 크게 변천 시기, 변천 과정, 그리고 변천의 요인의 관점에서 살펴볼 수 있다. 우선 변천 시기 및 그 과정에 관련하여 보면 허웅(1958)에서는 15세기 국어에 있어 이미 ‘-오-’의 혼란이 시작되어 ‘-오-’ 개재형과 ‘-오-’ 비개재형이 혼재하다가 16세기 중반에 소멸하였다고 본 반면, 이숭녕(1959)의 경우에는 관형형에 나타나는 ‘-오-’와 연결형·종결형에 나타나는 ‘-오-’를 분리하여 전자는 이미 15세기말에 혼란스러웠으며 17세기에 들어 완전히 붕괴되었다고 보았다. 정재영(1997)에서도 ‘-오-’가 단계별로 소멸하였다고 보고, 제1단계는 관형사, 명사형에서 붕괴되기 시작하여 16세기에 소멸이 이루어진 것으로 보고, 제2단계는 연결·종결형에서의 ‘-오-’로서 17세기 이후 소멸한 것으로 분석하였다.

전정례(1991)는 변천 시기, 변천 과정, 변천의 요인을 종합적으로 살펴본 연구로서 명사성의 약화라는 시각에서 ‘-오-’의 변천을 살펴보았다는 데 그 의의가 있다. 15세기 자료의 경우 ‘-오-’의 출현이 규칙성을 유지하고 있는 것으로 파악하고 ‘-오-’의 기능 규명을 15세기를 중심으로 행하여 명사구내포문을 구성하는 내포 선어말어미로 규정했다. 이미 15세기 국어에서도 ‘-오-’의 소멸은 부사성, 서술성 의존명사 앞에서 발견되며 시간, 장소, 이유 등의 부사절을 구성하는 자립명사 앞에서도 그 실현이 불규칙하였다. 16세기 이후에는 보편성 의존명사와 자립명사 앞에까지 확산되어 관형화 구성에서의 ‘-오-’ 소멸이 완성된 것으로 보았다. 명사화 구성에서는 ‘-오-’의 소멸이 다소 늦게 이루어지며 ‘-오-’ 개재형(-옴)과 ‘-오-’ 비개재형(-음)의 공존이 상당히 공존하다 결국은 소멸하게 된다. 이와 같은 소멸 과정은 명사성의 약화라는 통사적 기능의 변화와 연결되어 있다. 정수현(2012)과 최대희(2014)

는 이와 같은 소멸 과정을 좀 더 세밀하게 살펴본 연구로 볼 수 있다.

전정례(1991)의 연구 및 그 후 일련의 연구는 한국어의 통사 변화라는 거시적 관점에서의 연구와 직결되어 있다. 한국어는 알타이어의 한 분파로서 이들 언어의 공통 특성 중 하나인 명사문의 성격을 지녔으며 동명사형 어미로서 '-ㄴ, -ㄹ, -ㅁ'을 가지고 있었다는 점이다. 선어말어미 '-오-'는 이들 어미 앞에서 나타나며 전정례(2010:22)에 따르면 이들은 "국어의 명사문 구성에 뚜렷한 기능을 하고 있었다." 한국어는 이후 명사문에서 서술문으로 발달하였고 이 과정 중 필연적으로 통사 구조의 변화가 수반되어 내포문이 접속문으로 바뀌었다고 보았다. 따라서 '-오-'는 중세국어에서 명사구내포문 구성이 접속문화하면서 자연스럽게 소멸하였으며, 이는 한국어의 통사 변화의 한 양상으로서 중요하며 이 변화에 '-오-'가 깊숙이 관여하고 있다는 것이다. 이와 같은 시각은 홍종선(1997)으로 이어지는데, 본 논문은 기원적으로 명사문이었던 한국어가 점차 동사문으로 변화함에 따라 '-오-'의 기능 부담이 약화됨으로써 소멸하기에 이르렀다고 보았다.

이런 시각에서 본다면 '-오-'의 형태소 확인, 기능 규명, 소멸 과정 등에 대해 통합적 이해를 제시할 수 있다. 허웅(1958)에서 제시된 인칭법과 주체대상법 사이에 어떤 연결고리가 있는지 확인하기 어려우며 이숭녕(1959)의 의도법설은 두 환경의 '-오-'를 "하나의 원리"로 설명하려는 기본적 시각에서는 옳으나 의도법이라는 양태 범주를 관형형과 명사형에 과도하게 적용하는 현실적 문제점이 있었다. 이인모(1971)에서 이를 극복하고자 하는 시도도 있었으나 이 입장에서도 이 두 환경에서의 각각의 기능이 어떻게 연결되는지에 대한 해답은 제시할 수 없었다. 반면 전정례(1991)에서는 한국어의 통사 변화라는 거시적 안목에서 '-오-'를 파악하여 이 두 환경에서의 '-오-'를 통합적 시각에서 고찰하였다는 의의를 지닌다.

임동훈(2005:661)에서는 '-오-'의 소멸과 관련한 일반화를 제시하였는데 첫째, 관형사절의 '-오-'가 종결·연결형에서의 '-오-'보다 먼저 소멸하기 시작하였고, 둘째 '-오-'의 소멸은 명사형 '-옴'에서의 '-오-'의 소멸과 궤를 같이 하며, 셋째 '-오-'가 소멸하면서 이의 기능을 대체할 새로운 형식이 존재 하지 않았다고 보았다.

'-오-'의 소멸 요인에 대해서는 다른 의견들도 존재하는 바 양정호(1999)에서는 뜻풀이와 관련된 구문이나 협주문과 '-오-'의 소멸이 관련되어 있다고 주장하였다. 허웅(1958)에서 주체대상법의 예외가 주로 이들 환경에 나타난다는 일반화에 기초하여 주장하고 있으나 이는 소멸 과정이나 동인에 대한 암시는 줄 수 있을 뿐 그에 대한 요인이라고 주장하기에는 논증이 약하다는 단점이 있다.

석주연(2002)에서는 인용문에서 시점의 전이가 불완전하게 이루어짐과 더불어 '-오-'의 기능이 모호해지면서 '-오-'의 소멸에 영향을 미쳤다고 주장하였으며, 석주연(2001)에서는 관계절의 '-오-'에 대해서는 관계절과 핵어 명사의 관계가 어느 정도 예측되어 잉여적 특성을 가지며 능격동사가 줄어든 언어 환경의 변화와 맞물리면서 '-오-'가 소멸하였다고 주장하였다. 그러나 전정례(1991)의 '-오-'의 변화 과정, 특히 명사성의 약화와 연관되어 소멸이 진행된 점을 설명하기가 어려운 난점이 있다.

5. 결론

'-오-'의 형태소 설정 및 출현 환경과 이형태 및 융합형의 분석이라는 근본적 문제에서부터 시작하여 문법적 기능 규명과 그 소멸 과정에 대한 연구는 여전히 심층적 논의가 이루어져야 할 국어사의 중요한 과제이다. 이들 분야에 대한 각기 독립적인 설명을 제시하는 부분적 설명 방식보다는 이들을 '유기적 관련성' 속에서 총괄적으로 연구가 진행되어야 하며 특히 한국어의 통사 변화라는 거시적 안목에서 '-오-' 형태의 기능 규명이 이루어져야 한다고 본다.

'-오-' 연구는 15, 16세기 국어를 중심으로 연구가 진행되다가 그 폭이 그 이전 시기의 이두와 구결 자료로 확장되었으며 그 연구의 깊이도 다양한 연구관점에서 폭넓게 이루어져 왔다. 그러나 '-오-'는 국어의 통사 변화라는 긴 안목에서 볼 때 15세기 이후의 국어는 여전히 변화 과정 중에 있으므로 변이 양상을 보여줄 수밖에 없으며 소멸하기까지 그 변이가 증폭되는 양상을 보여 주고 있다. 이런 점에서 국어사에서 '-오-' 개재형과 '-오-' 비개재형의 변이 양상을 입체적으로 설명해 줄 수 있는 이론이 요구된다고 본다.

참고문헌

강규선(1989), 「삽입모음 「-(o/u)-」의 기능에 대한 고찰」, 『인문과학논문집』 8, 청주대학교.

강길운(1972), 「한정법(삽입모음 -오/우-)에 대하여」, 『덕성여대논문집』, 덕성여자대학교.

고영근(1981), 『중세국어의 시상과 서법』, 탑출판사.

김송룡(1985), 「16세기 국어의 인칭법에 관한 연구」, 건국대학교 석사학위논문.

김승곤(1974), 「오/우」 형태소고-노걸대와 박통사를 중심으로」, 『국어국문학』 65·66, 국어국문학회.

김영태(1973), 「-오/우-」 접미사고: 전성부사화의 경우」, 『경대문화』 6, 경남대학교.

김형기(1972), 「우리 옛말에 있었던 서술어미의 인칭관계에 대하여」, 『충남대어문논집』 1.

나카지마 히토시(2003), 「관형사형에 나타나는 '-오/우-'의 기능」, 『국어학』 42, 국어학회.

노동현(1993), 「선어말어미 '-오-'의 분포와 기능에 대한 연구」, 서울대학교 석사학위논문.

박형달(1968), 「15세기 국어의 관형사형에 나타나는 교체음운(ㅗ/ㅜ)의 기능에 관하여」, 『어학연구』 4, 서울대학교 어학연구소.

백두현(1996), 「고려시대 속독구결의 선어말어미 '-(오)-'의 분포와 문법기능」, 『어문론총』 30, 경북어문학회.

백두현(1997), 「고려시대 석독구결의 선어말어미 '-ㅗ(오)-'에 대한 통사적 고찰」, 『진단학보』 83, 진단학회.

석주연(2001), 「언어 사용자의 관점에서 본 중세국어 관형사형의 '-오-' 소멸」, 『형태론』 3-1, 박이정.

석주연(2002), 「중세국어의 인용문과 선어말어미 '오'」, 『형태론』 4-1, 박이정.

석주연(2004), 「서술의 시점과 국어 문법현상의 이해: '-습-'과 '-오-'를 중심으로」, 『국어학』 43, 국어학회.

석주연(2014), 「선어말어미 '-오-'의 연구 성과와 쟁점」, 『국어사 연구』 19, 국어사학회.

손주일(1979), 「15세기 국어의 선어말어미 「-오/우」에 관한 통사론적 연구」, 서강대학교 대학원 석사학위논문.

손주일(1986), 「15세기 국어 [오/우] 재고」, 『한국언어문학』 24, 한국언어문학회.

손주일(1990), 「{-오/우-}의 형태소 정립을 위하여」, 『서강어문』 7, 서강어문학회.

손주일(1993), 「'{-오/우-}ㅁ'형과 '{-오/우-}기'형의 상관성 시고」, 『국어국문학』 110, 국어국문학회.

손주일(1994), 「{-오/우-} 연구 현황과 과제」, 『인문학연구』 32, 강원대학교.

손주일(1996), 「15세기 국어 '-ㄴ, -ㄹ' 관형사형과 '±{-오/우-}'와의 관련성」, 『강원인문논총』.

손형주(1993), 「15세기 국어 「-오/우-」의 연구」, 영남대학교 대학원 교육석사학위논문.

양정호(1999), 「선어말어미 '-오-'와 형식명사」, 『형태론』 1-1, 박이정.

양정호(2001), 「중세국어 동명사의 선어말어미 '-오-' 연구」, 서울대학교 대학원 박사학위논문.

이남덕(1970), 「15세기 국어의 서법 연구」, 이화여자대학교 대학원 박사학위논문.

이남덕(1972), 「15세기 국어의 정동법 연구」, 『문교부연구보고서(어문학계)』 6.

이병선(1971), 「부사형 어미고」, 『김형규박사 회갑기념논문집』.

이숭녕(1959), 「어간형성과 활용어미에서의 「-(오/우)-」의 개재에 대하여」, 『서울대 논문집』 8, 서울대학교, 김형규박사 회갑기념논문집.

이숭녕(1960), 「Volitive form으로서의 Prefinal ending 「-(o/u)-」의 개재에 대하여」, 『진단학보』 21, 진단학회.

이숭녕(1964ㄱ), 「중세국어의 MOOD론 - 허웅씨의 소론에 답함 -」, 『어문학』 11, 어문학회.

이숭녕(1964ㄴ), 「-(오/우)- 논고-주로 허웅씨의 기본태도의 일대변모에 대하여-」, 『국어국문학』 27, 국어국문학회.

이숭녕(1976), 「15세기 국어의 관형사형 /-논/계 어미에 대하여」, 『진단학보』

41, 진단학회.

이인모(1967), 「Prefinal ending '-오/우-'의 신고찰」, 『우석대문리대법경대논문집』 1.

이인모(1971), 「Prefinal ending 「-오/우」의 신고찰-Mood(mental phenomena)와 Dependent Nexus의 한 표지로서 모든 「-오/우-」를 석명함-」, 『고전국어의 연구』, 선명문화사.

이인모(1975), 「중세국어의 서법과 시제의 연구」, 고려대학교 대학원 박사학위논문.

이인모(1976), 「prefinal ending '-오/우-'의 재고찰」, 『증보수정판 고전국어의 연구』, 선명문화사.

이종은(1968), 「15세기 국어의 주관적 확인판단의 서법에 대하여」, 경희대학교 대학원 석사학위논문.

이홍식(1992), 「'-오-'의 기능 규명을 위한 서설」, 서울대 국어국문학과 편, 『국어학 논집』 1, 태동.

임동훈(2005), 「'-오-' 논의의 쟁점들」, 『우리말 연구 서른아홉 마당』(임홍빈 외), 태학사.

임재욱(2010), 「고전시가 작품에 사용된 선어말어미 '-오/우-의 기능」, 『한국시가연구』 29, 한국시가학회.

임홍빈(1981), 「선어말 {-오/우-}와 확실성」, 『한국학논총』, 국민대학교 한국학연구소.

장윤희(2009), 「중세국어 연결어미 형성의 문법사-'-오ᄃᆡ, -은ᄃᆡ, -은대'를 중심으로-」, 『어문연구』 38-2, 한국어문교육연구회.

전정례(1990), 「중세국어의 명사구내포문에서의 '-오-'의 기능」, 『언어연구』 1, 서울대학교 언어연구회.

전정례(1991ㄱ), 「중세국어 명사구내포문에서의 '-오-'의 기능과 변천」, 서울대학교 대학원 박사학위논문.

전정례(1991ㄴ), 「선어말어미 '-오-'의 소멸과 통사변화」, 『언어학』 13, 한국언어학회.

전정례(1992), 「주체·대상법으로서의 '-오-'에 대한 재고찰」, 『국어학』 22, 국어학회.

전정례(1994), 「'-오ᄃᆡ' 구문 연구」, 『국어교육』 85·86, 한국 국어교육 연구회.

전정례(1995), 『새로운 '-오-' 연구』, 한국문화사.

전정례(2000), 「'-온딕/-올딕>-오딕' 연구」, 『한말연구』 6, 한말연구학회.

전정예(2010), 「선어말어미 '-오-' 연구론」, 전정예 외 편, 『새로운 국어사 연구
　　　　론』, 도서출판 경진.

정수현(2006), 「'노걸대'에 나타난 명사구내포문의 변화」, 건국대학교 대학원
　　　　석사학위논문.

정수현(2010), 「'-오-' 연구사」, 전정예 외 편, 『새로운 국어사 연구론』, 도서출
　　　　판 경진.

정수현(2011), 「선어말어미 '-오-'의 기능과 변천 : 명사성의 약화와 그 기능
　　　　변화를 중심으로」, 건국대학교 대학원 박사학위논문.

정수현(2012ㄱ), 「협주에 나타난 선어말어미 '-오-' 연구-<석보상절>과 <월
　　　　인석보>를 대상으로-」, 『한말연구』 30, 한말연구학회.

정수현(2012ㄴ), 「15세기 관형화 구성에 나타난 선어말어미 '-오-' 연구」, 『겨
　　　　레어문학』 48, 겨레어문학회.

정수현(2013), 「선어말어미 '-오-'의 이형태 고찰」, 『겨레어문학』 50, 겨레어문
　　　　학회.

정재영(1985), 「15세기 국어의 선어말어미 {-오/우-}에 대한 연구-형태론과
　　　　통사의미론을 중심으로-」, 한국외국어대학교 대학원 석사학위논문.

정재영(1997), '-오-'의 변화, ≪국어사연구≫, 태학사.

조재형(2004), 「삽입모음 연구-후기중세국어 명사형과 관형사형 어미 활용
　　　　에 한하여-」, 중앙대학교 대학원 석사학위논문.

지춘수(1965), 「Prefinal ending 「-다-」의 형태론 및 통사론 연구」, 『국어국문학』
　　　　28, 국어국문학회.

지춘수(1992), 「15세기 국어의 내포문 연구」, 『인문과학연구』 92-1, 조선대학교

차현실(1981), 「중세국어 응축보문 연구」, 이화여자대학교 대학원 박사학위
　　　　논문.

최남희(1987), 「선어말어미 「-오/우-」의 통어 기능」, 『동의어문논집』 3, 동의대
　　　　학교 인문대학 국어국문학과.

최대희(2013), 「'-오-'의 실현과 의존명사 명사성과의 상관성 연구-15세기
　　　　문헌을 대상으로-」, 『한말연구』 32, 한말연구학회.

최대희(2014), 「'-오-'의 소멸과 명사구내포문 구성 변천과의 상관성」, 『국제

어문』 62, 국제어문학회.

한재영(1990), 「선어말어미 -오/우-, 서울대학교 대학원 국어연구회 편 『국어
연구 어디까지 왔나』, 동아출판사.

허　웅(1958), 「삽입모음고 – 15세기 국어의 일인칭 활용과 대상 활용에 대
하여 –」, 『서울대 논문집』 7, 서울대학교.

허　웅(1959), 「삽입모음 재고」, 『한글』 125, 한글학회.

허　웅(1963), 「또다시 일인칭대상 활용어미로서의 오/우를 논함」, 『어문학』
10, 어문학회.

허　웅(1964), 「이숭녕박사의 '중세국어 mood론'에 대한 비판」, 『한글』 133,
한글학회.

허　웅(1965), 「「인칭 어미설」에 대한 다섯 번째의 논고」, 『한글』 135, 한글학회.

허　웅(1973), 「15세기 국어의 주체-대상법 활용」, 『한글』 152, 한글학회.

허　웅(1975), 『우리 옛말본』, 샘출판사.

홍종선(1997), 「근대 국어 문법」, 『국어의 시대별 변천 연구』, 국립국어연구원.

大江孝男(1968), 「中期朝鮮語動詞(用言)のㅗ~ㅜ語幹について」, 『이숭녕박사
송수기념논총』, 을유문화사.

Corbett, G. G. (2006), Agreement, Cambridge: Cambridge University Press.

Wechsler, S. (2004), Number as Person, In Empirical Issues in Syntax and
Semantics 5, ed. Olivier Bonami and Patricia Cabredo Hofherr, 255-274.

	통사론적 접근	의미화용적 접근		새로운 접근
	주체대상법/ 인칭어미설	의도법설	그외	
1960 년대	허웅(1958, 1959, 1964a, 1964b, 1965)	이숭녕(1959, 1960, 1964a, 1964b)	김형규(1962) 이종은(1968) 大江孝男(1968) 박형달(1968)	
1970 년대	허웅(1970, 1973, 1975) 김형기(1972) 김승곤(1974)	이숭녕(1976) 손주일(1979)	이남덕(1970/72) 강길운(1971)	이인모(1975)
1980 년대	정재영(1985) 김송룡(1985) 최남희(1987)	손주일(1986)	임홍빈(1981)	차현실(1981)
1990 년대	지춘수(1992) 백두현(1997) 양정호(1999)		손형주(1993)	전정례(1990, 1991a, 1991b, 1992, 1994, 1995) 손주일(1990, 1993, 1994, 1996) 홍종선(1997)
2000 년대	양정호(2001)		석주연(2001, 2002, 2004) 조재형(2004) 나카지마 히토시 (2003) 임동훈(2005)	전정례(2000) 손주일(2002) 정수현(2006)
2010 년대			임재욱(2010)	전정예(2010) 정수현(2010, 2011, 2012a, 2012b, 2013) 최대희(2013, 2014)

선어말어미 '-오-'의 형태소 분포 기준

김지혜

....

1. 서론

본 논문에서는 선어말어미 '-오-'의 형태소 분석에 객관적인 기준을 세워 보는 것을 목적으로 한다. 한 형태소를 연구하려면 정확한 형태소적 분포 환경을 규명하는 것이 우선 필요하기 때문이다. 지금까지 이루어진 선어말어미 '-오-' 연구에서도 이러한 형태소 분석에 대한 철저한 연구가 이루어진 경우가 드물다. 동일 형태소는 동일 형태와 동일 기능을 가지고 있어야 한다.[1] 그러나 어떤 연구에서는 '-오-'의 형태소적 분포 환경이 동일함에도 다른 형태소로 취급하는 경우도 있고, 또 다른 연구에서는 형태소적 분포 환경이 동일하지 않음에도 동일 형태소로 설정하는 경우도 있다. 이들은 모두가 '-오-' 형태소를 정확히 파악하지 못하기 때문일 것이다. 형태소의 분포(distribution)란, 형태소가 통합하는 자리, 즉 형태소가 나타나는 환경의 총화를 말한다. 형태소의 통합이 낱말을 이루어 형태 구조를 이루는데 형태 구조는 고정된 어순 (fixed ordering)을 가져서 구성 요소 간에 자리를 바꿀 수 없다는 특징을 갖는다. 따라서 본 논문에서는 선어말어미 '-오-'의 기능 규명이나 문법 변천을 논하기 전에 어떠한 형태소를 선어말어미 '-오-' 형태소로 규정할 수 있는지에 대해 형태소적 환경에 집중하여 살펴 보려고 한다. 그리하여 '-오-'가 출현하는 자리, 즉 엄격한 형태소적 분포 환경을 설정하고 이에 대한 분명한 기준을 제시할 것이다.

본 논문에서는 전정례(1991)에서 이루어진 연구를 중심으로 선어말어미 '-오-'와 통합하는 어미를 통하여 '-오-'의 형태소 분포 환경에 대하여 논하고자 한다.

2. '-오-' 형태소의 분포 기준

2.1. 기준: 동명사형 어미 '-ㄴ, -ㄹ, -ㅁ' 앞에 온다.

선어말어미인 '-오-'는 어말어미와 결합한다. '-오-'의 형태소 분포 기준을 파악하려면 '-오-'가 어떠한 어미들과 통합하는지를 살펴 그

---

1) 전상범(2006), pp.51~61. Nida의 형태소를 알아보는 원칙 참조.

기준을 세워야 할 것이다. 다음은 선어말어미 '-오-'가 통합한 어미 형태들이다.

　○ 전성어미와 통합하는 경우
　　　-온, -논; -올; -옴

　○ 연결어미와 통합하는 경우
　　　-오니, -노니, -오리니; -오듸; -오려

　○ 종결어미와 통합하는 경우
　　　-오라, -오이다, -오니라, -노라, -노이다, -노니라; -오리라, -오
　　　리이다; -논가, -노닛가, -온가, -오리잇가; -오리잇고; -오마

ㄱ. 전성어미
(1) -온: 眞際ㄱㄹ치샤물아디몯혼젼치로소이다 (능엄1:76)
(2) -논: 이눈方便으로니르시논涅槃이라 (석상13:60)
(3) -올: 이런젼ㅊ로어린百빅姓셩이니르고져홀배이셔도 (훈언2)
(4) -옴: 부텻行과願과工巧ㅎ신方便은다오미업스리라 (석상9:29)

ㄴ. 연결어미
(5) -오니: 내디나건諸佛끠이런祥瑞를보ᅀᆞ보니이런光明을펴시면 (석상
　　　13:27)
(6) -노니: 우리들 히머리셔이든말ᄊᆞᄆ로舍利를비ᅀᆞᆸ노니 (석상23:54)
(7) -오리니: 王ㅅ病을내어루고티ᅀᆞ보리니 (석상24:50)
(8) -오듸: 須達이ᄯᅩ무로듸엇데쥬이라ᄒᆞᄂᆞ닛가 (석상6:18)
(9) -오려: 오늘大衆爲ᄒᆞ야大方便大報恩經을닐오려ᄒᆞ시ᄂᆞ니 (월석
　　　20:18)

ㄷ. 종결어미

(10) -오라: 몯得혼法을得호라ᄒᆞ며 (석상9:13)

(11) -오이다: 비록사ᄅᆞ미무레사니고도쥬ᇰ싱마도몯호이다 (석상6:5)

(12) -오니라: 舊ᄂᆞ녜오卷은글월ᄆᆞ로니라 (월석1:서18-19)

(13) -노라: 네가짓受苦ᄅᆞᆯ위ᄒᆞ야ᄒᆞ노라 (석상3:35)

(14) -노이다: ᄆᆞ읫有情을利樂긔코겨ᄒᆞ노이다 (석상9:2)

(15) -노니라: 그景이로다願ᄒᆞ야子ᄅᆞᆯ思ᄒᆞ노니라 (시언2:28)

(16) -오리라: 내이제日月淨明德佛와法華經을供養ᄒᆞᅀᆞᆸ보리라ᄒᆞ고 (석
    상20:8)

(17) -오리이다: 大愛道ㅣ그리호리이다ᄒᆞ시니라 (석상3:3)

(18) -논가: 千載上ㅅ말이시나귀예ᄃᆞᆯ논가녀기ᅀᆞᆸ쇼셔 (월석1:1)

(19) -노닛가: 婚姻위ᄒᆞ야아ᅀᆞ미오나ᄃᆞᆫ이바도려ᄒᆞ노닛가 (석상6:16)

(20) -온가: 우리도得ᄒᆞ야涅槃애다ᄃᆞ론가ᄒᆞ다소니 (석상13:43)

(21) -오리잇가: 어드러로가시니잇가其五百八十三가시다호리잇가 (월
    석25:14?)

(22) -오리잇고: 부텻法이精微ᄒᆞ야져믄아히어느듣ᄌᆞᄫᆞ리잇고 (석상
    6:11)

(23) -오마: 江閣애셔소늘마자ᄆᆞᆯ보내야마쵸마 (두시-초21:22)

15세기의 예문들을 통해 알 수 있는 사실은 위의 ㄱ의 예에서 확인
할 수 있듯이 '-오-'가 '-ㄴ, -ㄹ, -ㅁ' 앞에 분포한다는 것이다. 한편,
ㄴ과 ㄷ의 어미에 나타난 '-오-'도 '-ㄴ, -ㄹ, -ㅁ' 앞에 분포한다. 다만
'-오이다'와 '-오ᄃᆡ'의 경우에만 '-오-' 뒤에 '-ㄴ, -ㄹ, -ㅁ'이 나타나지
않는다. 2.2.와 2.3.에서 '-오이다', '-오ᄃᆡ'의 예외에 관해 자세히 설명하
겠으나 '-오이다'는 '-오라'에 '-이-'가 삽입되었으며, '-오ᄃᆡ'는 통합소
'-ㄴ, -ㄹ'이 탈락하였을 가능성이 있다. 따라서 선어말어미 '-오-'의
형태소적 분포 환경은 동명사형 어미 '-ㄴ, -ㄹ, -ㅁ' 앞이라고 설정할
수 있으며, 이때 전성어미, 연결어미, 종결어미에 관여하는 '-오-'의 형
태소적 분포 환경이 같으므로 모두 동일 형태소라고 할 수 있는 것이다.

2.2. 예외: '-이-' 앞의 '-오-'

2.1.에서 선어말어미 '-오-'는 동명사형 어미 '-ㄴ, -ㄹ, -ㅁ'에 선접한다는 것을 기준으로 제시했다. 하지만 (11)과 (14)처럼 선어말어미 '-오-' 뒤에 '-ㄴ, -ㄹ, -ㅁ'이 개재되지 않은 경우도 있다. 바로 공손법 선어말어미 '-이-'가 개재된 '-오이다'와 '-노이다'이다.

공손법의 선어말어미 '-이-'에 대하여 배희임(1976)에서는 '-이-'의 후행 어미로 "폐쇄형태소 '-다-'와 의문형 종결어미 'ㅅ가', 'ㅅ고'하고만 결합"한다고 하였으며 이유기(1994)에서도 "'ㅎ더니이다, ㅎ리니이다'와 같은 것은 '-더-, -니-'와 '-리-, -니-'가 모두 직접적으로는 '-라'와 통합하는 어미인데도 최종 선어말어미인 '-이-'에 의해 '-다'가 선택"된다고 하였다. 또한 허웅(1975:656-668)에서는 "서술을 나타내는 맺음씨끝 '-다'에 '-으이-'를 앞세우면, 서술법의 높임이 된다"고 설명하였다. '-으이-'는 서술법에서 '-다'와 결합하며, 어말어미 '-다'와 '-라'를 형태적 변이형태로 보았다.2) 이에 대하여 전정례(1991)에서는 "'-이-'는 어말어미가 아닌 선어말어미로서 '-오이다'는 '-오라'에, '-노이다'는 '-노라'에 '-이-'가 삽입된 것으로 어말어미와 관련한 형태소 분포 기준에는 문제가 되지 않는다"고 하였다. 즉 또 다른 선어말어미 '-이-'와 결합하고 있기 때문에 '-오-'의 분포와는 관계가 없고 '-이-'의 어말어미 결합 조건에 부합하는 것이다. 정수현(2011)에서도 (11)과 (14)를 "'-오라, -노라'의 형태가 공손함을 표현하는 어미 '-이-'와 함께 나타나면 '-오이다, -노이다'가 된다"고 설명한다.

다음은 '-오라'와 '-노라'에 '-이-'가 개재된 경우와 개재되지 않은 경우이다.

---

2) '-다'와 '-라'에 대하여서는 첫째, '-다'가 음운론적 조건이나 형태론적 조건에 의하여 '-라'로 교체되는 것이라는 견해(이기문,1972. 허웅,1975)가 있으며, 둘째, '-다'는 용언의 활용어미이고 '-라'는 체언의 활용어미라는 견해(최세화,1963)가 있다. 셋째로 '-라'는 화자의 주관적 의도를 나타내는 반면 '-다'는 그렇지 않다는 견해(이광호,1983)도 있다.

(24) '-오이다'와 '-오라'

    (a-1) 四天王과大海神들 히다외오ᄒ오이다 (석상23:47)

    (a-2) 내요ᄉᆞᆫ시예여쉰小國에藥을 얻다가몯ᄒ오이다 (석상11:19)

    (b-1) 太子ㅣ道理일우샤ᄌᆞ개慈悲ᄒ오라 (석상6:5)

    (b-2) 金盤이뷔ᄂᆞᆫ 둘아디몯ᄒ오라 (두시-초16:61)

(25) '-노이다'와 '-노라'

    (c-1) 쥬신형님허믈마ᄅᆞ쇼셔우리가노이다 (번노상:38)

    (c-2) 믈윗有情을利樂긔코겨ᄒ노이다 (석상9:2)

    (d-1) 나ᄂᆞᆫ如來ㅅᄉᆞ 볼쪄글츠마보ᅀᆞᆸ디몯ᄒ야가노라ᄒ시고 (석상 23:36)

    (d-2) 드른ᄃᆞᆺᄒ야귀예드릃분이언뎡이베니ᄅᆞ디몯과뎌ᄒ노라 (번 소6:13)

    종결어미 '-라'와 '-다' 사이의 논란이 있을 수는 있으나 선어말어미 '-오-'에 따르는 종결어미는 '-라'이고, '-이-'에 따르는 종결어미는 '-다'이다. 선어말어미 '-오-'는 어말어미 '-ㄴ, -ㄹ, -ㅁ'에 선접해야 하는 것이 '-오-'의 형태소적 분포 기준이므로 또 다른 선어말어미 '-이-'에 앞서면 '-오-'의 어말어미와의 분포 환경 조건에서는 제외될 수밖에 없다.

2.3. 예외: 'ᄃᆡ' 앞의 '-오-'

    예문 (8)을 보면 '-오ᄃᆡ'는 '-오-'가 '-ㄴ, -ㄹ, -ㅁ'와 결합하지 않은 것을 볼 수 있다. 다음의 예시에서 '-오-'는 'ᄃᆡ'와 바로 결합한다.3)

---

3) 의존명사는 관형절의 수식이 필요한데 (26)에서 'ᄃᆡ'는 관형형 어미 없이 '須達이 또 물-+-오-'의 수식을 받는다. 즉, 'ᄃᆡ'를 의존명사가 아닌 '-오ᄃᆡ'라는 어미로 보아야 한다.

(26) 須達이 쏘 무로 딕 엇데 쥬이라 ᄒᆞᄂᆞ닛가 (석상6:18)

(27) 내弟子ㅣ 제 너교 딕 阿羅漢辟支佛이로라 (석상13:61)

이에 대하여 전정례(1991)에서는 선어말어미 '-오-'와 의존명사 '딕'
사이에 관형형 어미 '-ㄴ/-ㄹ'이 존재하였다가 문법화 과정에서 관형형
어미 '-ㄴ/-ㄹ'이 탈락하였을 가능성을 제기하였다. 후에 전정례(2000)
에서는 구결 자료를 근거로 하여 이를 입증하였는데 '-오-+-ㄴ/-ㄹ+딕'
의 구성이 '-오딕'로 어미화하였다는 것이다.4) 즉, [[-오-+-ㄴ/-ㄹ]+딕]]
의 통사적 구성에서 재분석(reanalysis)되었다는 것이다.5) 통사적 구성
이 [-오-+-ㄴ/-ㄹ+딕]의 형태적 구성으로 바뀌고 융합하는 과정에서
전성어미 '-ㄴ/-ㄹ'이 탈락하여 '-오딕'로 어미화된 것이다.6)

아래의 예시는 전정례(2000:128-129)에서 재인용한 것이다.

(28) 十方如來ㅣ 菩提 일우믈 得ᄒᆞ샤 딕 다이에브터 비르스시니라 (능엄
    1:40)

(29) 내 太子ᄅᆞᆯ 셤기ᅀᆞ 보 딕 하ᄂᆞᆯ 셤기ᅀᆞᆸ 듯 ᄒᆞ야 (석상6:4)

*(28′) 十方如來ㅣ 菩提 일우믈 得ᄒᆞ샤 미 이에브터 비르스시니라 (능엄

---

4) 명사의 문법화 과정은 '자립명사〉의존명사〉어미·조사·접사'의 순이다. '-오딕'에서 '딕'
   의 경우 '-오-+-ㄴ/-ㄹ+딕'로 분석 가능하던 것이 어미화되어 분석이 불가능하게 된 것으로
   볼 수 있다. 안주호(1997)에서는 위 과정에 '자립성을 상실하고 특정한 선후행 요소와
   함께 문법적 기능을 하지만 그 구조를 보았을 때 아직 형태·통사적인 구조로 분석되는
   문법소'인 '접어(clitic) 단계를 포함시켜 '자립명사〉의존명사〉접어〉어미·조사·접사'를
   문법화 단계로 보았는데 이 경우 '-온/-올딕'를 접어의 단계로 '-오딕'를 어미의 단계로
   설정할 수 있을 것이다.
5) 문법화를 일으키는 직접적인 기제로 문장 구조를 재조정하는 것이다. Langacker(1977)는
   재분석에 대하여 "언어 변화에 있어서 외형상으로는 어떤 직접적이나 근본적인 변화가
   나타나지 않는 변화"라고 하였다. Hopper&Traugott(1993)에서는 "기존의 경계가 재해석되
   어 이전의 구조가 새로운 구조로 발전되는 것"이라고 하였다. 즉 언어 형태의 구조적인
   경계를 다시 설정하는 것이다.
6) '듯' 계열의 의존명사 '디, 딕, 돌, 든, 듯' 등이 중세국어에서 어미화하며 관형형 어미의
   탈락을 보이고 있다. 이의 유추 현상으로 '-오딕'를 이해할 수 있다.

1:40)

*(29′) 내太子룰 섬기ᄉ보ᄆ로 하ᄂᆯ 섬기ᅌᅵᆸ 둣 ᄒᆞ야 (석상6:4)

*(28″) [[十方如來ㅣ 菩提일우ᄆᆯ 得ᄒᆞ샤ᄃᆡ]S]NP다이에브터비르스시니라
     (능엄1:40)
*(29″) 내[[(내)太子룰 섬기ᄉ보ᄃᆡ]S]NP하ᄂᆯ 섬기ᅌᅵᆸ 둣 ᄒᆞ야 (석상6:4)

   (28′)과 (29′)는 앞의 '-오ᄃᆡ' 구문의 '-오ᄃᆡ'를 '-옴'으로 바꾼 구문이
다. (28), (29)와 (28′), (29′) 사이에 의미적 변화는 거의 없어 보인다.
이는 (28″), (29″)에서와 같이 '-오ᄃᆡ' 구문이 문장에서 명사적 기능을
하기 때문이다. (28″)에서는 '-오ᄃᆡ' 구문이 주절의 기능을 하는 것을
확인할 수 있으며 (29″)에서는 '-오ᄃᆡ' 구문이 목적절의 기능을 하는
것을 볼 수 있다. '-오ᄃᆡ'의 'ᄃᆡ'가 의존명사인 것을 고려할 때 명사구내
포문을 구성하는 것이 '-오ᄃᆡ'의 원래 기능이며 '-오ᄃᆡ'가 재분석되어
인용문 구성이나 접속문 구성에서도 나타나는 것을 볼 수 있다.
   아래의 예시는 전정례(2000:127)에서 재인용한 것이다.

   (30) 婆羅門이 닐오ᄃᆡ 내보아져 ᄒᆞᄂᆞ다 솔ᄫᅡ쎠 (석상6:14)
   (31) 그 나랏 法에 븀텨 사ᄅᆞ믈 모도오ᄃᆡ 통부플티면 十二億 사ᄅᆞ미 몯고 (석
        상6:28)

   (30)에서 '婆羅門이 닐오ᄃᆡ'는 '-오ᄃᆡ'가 인용문 구성에 쓰인 예시이
며 (31)에서 '그 나랏 法에 븀텨 사ᄅᆞ믈 모도오ᄃᆡ'는 '-오ᄃᆡ'가 접속문
구성에 쓰인 예시이다.7) (30)의 인용문은 '닐오는 것이' 정도로 해석이
가능하며 이는 명사구내포문의 기능과 같은 것으로 볼 수 있을 것이다.

---

7) 장윤희(2010)에서는 중세국어의 '-오ᄃᆡ'와는 달리 고대국어의 'ᅴᄼᄆᄼ/ᄼ ᄆᄼ', 'ᅴᄼ ᄀ ᄼ'
   는 '인용'의 의미·기능은 지니지 않았으며 'ᅴᄼ'에 의해 표시되었던 '인용'의 기능은 'ᅴᄼᄆ
   ᄼ/ᄼ ᄆᄼ, -ᄼ ᄀ ᄼ)-오ᄃᆡ'로 변화하는 과정에서 'ᅴᄼ'의 기능이 합류된 것으로 본다.

반면 (31)은 명사구내포문으로 해석할 수 없는 이 구문은 이미 어미화한 접속문이라고 볼 수 있다.

한편 전정례(2000)에서 석독구결 자료에서의 '-온딕', '-올딕'를 논하여 '-온딕/-올딕'>'-오딕'를 밝혔다. 다음은 전정례(2000)에서 보인 자료들이다.

(32) 前現ノㄱㅅ如支ㆍㄱㅣ寶女人ㆍ (금광06:70)

(33) 是ㄱ修行ノ尸ㅅ (금광07:05)

(34) 五千大鬼ㅣ尚遮其前 ㆍㅑ鬼言ノㅅ (梵網40a)

(32)와 (33)의 자료를 보면 석독구결 자료에서는 '-온딕'(32)와 '-올딕'(33)를 찾아볼 수 있다. 따라서 통시적으로 보아 '-온딕'와 '-올딕'에서 통합소인 관형사형 어미 '-ㄴ, -ㄹ'이 생략되어 '-오딕'(34)가 되었음을 추측할 수 있다.8)

한편, 명사화 구성에서의 '-옴'과 연결어미 '-오딕', 종결어미 '-오마'와 같이 '-오-'의 유무 대립이 거의 없는 경우도 있다.9) 이숭녕(1959)에서 어간형성의 개재 중 명사형 형성에서 '-(오/우)-'로 이를 설명한다.10)

---

8) 백두현(1996)에서는 '-오-'가 동명사형 어미와 함께 개재되었음을 말하였다. 그 논문에서 "'-ㅓㄱ'과 '-ㅓ尸'은 후행 체언을 수식하는 관형 기능을 한다."고 하였으며 이들이 'ㄷ'에 계사 '-이-'가 융합된 것인 '夫' 앞에 온 것을 밝혔다. 따라서 "선어말어미 '-ㅓ-'가 기원적인 동명사형 어미 '-ㄱ'과 '-尸'에 선접함을 알 수 있다"고 하였다.

9) 이에 대하여 고영근(1981:37)에서는 "중세어의 명사형 어미 '-옴', 설명 연결어미 '-오딕'에 나타나는 '오'의 형태음소론적 양상은 연결어미 '-다', 접속어미 '-(으)니', 관형사형 '-(으)ㄴ' 앞에 나타나는 선어말어미 '-오-'와 같다. 후자는 분석되어도 전자는 분석될 수 없다"고 하였다.

10) 이숭녕(1959)에서는 다음과 같이 설명하였다.

　A. 어간형성에서의 개재:

　　(1) 명사형 형성에서의 '-(오/우)-'의 개재와 '-(ø)-'와의 대립인데 흔히 15세기 형태론에서 "어+(오/우)+ㅁ"만을 유의하고 있고 이것이 "어간+ㅁ"의 어간형성과의 대립

다음은 이숭녕(1959)에서 사용한 예시이다.

(35) 걷다(步)~거룸:
    (a) 닐굽<u>거르믈거르샤</u> (月釋六17)
        닐굽<u>거름</u>곰거르시니 (月釋二37)
        나ᄂᆞᆫ宮中에이싫제두어<u>거르</u>메셔너무아니걷나니 (月釋九94)
    (b) 아홉차힌<u>거름거루</u>믜곤ᄀᆞᆺ시며 (月釋二57)
        부톄向ᄒᆞᅀᆞ바ᄒᆞᆫ<u>거름</u>나ᅀᅩ<u>거름</u>만몯ᄒᆞ니라 (月釋六20)

이에 대하여 이숭녕(1959)에서는 '거룸'을 "행동 그 자체의 명사로서 목적어를 지배할 수 있다."로 '거름'을 "행동 그 자체의 명사가 아닌 바 그 행동의 결과물 또는 동종목적어(cognate object)가 된다."로 설명한다. 또한 이를 '어간+(오/우)+ㅁ'형과 '어간+ㅁ'형의 대비에서 구별되는 가장 중요한 성격으로 보았다.

이에 대해 전정례(1991)에서는 '-오-'의 기능을 "기저의 문(S)을 내포화시키는 것"이라고 설명하였다. 중세국어에서 문장이 명사절로서 역할을 할 경우 '-ㅁ' 앞에 '-오-'가 필수적으로 개재된다는 것이다.

(36) 부텻行과願과工巧ᄒᆞ신[[方便은<u>다오미</u>]S]NP업스리라 (석상9:29)
(37) 부텻國土ᄅᆞᆯ조케ᄒᆞ야[[衆生<u>일우오매</u>]S]NP므슴믈즐기디아니타니 (월석13:4)

위 (36)과 (37)는 '-옴'이 나타난 문장이다. 이를 보면 한 문장이 다른

을 간과하고 있다고 본다. 이 "어간+ㅁ"에서 어간말음이 자음일 때에는 매개모음 '-ᄋᆞ/으-'를 개재시킴은 물론이나 이것은 완전히 음운론적 사실이어서 '-오/우 -ː-ː-ø-'란 대립이 형성되는 것이다.
(2) 동사 또는 형용사에서 타동사 또는 사역형을 만들 때에 어간에 연결되는 '-오/우-'가 여기서 고찰되어야 한다. 이 '-오/우-'는 명사형 형성의 '-오/우-'와 동일한 원리에서 연결되는 것이다.

문장에 안겨 주어(36), 부사어(37)의 역할을 하고 있다. 이에 대비되는 예시로 전정례(1991)에서는 다음과 같이 들었다.

(38) 됴ᄒᆞᆫ 쎠 심거든[[됴ᄒᆞᆫ <u>여름</u>여루미]SJNP…구즌몸ᄃᆞ 외어나호미 ᄀᆞ틀 씨 (월석1:12)

(39) [[부텨 向ᄒᆞᅀᆞ바ᄒᆞᆫ <u>거름</u>나소거룸만]SJNP몬ᄒᆞ니라 (석상6:20)

(38)과 (39)는 '어간+ㅁ'형과 '어간+-오-+ㅁ'이 동시에 나타난 문장이다. (38)에서는 '여름(열-+-[으]-+-ㅁ)'과 '여룸(열-+-오-+-ㅁ)'이, (39)에서는 '거름(걸-+-[으]-+-ㅁ)'과 '거룸(걸-+-오-+-ㅁ)'이 나타나 있다. '-오-'가 개재된 '여룸'과 '거룸'은 용언의 명사형으로 기저에 '됴ᄒᆞᆫ 여름 열다'와 '부텨 向ᄒᆞᅀᆞ바 ᄒᆞᆫ 거름 나소 걷다'라는 문장이 있는 것으로 보인다. 다음과 같은 문장도 있다.

(40) 스믈아홉차힌<u>거름</u>거루미곤ᄀᆞᄐᆞ시며 (월석2:57)

(41) ㄱ. 내혜욤은예슌냥이오이열사오나온ᄆᆞᆯ게ᄂᆞᆫ내혜욤은여든냥이라 (노언하:10)

　　ㄴ. 다시거즛혜ᄆᆞᆯ내야닐오ᄃᆡ (능엄1:53)

(40)과 (41ㄱ,ㄴ) 또한 '-오-'가 개재되었느냐 아니냐에 따라 기능이 달라지는 예이다. (40)에서 '스믈아홉차힌거름걷다'와 '내 혜다'에 '-오-+-ㅁ'이 붙어 기저문으로 기능한다. 반면 (40)의 '거름'과 (41ㄴ)의 '혬'은 명사 역할을 한다.

하지만 아래와 같은 예시들도 있다.

(42) 우리願원이ᄎᆞ며모든 <u>ᄇᆞ라오미</u>足죡ᄒᆞ리로소이다 (월석15:28)

(43) 一切功德을일워간고대ᄀᆞ료미업ᄂᆞ니라 (금강10)

(44) 淸雅ᄒᆞᆫ <u>ᄇᆞ라옴</u>과다뭇英明ᄒᆞᆫ양ᄌᆡ슬프다 (두시-중24:17)

위 (42), (43), (44)와 같이 '-오-'가 '-ㅁ'에 선접하지만 '-오-'가 기저문을 내포화시키는 역할을 하기보다는 '브라옴'(42), 'ᄀ룜'(43), '브라옴'(44)이 전성명사 역할을 하고 있다고 볼 수 있다. 이에 대하여 전정례(1991)에서는 "이러한 형태는 원래 내포문을 구성하던 것이었는데 사용의 빈도가 많아짐에 관용적으로 굳어져 전성명사화한 것으로 볼 수 있다"라 논하였다.

고영근(1981)에서는 '-옴'을 중세국어의 명사형 어미라 하였으며 분석될 수 없다고 하였다. 그 근거로 통합관계로 볼 때, '-오-'를 제외한 형태인 '-ㅁ'이 직접 어간에 붙는 일이 없다는 것을 들었다. 고영근(2010)에서도 '-옴'이 명사형성과 명사형 어미에 두루 쓰였다고 한 점을 미루어보아 '-옴'이 분석될 수 없다는 입장인 것을 알 수 있다.

하지만 앞의 예시에서도 보였듯이 '-ㅁ' 앞에 '-오-'의 개재 유무에 따라 통사적 구조가 다름을 볼 때, 즉 '-옴'의 개입으로 기저문화 하였다는 점과 '-음'과의 차이로 보아 이 글에서도 '-옴'의 '-오-'를 하나의 형태소로 설정할 수 있을 것이다.

2.3. '-오-'의 동일 형태소의 이형태

'-오-'는 '-로-', '-샤', '-다-', '-가(아)-', '-과-'의 형태론적 이형태와 '-우-', '-요/유-'의 음운론적 이형태를 갖는다.[11]

---

11) 선어말어미 '-오-'가 계사 '이-' 뒤에서만 '-로-'로 바뀐다는 점에 주목할 때, '-로-'가 이형태 설정에서 제외될 가능성도 있다. 김정대(2005)에서는 계사 '이-'의 원형을 '*일-'로 가정하였는데 이렇게 가정할 때 선어말어미 '-오-'가 이형태 '-로-'로 교체되는 현상을 어려움 없이 설명할 수 있다고 하였다.

ㄱ. 내 네 <u>어미로니</u> 오래 어드본 딘 잇다니(월석21:55)

'어미로니'에서 '-로-'를 '-오-'의 이형태로 볼 경우에 이는 '어미+이-+-로-+-니'로 분석이 가능하다. 하지만 김정대(2005)에서는 위 예시의 '어미로니'를 다음과 같이 분석하였다.

ㄱ'. 어미+일+오니→어미이로니→어미로니

ㅇ -로- : 이로라, 이로니, 이로딕, 이론, 이롤, 이롬

(45) 어린사ᄅ미엇뎨네釋子ㅣ로라ᄒᄂ다 (월석9:35)

(46) 내難頭禾龍王이로니 (석상23:57)

(47) 大目揵連이神力이第一이로딕 (월석21:191)

(48) 다如來ㅅ威力이론고ᄃ아라라 (석상9:28)

(49) 法이다ᄒ佛乘이론견ᄎ라 (석상20:3)

(50) 이世界이로매아니브터니ᄅ니라 (월석1:38-39)

'이론', '이롤', '이롬'은 '-ㄴ, -ㄹ, -ㅁ'과 결합하여 명사구내포문을
만드는 '-오-'의 기능을 확인할 수 있다.

'-로-'에 대해서 허웅(1958)에서는 "이 '-로-'는 앞에 말한 '-오/우-'와
그 문법상 의의가 같고, 그 쓰이는 배치가 서로 배타적이기 때문에,
이 두 요소는 형태론적으로 설명되는 이형태이다."라며 이들을 같은
형태소로 설정한다. 또한 '-로-'는 지정사 뒤에서 쓰이고 다른 용언
뒤에는 '-오/우-'가 사용되었다고 설명한다.

ㅇ -샤 : -샤딕, -샨, -샬, -샴

'-샤'는 '-오-'의 다른 이형태와 달리 어말어미 앞에서 나타나지 않
는다. 다음은 '-샤'가 나타난 구문이다.

(51) [[우리父母ㅣ 듣디아니ᄒ샨]S고ᄃᆫ]NP釋迦太子ㅣ 지죄奇特ᄒ실ᄊᆞ
     (석상6:7)

(52) [[그道ㅣ 眞正ᄒ샤모ᄅ샬]S法]NP업스샤미正遍知이라 (법화1:37)

(53) 벼슬도히실ᄊᆞ[[님금녀아가샤ᄆᆞᆯ]S]NP行幸이라ᄒᄂ니라 (월석2:67)

(54) [[太子ㅣ 니ᄅ샤딕]S]NP네求ᄒ논이리乃終내受苦ᄅᆯ몬여희리니 (석
     상3:33)

음운론적으로 '-시-'와 '-오-'의 결합은 '-쇼-'일 것으로 예상한다. 하지만 이들의 결합은 '-샤'로 실현되는데 이를 허웅(1975)에서는 '-샤'에 대하여 '-시-'+'-오-'→'-샤' + zero라 설명한다. 임홍빈(1981)에서는 '-오-'의 이형태를 '-아-'로 설정하여 '-샤'가 '-시-'+'-아-'→'-샤'라고 설명한다. 정수현(2013)에서도 '-오-'의 이형태를 '-아-'로 설정하고 있다. '-시-'+'-아-'→'-샤'의 음운론적으로 설득력이 있다.

한편 다음과 같은 예시도 있다.

(55) [[釋迦牟尼佛와多寶如來왜寶塔中에師子座애안자<u>겨샨</u>]S양]NP도
보ᅀᆞᆸ며 (석상19:40)

위 예시는 '겨시-'에 '-오-'가 붙은 형태이다. 정수현(2013)에서는 이 '겨시다'에 대하여 '겨시다'의 어원이 '겨다'일 가능성을 말하였다. '겨시-'에 '-오셔'가 결합된 형태에서는 '-샤'가 아닌 '-쇼-'로써 나타났음을 들어 '겨샤'로 나타나는 형이 '겨시+-오-'임을 설명하였다.

다음의 이형태 '-다-', '-가-', '-과-'는 '-단'을 제외하고는 명사구내포문으로 나타나지 않는다.

○ -다- : -다라, -다이다, -다니, -단

(56) 그딋믹바도려ᄒᆞ<u>다라</u> (월석20:115)
(57) 王舍城의겨샤安居ᄒᆞ실쩨도내그中에잇<u>다이다</u> (석상24:44)
(58) ᄒᆞ마너희ᄎᆞᄌᆞ라가려ᄒᆞ<u>다니</u>네쏘<u>오</u>나다 (번노상:68)
(59) 뉘으처외요이다ᄒᆞ묜[녜그르ᄒᆞ<u>단</u>]S이롤]NP뉘웃고 (월석15:22)

○ -가- : -가라, -가니, -가니오, -갸노

(60) 蜜多羅ㅣᄇ라ᅀᆞᆸ고ᄀᆞ마니몯안자ᄒᆞ<u>가라</u>업시니러나 (석상3:8)

(61) 나그내시르메엇데이롤<u>듣가니오</u> (두시-초17:18)[12]

(62) 흔번기리놀애롤<u>브르가니오</u> (두시-초3:38)

(63) 더위자바녀매몃격지롤들워<u>브리가뇨</u> (두시-초20:2)

위에서 '-오-'가 환경에 따라 '-아-'로 변한 가능성에 대하여 말하였다. '-다-'와 '-가-' 또한 환경에 따라 '-오-'가 '-아-'로 변한 것이라 추측할 수 있다.

허웅(1958)에서 '-다-'와 '-더-'를 비교하였다. '-다-'가 나타난 문장의 주어가 모두 '나(1인칭)'이며 '-더-'는 모두 이타 인칭에서 사용된다고 보았다. 이 '-다-'에 대하여 '인칭법 활용'의 '제일인칭 활용'이라하였다. 임홍빈(1981)에서는 '-오-'를 '-아-'의 이형태로 설정하였지만 '-가-'나 '-다-'에 대해서는 보류한다. 한편 정수현(2013)에서는 '-다-'를 "선어말어미 '-더-'와 '-오-'가 함께 쓰여 '-다니, -다라'로 실현"으로 '-가-'를 "'-오-'와 확정되거나 완료됨을 나타내는 선어말어미 '-거-'가함께 쓰인" 것으로 본다.

○ -과- : -과라, -과이다, -관뎌, -관딕

(64) 圍繞ᄒᆞᅀᆞᄫᆞᆺᄂᆞᆫ 양도보고다ᄀᆞ장깃거녜업던이롤얻<u>과라</u> (석상19:40)

(65) 내王말ᄊᆞᆷ듣ᄌᆞᆸ고ᅀᅡ내ᄆᆞᅀᆞ미씨돈<u>과이다</u> (석상24:29)

(66) 오ᄂᆞᆳ날地獄門알픠셔아기와서르보<u>관뎌</u>내獄中에이셔罪니버辛苦ᄒᆞ야 (월석23:87)

(67) 기픈法을듣ᄌᆞᆸ디몯ᄒᆞ<u>관딕</u> (금강73)

허웅(1965)에서는 '-과라' : '-니라', '-과이다' : '-니이다'를 비교하여 "'/-니라, -니이다/가 일인칭어미로는 쓰이지 못함'으로 "그에 대입

---

12) '-가니오' 등으로 나타난다.

되는 일인칭어미가 /-과라, -과이다/임을" 지적하였다.

앞서 임홍빈(1981)에서는 '-오-'의 이형태를 '-아-'로 상정한다고 하였다. '-과-'에 대해도 '-오-'의 이형태 '-아-'가 실현된 것으로 보아 '-고-'와 '-아-'와의 결합'으로 설명하였다. 여기서 '-고-'는 '~싶다'적인 의미로 "자신의 소망은 언제나 확실한 것이어서 언제나 '-아-'를 요구하는 것으로 보이기 때문에 '*-고라, *-고이다'를 쓸 수 없다"고 설명한다.

2.4. 제외: 어간 형성의 '-오-'

이숭녕(1959)에서 어간 형성에서의 '-오-'가 활용된다고 보았다. 이는 두 가지로 활용되는데 먼저 명사형 형성에서의 '-오-'와 동사 또는 형용사에서 타동사 또는 사역형을 만들 때에 어간에 연결되는 '-오-'이다. 이 장에서는 후자의 '-오-'를 보기로 한다. 아래의 예시는 이숭녕(1959)에서 사용된 것이다.

(62) 츠다(滿)~치오다:
    (a) 일후미善慧시고功德이ᄒᆞ마츠샤 (월석2:8)
    (b) 葡華香油를마셔千二百歲를치오고香기르ᄆᆞ로모매ᄇᆞᄅ고
        (월석18:29)

(63) 뜨다(浮)~띄우다:
    (a) 머리ᄀᆞᆯ며기ᄂᆞᆫ프레ᄠᅥᆺ마니잇고 (두시-초10:3)
    (b) 브리能히ᄉᆞ디몯ᄒᆞ며므리能히띄우디몯ᄒᆞ리니 (법화6:177)

(62,63-a)는 '-오-'가 개재되지 않은 문이고 (62,63-b)는 개재된 문이다. 위 예시의 '-오-'는 선어말어미 '-오-'가 아니다. 선어말어미 '-오-'

의 형태소 분포 환경은 '-ㄴ, -ㄹ, -ㅁ'에 선접한다는 것이다. (62-b)에서의 'ᄒᆞ오고'는 '-오-'가 '-ㄴ, -ㄹ, -ㅁ'에 선접하지 않고 뒤에 '-고'가 온다. (63-b)에서의 '띄우디' 또한 '-오-' 뒤에 '-ㄴ, -ㄹ, -ㅁ'이 아닌 '-디'가 온다.

따라서 사역형 어간 형성의 '-오-'는 선어말어미 '-오-'가 아니며, 또한 이병선(1971)에서 포함한 부사형 어간 형성의 '-오-'도 물론 선어말어미 '-오-'가 아니다.

2.5. 제외: '-옷', '-돗'의 '-오-'

고영근(1981)에서 '-옷', '-돗', '-ㅅ'을 동일 형태소로 설정하여 'ㅅ' 계열의 감탄법 어미로 본다. 또한 여기에 선접된 '-오-'는 선어말어미 '-오-'와는 다른 형태소라고 설정한다.

반면에 손주일(1980), 차현실(1981), 정재영(1985) 등에서는 선어말어미 '-오-'와 '-옷', '-돗'의 '-오-'를 같은 형태소로 설정한다. 이남덕 (1971)에서는 'ᄒᆞ노라, ᄒᆞ놋다, ᄒᆞ도다, 호라, 호리라' 등을 동일 형태소의 이형태, 즉 선어말어미 '-오-'의 이형태로 본다.

유창돈(1974)에서는 "'-ᄉᆞ-'에 '-오-'가 결합하면 '-소-'가 된다"고 하였다. 허웅(1975)에서는 강조 · 영탄법의 안맺음씨끝으로 '-아/어-'계, '-거-'계, '-도-'계, '-노-'계, '-다-'계, '-샤'계, '-소,수-'계의 일곱 계열로 나누었다.

(64) 도ᄌᆞ기태자로브터나노소이다 (내훈서:5)

다음과 같이 분석하기도 한다.

(64') 나-+-노-+-소-+-이-+-다

하지만 (64')처럼 분석하여 '-노-'를 '-오-'의 이형태로 본다면 이는 '-오-'의 형태소 분포 환경에 맞지 않고, 강조·영탄법으로 본다면 '-노-'와 '-소-'가 중복된다. 같은 기능을 하는 어미 둘을 중복하여 쓰는 것이다. 이를 고영근(1981)에 따라 'ㅅ' 계열의 감탄법어미로 나누면 다음과 같을 것이다.

(64'') 나-+-ᄂ-+-옷-+-오-+-이-+-다

강조 기능을 하는 '-옷-'과 선어말어미 '-오-'로 분석되며 '-오-'의 형태소 분포 환경에도 부합하다.

3. 결론

이상 중세국어 선어말어미 '-오-'의 형태소적 분포 환경과 그 기준에 대하여 알아보았다. 그 기준과 예외, 제외의 대상이 되는 형태소들을 다시 정리해 보면 다음과 같다.

먼저, 선어말어미 '-오-'는 동명사형 어미 '-ㄴ, -ㄹ, -ㅁ'과 통합한다.

예외적으로 종결어미에서 '-오이다', '-노이다'가 있고, 연결어미에서 '-오ᄃᆡ'가 있다. 하지만 '-오이다'와 '-노이다'는 '-오라'와 '-노라'에 선어말어미 '-이-'가 개재된 것으로 다른 선어말어미가 개입하여 어말어미 '-라'가 아닌 '-다'가 온 것으로 설명이 가능하다. '-오ᄃᆡ'의 경우 고려시대 석독구결에서 찾을 수 있는 '-온ᄃᆡ/-올ᄃᆡ'의 통사구조가 어미화하며 동명사형 어미 '-ㄴ, -ㄹ'이 탈락하여 중세국어에서는 '-오ᄃᆡ'로 사용된 것이다.

'-오-'의 이형태로는 '-로-', '-샤', '-다-', '-가(아)-', '-과-'가 있다. 이 중 '-샤', '-다-', '-가(아)-'에 대해서는 '-오-'의 이형태를 '-아-'로 설정하여 논할 수도 있지만 '-로-'와 '-과-'에 대해서는 더 많은 논의가 필요할 것으로 보인다.

또한 선어말어미 '-오-'와 형태적으로 비슷하게 보이는 사역형, 부사형 어간형성의 '-오-'와 강조·영탄법의 '-옷/돗-'의 '-오-'는 제외되어야 한다.

선어말어미 '-오-'에 대한 접근 방식으로는 일원론적 접근과 이원론적 접근이 있다. 전성어미 앞에서의 '-오-'와 연결, 종결어미 앞에서의 '-오-'를 분리하는 이원론적 접근과 분리하지 않는 일원론적 접근이 그것이다. 이 두 용법 모두 선어말어미 '-오-'가 동명사형 어미 '-ㄴ, -ㄹ, -ㅁ'이라는 같은 형태소적 분포 환경을 가지고 있으므로 동일 형태소이다.

따라서 우리는 '-오-'를 연구할 때, 동일한 형태소적 환경에서 나타나는 '-오-'는 동일 형태소라는 확실한 원칙을 가지고 '-오-' 연구를 진행해 나아가야 '-오-'의 기능과 변천에 대해 더욱 많은 설명력을 제공할 수 있을 것이다.

참고문헌

고영근(1981), 『중세국어의 시상과 서법』, 탑출판사.

고영근(2010), 『표준중세국어문법론』, 집문당.

김정대(2005), 「계사 '이-'의 기원형 '*일-'을 찾아서」, 『우리말 글』 35, 우리말
　　　글학회.

박경현(1993), 「중세국어 종결어미의 기본형 설정에 대하여」, 『韓國國語敎育
　　　硏究會 論文集』 50, 한국어교육학회.

배희임(1976), 「중세국어 선어말어미의 구조 연구」, 『어문논집』 17, 민족어문
　　　학회.

백두현(1996), 「고려시대 속독구결의 선어말어미 '-오-'의 분포와 문법 기능」,
　　　『어문론총』 30, 경북어문학회.

손주일(1979), 「15세기 국어의 선어말어미 「-오/우-」에 관한 통사론적 연구」,
　　　서강대학교 대학원 석사학위논문.

안주호(1997), 『한국어 명사의 문법화현상 연구』, 한국문화사.

유창돈(1974), 『이조어 사전』, 연세대학교 출판부.

이광호(1983), 「후기 중세국어의 종결어미 {-다/-라}의 의미」, 『국어학』 12집,
　　　국어학회.

이기문(1972), 「국어학연구사와 앞으로의 과제」, 『민족문화연구』 6, 서울대학
　　　교 동화문화연구소.

이남덕(1971), 「15세기 국어의 서법 연구」, 이화여자대학교 대학원 박사학위
　　　논문.

이병선(1971), 「부사형 어미고」, 『김형규박사 회갑기념논문집』.

이숭녕(1959), 「어간형성과 활용어미에서의 「-(오/우)-」의 개재에 대하여」,
　　　『서울대 논문집』 8, 서울대학교.

이유기(1994), 「후기중세국어 종결어미 '-다'와 '-라'의 관계」, 『한국어문학연
　　　구』 29, 한국어문학연구학회.

임홍빈(1981), 「선어말 {-오/우-}와 확실성」, 『한국학논총』, 국민대학교 한국
　　　학연구소.

장윤희(2010), 「中世國語 連結語尾 形成의 文法史 - '-오딕, -은딕, -은대'를 중심으로-」, 『語文硏究』 38, 한국어문교육연구회.

전상범(2006), 『형태론개론』, 한국문화사.

전정례(1991), 「중세국어 명사구내포문에서의 '-오-'의 기능과 변천」, 서울대 학교 대학원 박사학위논문.

전정례(2000), 「'-온딕/-올딕>-오딕' 연구」, 『한말연구』 제6호, 한말연구학회.

정수현(2011), 「선어말어미 '-오-'의 기능과 변천」, 건국대학교 대학원 박사학 위논문.

정수현(2013), 「선어말어미 '-오-'의 이형태 고찰」, 『겨레어문학』 제50집, 겨레 어문학회.

정재영(1985), 「15세기 국어의 선어말어미 {-오/우-}에 대한 연구-형태론과 통사의미론을 중심으로-」, 한국외국어대학교 대학원 석사학위논문.

차현실(1981), 「중세국어 응축보문 연구」, 이화여자대학교 박사학위논문.

최세화(1963), 「<아니>어고」, 『양주동박사 화탄기념논문집』.

허   웅(1958), 「삽입모음고 - 15세기 국어의 일인칭 활용과 대상 활용에 대하 여 -」, 『서울대 논문집』 7, 서울대학교.

허   웅(1965), 「「인칭 어미설」에 대한 다섯 번째의 논고」, 『한글』 135, 한글학회.

허   웅(1975), 『우리 옛말본』, 샘출판사.

Hopper&Traugott(1993), *Grammaticalization*, Cambridge University Press.

Langacker(1977), *Syntactic reanalysis*, In: Li, C.N. (Ed.), Mechanisms of syntactic change. University of Texas Press.

관형화 구성에서의 '-오-'*

최대희

1. 서론

본 논문은 15세기 국어의 관형화 구성에 실현되는 '-오-'의 분포

---

* 본 논문은 필자가 2015년 3월에 강원대학교 인문과학연구소에서 발행한 『인문과학연구』 44에 게재한 논문을 수정 보완한 것임을 밝힌다.

환경을 확인하고, 실현 양상을 살펴보는 것을 목적으로 한다. 15세기 관형화 구성을 보면, '-오-'의 실현이 보이는 경우도 있고, 보이지 않는 경우도 있는데, 어떠한 환경에서 '-오-'가 실현되는지의 여부를 확인하고, 이러한 결과를 통해 '-오-'의 실현 양상을 파악해 볼 것이다. 중세국어 시기의 선어말어미 '-오-'는 명사화 구성에서는 '-오-'의 실현이 거의 예외가 없이 실현되지만, 관형화 구성에서는 주어진 환경에 따라, 불규칙적으로 실현된다. 이러한 불규칙성을 설명하기 위해 많은 연구들이 진행되었는데, 그 중에 대표적인 논의가 허웅(1975)의 주체-대상법이다.[1] 이 논의를 통해 '관계화 구성'에서의 '-오-'의 실현 문제는 부분적으로 해소된 듯하였으나, 보문화 구성이나 일부 관계화 구성에서 '-오-'의 불규칙적 실현이 보이는 문제에 대해서는 설명이 부족하였다. 이러한 점을 보완하기 위한 연구들 중에 전정례(1991, 1995)에서는 '-오-'에 대한 새로운 접근을 하게 되는데, '-오-'는 선어말어미로서 통사적 기능을 갖는 요소이고, 형태소 설정의 객관적인 기준으로 동명사형 어미 '-ㄴ, -ㄹ, -ㅁ' 앞이라는 형태적 조건을 근거로, '-오-'를 '명사구내포문 표지'로 규정하고 있다. 기존의 논의에서 관계문과 보문에서의 '-오-' 출현의 불규칙성을 예외로 처리한 문제들을 비교적 일관성 있고, 간결하게 설명해 내고 있다는 점에서 의의가 있다.

본 논문의 대상은 '-오-'와 관련된 관형화 구성이다. 관형화는 동사가 관형형으로 기능 변화를 하여, 관형절을 이루어 명사구내포문 구성을 이루는 구성인데, 절을 이루는 구성을 중심으로 논의를 진행할 것이다. '-오-'의 실현은 절을 이룰 수 있느냐, 없느냐가 중요한 조건이기 때문이다. '-오-'는 관형절을 이루는 구성에 실현되는데, 관계화와 보문화 구성을 나누어서 실현 양상을 확인해 볼 것이다. 또한 15세

---

1) 주체-대상법이란 매김꼴의 한정을 받는 임자씨가, 속구조에 있어서, 그 풀이말(매김꼴)의 임자말 노릇을 하는지, 부림말 노릇을 하는지를 보여주는 문법적 방법이라고 정의하고 있다. 임자말 노릇을 하는 임자씨가 빠져나가 한정을 받는 경우는 '-오-'가 실현되지 않고, 부림말 노릇을 하는 임자씨가 빠져나가 한정을 받는 경우는 '-오-'가 실현된다고 하였다.

기 국어가 대상이 된다. 이 시기에는 '-오-'의 실현이 가장 빈번하게 출현하고, 이후의 시기보다는 규칙적으로 실현되었다고 판단되기 때문이다.

본 논문은 위와 같은 대상을 중심으로, 다음과 같은 방법으로 논의가 진행될 것이다.

첫째, 관형화 구성과 관련된 앞선 연구를 살펴보고, 문제점에 대해 비판적으로 접근해 볼 것이다.

둘째, 관형화 구성에 대한 개념을 정리하고, 이에 따라 관형화 구성의 예문을 추출할 것이다.

셋째, '관형화 구성에서의 -오-'의 실현 환경을 자세히 검증할 것이다. 본 논문은 '-오-'가 '명사구내포문 표지'라는 논의에 대체적으로 동의하고, '명사구내포문 표지'라고 했을 때에 '-오-'의 기능과 관련한 명확한 설명을 시도해 볼 것이다.

넷째, 검증된 '-오-'의 실현 환경을 토대로, 실현 양상을 확인할 것이다. 관형화 구성을 관계화 구성과 보문화 구성으로 나눈 후, 일반명사 구문과 의존명사 구문에서 '-오-'의 실현을 확인할 것이다.

2. 선행 연구

'-오-'에 관한 기존의 연구는 대체로 문법적 기능을 밝히는 데 있었는데, 형태·통사적인 입장과 의미·화용론적 입장으로 나누어져, 허웅과 이숭녕의 논의를 중심으로 연구되어 왔다. 형태·통사적인 입장은 대체로 연결어미·종결어미에서의 '-오-'와 관형사·명사형에서의 '-오-'의 기능을 별개로 보는 반면, 의미·화용론적 입장은 연결어미·종결어미에서의 '-오-'와 관형사·명사형에서의 '-오-'의 기능을 동일하게 보려고 한다는 점에서 차이가 있다. 그러나 이렇게 구분은 하고 있지만, 기존의 학자들 중에는 '-오-'의 역사적 변천에 따른 기능의 변화가 있었음을 인지하고 있기 때문에, 연결어미·종결어미에서의 '-오-'와 관형사·명사형에서의 '-오-'를 동일한 기능으로 파악하기 힘들 뿐이지, '-오-'가 실현되는 환경을 살펴보면 동일한 기능을 하였던 형태소였을 것이라는 추측을 하기도 한다.2)

관형화 구성에서의 '-오-'와 관련된 앞선 연구도 형태·통사적인 시각, 의미·화용론적 시각, 새로운 시각으로 나누어 살펴볼 수 있다. 각각의 시각에서 살펴본 연구 중 핵심 논의를 중심으로 살펴보면 다음과 같다.

먼저 형태·통사적인 시각에서 접근하고 있는 연구로서 허웅(1958, 1973, 1975)에서는 관형사형에 대해서는 주체대상법에 의해 설명한다. 주체대상법의 여러 비판 가운데 중심적인 것은 무엇보다도 이 이론이 적지 않은 불규칙성을 설명할 수 없다는 점에서 보완되어야 한다.

양정호(2001)에서는 전기 중세국어의 석독구결 자료를 대상으로 주로 동명사형의 '-오-'에 한정하여 살펴보았는데, 전기 중세국어에 있어 '-ㄴ, -ㄹ'이 명사형 어미로 사용되었고, 이 경우 '-오-' 개재형과 '-오-' 비개재형의 변이 현상이 상당히 존재한다고 보고, 이를 규제하는 원리를 제시하고자 하였다. 서술어가 요구하는 주어와 목적어 이외에 필수 성분을 '보어'라 칭하고 관계절에서 핵어 명사가 목적어나 보어로 복원될 수 있으면 '-오-'가 통합된다고 보았고, 보문절이나 명사화 구문의 경우에는 서술어가 목적어나 보어를 필요할 경우 '-오-'가 통합되는 것으로 분석하였다. 그런데 이와 같은 요건을 만족하고 있더라도 '-오-'

---

2) 전정례(1991, 1995)에서는 '-오-'의 형태소적 분포 환경이 동명사형 어미 '-ㄴ, -ㄹ, -ㅁ'에 앞에 실현되는 점을 확인하고, 연결어미·종결어미에서의 '-오-'와 관형·명사형에서의 '-오-'는 역사적으로 동일 형태소였을 것이라고 하였으며, 정수현(2011)에서도 종결·연결 어미에서의 '-오-'와 명사형 관형사형 앞에서의 '-오-'가 동명사형 어미 '-ㄴ, -ㄹ, -ㅁ' 앞에 나타난다는 형태소적 분포 환경을 중시하여 연결어미·종결어미와 명사구내포문 구성에 쓰인 '-오-'가 유기적 관련성을 가진 같은 형태소임을 밝히고, 그 기능 변화를 연구하였다.

는 수의적으로 생략이 가능하다고 본다는 점에서 허웅보다 불규칙성이 좀 더 확장된 것으로 평가할 수 있다.

석주연(2001)은 허웅의 주체대상법을 다른 각도에서 접근한 시도로서 관계절에서의 '-오-'를 피수식어 명사가 주어가 아니어서 유표적일 때 그 유표성을 표시하는 장치로 분석하였다.

다음으로 의미·화용론적 시각에서 접근하고 있는 연구이다. 이숭녕(1959, 1960)의 의도법설에 따르면 '-오-'는 '제 행동이든 또는 남의 행동이든 화자의 뜻대로 전개되거나 진행됨을 바라는 형식의 서법으로, 장차의 귀추에 대한 화자의 의도를 나타내는 volitive form의 prefinal ending'이다. 이 관점에 따르게 되면 '-오-' 개재형의 의미 기능은 '의지, 가능, 원망, 당위, 화자의 주관적 진술, 화자의 주관적 한정'으로 분류된다. 이 모두를 포함하는 의도법이란 매우 추상적인 개념으로서 반증 가능성이 꽤 낮은 문제점을 지니고 있다.

박형달(1968)에서는 관형사형의 '-오-'에 대해 한문 원문의 所의 일치에 근거하여 수식어가 피수식어를 제한하는 정도에 있어 특수적이고 국한적인 경우를 강화된 관형사형으로 보아 이 때 '-오-'가 사용되는 것으로 보았다. 차현실(1981)은 생성의미론의 입장에서 '-오-'를 살펴본 연구로서 상위문의 주어와 내포문의 주어가 상호지시적일 때 응축 보문을 형성할 경우 내포문 동사 어간에 후접하여 나타나는 형태소로 영화응축표지로 분석하였다.

마지막으로 새로운 시각에서 접근하고 있는 연구이다. 이인모(1975)에 따르면 관형형·명사형에서의 '-오-'는 '종속적 전달 관계(dependent nexus)'를 나타내는 것으로 보았으며 연결·종결형에서의 '-오-'는 화자의 지각, 표상, 사유인 내용의식을 표시하는 형태소로 분석하였다.[3]

---

3) 鮮은 곳 주균 즁싱이라 (월석21:93)
　비론 바볼 엇뎨 좌시ᄂᆞ가 (월인122)

전정례(1991, 1995)는 통사적 접근과 의미·화용적 접근으로 이분하여 '-오-'를 바라볼 필요가 없다고 보고, 문구성이라는 거시적 관점에서 '-오-'의 기능을 규명한 연구이다. 전정례에 따르면 첫째는 문구성이 아닌 구 구성에서는 '-오-'가 선접되지 않는다는 것이며 둘째는 명사구 구성이 아닌 부사구 구성에서는 '-오-'가 선접되지 않는다는 사실이다. 그리하여 '-오-'는 명사 내포문 표지로서 구에는 선접이 불가능하며, 명사성이 약한 부사구 구성에서는 '-오-'가 불규칙하게 사용된다는 것이다. 전정례와 이에 동조하고 있는 손주일(1996) 등에서는 많은 유형의 예문을 통해 이와 같은 두 가지 반증 사례를 검토하고 명사구내포문 표지라는 주장을 논증하였다. 하지만 이런 설명이 타당하다는 것을 증명하기 위해서는, 몇 가지 예외처럼 보이는 구문을 설명할 필요가 있다. 주어(주체)가 표면상 나타나지 않았는데 '-오-'가 실현되는 경우, 명사구내포문이 절을 이루는 경우(격조사 생략 구문, 이중주어구문, 협주문 등)처럼 보이는 데 '-오-'가 실현되지 않는 경우 등에 대한 설명이 충분히 이루어지지 않았다. 이러한 부분에 대한 보완이 이루어져야 '-오-'가 명사구내포문 표지라는 기능을 확고히 얻을 수 있을 것이다.

이러한 논의들은 공통적으로 '-오-'의 기능을 밝히고, '-오-' 실현의 예외성을 줄이기 위한 연구의 일환이었다고 볼 수 있고, 앞으로의 연구도 '-오-'의 기능을 밝히는 문제와 '-오-' 실현의 예외성을 얼마만큼 줄일 수 있느냐를 중심으로 '-오-' 연구는 진행될 것이다.

四空處는 네 :뷘 싸히라 (월석1:35)

관형구성을 이룬 서술어와 피수식명사와의 관계가 피동구성을 이룬다고 볼 때, 그 의미 파악이 자연스러운데 이러한 구성을 '능동피동태'라고 하였다.

3. 관형화 구성에서의 '-오-'의 분포 환경

3.1. 관형화 구성

관형화 구성은 명사구내포문의 하위 유형인데, 이를 좀 더 명확하게 정리하기 위해서는 복합문에 대한 설명이 필요하다. 복합문은 상위문이 하위문을 관할하는 방식에 따라 체계화 할 수 있다. 상위문이 하위문을 직접 관할하는 복합문 구성을 '접속문 구성'이라 하고, 상위문이 하위문을 간접 관할하는 복합문 구성을 '내포문 구성'이라 한다. 다시 내포문 구성은 상위문이 하위문을 관할하는 방식에 따라서 체계화되는데, 동사구를 통해 관할하는 구성을 '동사구내포문'이라 하고, 명사구를 통해 관할하는 구성을 '명사구내포문'이라 한다. 그리고 명사구내포문은 다시 '명사화 구성'과 '관형화 구성'으로 나눌 수 있다. 명사화 구성은 하위문 단독으로 명사구를 구성하는 것이고, 관형화 구성은 하위문과 내포문 명사가 함께 명사구를 구성하는 것을 말한다.4)

(1)　ㄱ. 영희는 [[명수가 집에 갔음]s]NP을 확인하였다.

　　　ㄴ. 영희는 [[명수가 집에 간]s 사실]NP을 확인하였다.

---

4) S(문장)에 대해 넓은 범위에서 구조를 분석해 보면, 모든 S는 NP와 VP로 구성된다. 수형도를 통해 구조를 표시하면 다음과 같다.

여기에서 NP는 [N]이 될 수도 있고, [Det # N]이 될 수도 있으며, [S]도 될 수 있다. 국어의 예를 들어 설명하면 다음과 같다. ㄱ)은 NP가 N이고, ㄴ)은 NP가 Det # N이며, ㄷ)은 NP가 S이다.

　ㄱ) [철수]NP는 밥을 먹는다.

　ㄴ) [[새]Det 집]NP은 넓다.

　ㄷ) [[철수가 먹]s은 밥]NP은 보리밥이다.

(1ㄱ)은 하위문 단독으로 명사구를 구성하는 명사화 구성이고, (1ㄴ)은 하위문에 명사(사실)가 함께 명사구를 구성하는 관형화 구성이다. 관형화 구성은 다시 관계화 구성과 보문화 구성으로 나눌 수 있는데, 기저에서 하위문 안의 명사구와 내포문의 명사 사이에 동일 지시가 이루어지면 관계화 구성이고, 동일지시가 이루어지지 않으면 보문화 구성이다.

(2)　ㄱ. 영희는 명수가 읽은 책을 버렸다.
　　　（→ 영희는 [명수가 책을 읽읜 책을 버렸다.)
　　ㄴ. 영희는 명수가 책을 버린 이유를 모른다.
　　　（→ 영희는 [명수가 책을 버린] 이유를 모른다.)

(2)를 기저문으로 바꾸어 보면, (2ㄱ)은 하위문 안의 '책'과 내포문 명사인 '책'이 동일 지시가 형성되기 때문에 관계화 구성이고, (2ㄴ)은 하위문 안의 '책'과 내포문 명사인 '이유'가 동일 지시가 형성되지 않기 때문에 보문화 구성이다.

3.2. '-오-'의 실현 환경

여기에서는 관형화 구성에서 '-오-'의 실현 환경을 살펴볼 것이다. '-오-'가 실현되는 환경은 동명사형 어미 '-ㄴ, -ㄹ, -ㅁ' 앞과 명사구내포문을 이룰 때이다. 전정례(1991)에서는 '-ㄴ, -ㄹ, -ㅁ' 앞에 '-오-'가 공통적으로 선접된다는 사실과 이들이 공통적으로 절을 이루어 명사구내포문을 구성한다는 사실에 주목하여 중세국의 선어말어미 '-오-'를 명사구내포문을 구성하는 내포 선어말어미로 규정하고 있다. 현대국어 관형화 구성의 예를 통해 '-오-'의 실현 환경을 확인해 보면 다음과 같다.

(3) ㄱ. [[철수가 먹은]s 밥]NP은 수수밥이다.

ㄴ. [붉은 꽃]NP이 언덕에 피었다.

(3ㄱ)은 명사구가 절을 이루는 내포문 구성이고, (3ㄴ)은 명사구가 절을 이루지 못하는 구성이다. 15세기 국어에서는 (3ㄱ)과 같은 경우에 '-오-'가 실현되고, (3ㄴ)과 같은 경우에는 '-오-'가 실현되지 않는데, 전자는 관형절을 이루고, 후자는 관형구를 이룬다고 설명할 수 있다.

'-오-'의 실현과 관련하여 '절'과 '구'의 개념은 매우 중요하다고 볼 수 있는데, 본 논문에서는 명사구에서 주어와 서술어를 다 갖추고 있으면 '절'이 되고, 주어와 서술어 중 하나가 없으면 '구'라고 정의할 것이다. '절'의 개념은 체언을 수식하는 서술어가 수식의 기능보다는 서술의 기능이 더 커서 주어와 서술어의 관계가 더 긴밀한 것이고, '구'의 개념은 수식하는 서술어가 서술의 기능보다는 수식의 기능이 커서 뒤의 체언과 좀 더 긴밀한 것이다. 이와 같은 구분은 최현배(1924)에서도 설명하였는데, '절'은 마디(節, 句, clause)로 설명하고 있고, '구'는 이은말(連語, phrase)로 정의하고 있다.[5] 이러한 '절'과 '구'의 개념에 대한, 반박 논의로 양정호(2001)가 있는데, 본 논문에서는 '예쁜 꽃'과 같은 구성에서의 '예쁜'은 관형절이 아니라는 견해에 대해 관형절이 아니라는 증거는 아무데도 없다고 하면서, '예쁜'이 본래부터 관형사가 아니라 형용사의 활용형이라는 점을 부정할 수 없다면 당연히 주어를 상정할 수 있고, 따라서 관형절을 구성하는 것으로 보아야 한다고 하였다. 이러한 문제는 '절'을 설정할 때, 표면구조로 볼 것이냐, 기저구조까지 볼 것이냐의 차이로서 추상성의 한계 설정에 관한 문제이다. 본 논문에서는 표면구조를 기저구조로 돌이켰을 때 표면구조와는 통

---

5) 매김마디와 매김 이은말을 구분하고 있다.

ㄱ. 경치가 좋은 데는 금강산이 첫째이다. (매김마디)

ㄴ. 백두산에 오르는 사람이 해마다 늘어 가오. (매김 이은말)

사적·의미적으로 미묘한 차이를 보이기 때문에, 표면구조를 중심으로 '절'을 정의한다. 이렇게 표면구조 중심으로 '절'을 설정할 수 있는 근거는 '의미해석'과 관련된 생성문법이론의 발전과 관련이 있다. '확대표준이론'이후 의미 해석은 심층은 물론, 표층, 음운에서도 나타난다고 밝히고 있다. 이는 문장구조가 바뀜에 따라 의미해석이 달라질 수 있으므로 추상성에 어떤 한계를 두어야 하며 실제로 표면구조의 문장 분석이 더 고려되어야 함을 강조하게 된 것이다. 그래서 본 논문에서는 표면구조의 관점에서 살펴보게 될 것이고, 표면구조의 관점에서 보면, '예쁜'은 서술의 기능보다는 수식의 기능이 크기 때문에 '예쁜 꽃'은 '구'로 본다.

(4) ㄱ. 예쁜 꽃이 피었다.
     ㄴ. [[(꽃이) 예쁜] 꽃]NP이 피었다.
     ㄷ. [예쁜 꽃]NP이 피었다.

(4ㄴ)은 (4ㄱ)의 기저구조로 파악했을 때이고, (4ㄷ)은 표면구조로 파악했을 때이다. (4ㄱ)처럼 기저구조로 돌이키면, '꽃이 예쁘다'가 되는데, 표면구조에 보이는 '예쁜 꽃'과 통사적으로도 차이가 나고, 의미도 '꽃이 예쁘다'는 '예쁘다'가 '꽃이'의 속성을 나타낸다고 보기보다는 단지 '꽃이'를 서술하는 기능만 가진다고 볼 수 있지만, '예쁜 꽃'은 '꽃'의 속성을 나타내면서, 수식의 기능을 가지고 있다고 볼 수 있다. 그래서 표면구조를 굳이 기저로 되돌려 '예쁜'이 서술의 기능을 가지고 있다고 판단하는 것보다 그 자체로 꽃의 속성을 나타내는 수식의 기능을 가지고 있다고 판단하는 것이 더 타당할 듯하다. 또한 예문에서 '예쁜 꽃'은 두 개의 관념(꽃이 예쁘다)으로 파악하기 보다는 둘이 합쳐진 하나의 관념(예쁜 꽃)으로 보는 편이 나을 듯하다. Jespersen (1924)에서는 'junction'과 'nexus'라는 개념을 통해 설명하였는데,

'junction'은 한 장의 그림으로 인식할 수 있을 만한 정도의 경화된 문장이며, 'nexus'는 생명을 가진 연결로 반드시 분리된 채로 두 관념을 품고 있는 것으로 파악하였다.6)

결국, '-오-'가 실현되는 환경은 명사구내포문이 절을 이루는 구성이라고 볼 수 있을 것이다. 하지만 이런 설명이 타당하다는 것을 증명하기 위해서는, 몇 가지 예외처럼 보이는 구문을 설명할 필요가 있다. 두 경우를 설정할 수 있는데, 첫째는 '-오-'가 실현되지 않을 것 같은 환경인데 '-오-'가 실현되는 환경이다. 여기에서는 주어(주체)가 표면상 나타나지 않는 예문을 중심으로 살펴볼 것이다. 둘째는 '-오-'가 실현되는 환경인 '절'을 이루는 것처럼 보이지만 '절'을 이루지 못해 '-오-'가 실현되지 않는 환경이다. 여기에서는 격조사가 생략된 경우, 이중 주어를 가진 경우, 협주문인 경우 등을 살펴볼 것이다.

먼저, 주어(주체)가 표면상에 나타나지 않아 '-오-'가 실현되지 않을 것 같은 구성이지만, '-오-'가 실현되는 경우이다. 주어(주체)가 생략되어 있을지라도 서술어를 통해 주어(주체)를 설정할 수 있는 경우, 특히 주어가 사람이 되는 경우는 주어-서술어 관계를 형성하고 있다고 볼 수 있다. 이와 같은 견해는 전정례(1995:48)에서도 확인할 수 있다. 예문과 설명을 재인용하면 다음과 같다.

(5) 닐온道理各各모물조ᄎᆞ니 (금강서:5)
     治生은사롤일다스릴씨라 (월석21:170)
     心地ᄂᆞ아론ᄉᆞ물일홈호ᄃᆡ싸곧다ᄒᆞ니 (원각서:70)
     陰은ᄀᆞ리드플씨니ᄒᆞ논일이쇼물모도아 (월석1:35)
     이東山ᄋᆞᆫ남기됴홀씨노ᄂᆞ논싸히라 (석상6:24)

---

6) Jespersen. O, *The Philosophy of Grammar*, (London George Allen & Unwin Ltd, 1924). ㄱ은 'junction'이고, ㄴ은 'nexus'이다.
   ㄱ. a red rose
   ㄴ. The rose is red.

(5)의 예들은 동작 주체로서 일반 사람, 특정한 사람, 화자 등이 생략된 것으로 보았다. 그래서 동작주체가 되는 주어가 들어갈 수 있기 때문에 주어-서술어 관계를 이루게 되어 '-오-'의 실현이 가능하다고 보았다. 이렇게 설명하는 관점이 '-오-'의 실현에 대해, 일부 학자들이 제기한 관용구로 간주하여, 이때의 '-오-'는 화석화된 '-오-'로서 내포문 구성의 기능은 하지 않는다고 보는 관점으로 설명하는 것보다는 논리적이라고 판단된다.

다음으로 '-오-'가 실현되는 환경인 '절'을 이루는 것처럼 보이지만 '절'을 이루지 못해 '-오-'가 실현되지 않는 구성을 살펴보겠다. 첫째, 주격 조사가 생략된 경우이다.

(6) ㄱ. 띄무든옷닙고 (석상6:27)
          부텨드욇法門ᄒᆞ마아로라야 (능엄1:21)
     ㄴ. 諸法이비론일후민달아ᄂᆞᆫ 衆生爲ᄒᆞ야 (월석8:29)
          제모미ᄒᆞ마아ᄂᆞ논이리젹고ᄂᆞ민비홈이쇼몰아쳘시라 (내훈1:29)
          부톄니르샨經이라 (석상6:43)

(6ㄱ)은 관형화 구성이 절을 이루는 것처럼 보이지만, 주격조사가 생략되어, 관형화 구성이 절로 인식되지 못하고 구로 인식되어, '-오-'가 실현되지 않았다. (6ㄱ)을 보면 격조사가 생략되어 관형형의 서술어가 서술의 기능보다는 앞의 '띄'와 긴밀하게 연결되어 하나의 단위로 인식되어, 뒤의 피수식어를 수식하고 있는 것처럼 보인다. 이는 주격조사가 생략되지 않은 구성인 (6ㄴ)과 비교해 보면, 그 차이를 알 수 있다.

둘째, 이중주어를 가진 경우이다. 현대국어의 예와 15세기의 예를 들어 설명해 보면 다음과 같다.

(7) ㄱ.[코가 긴] 코끼리

　　ㄴ.[불휘기픈]남곤 ……, [시미기픈]므론 (용가2장)

　(7)은 기저구조가 이중 주어를 가진 예이다. (7ㄱ)은 기저구조로 돌이켜 보면 '코끼리는 코가 길다'이고, (7ㄴ)은 '낢은 불휘 깊다', '믈은 심이 깊다' 이다. 이들은 크게 주어부와 서술부로 나눌 수 있는데, 주어부는 주어부대로 하나의 단위처럼 결합하고, 서술부는 서술부대로 하나의 단위처럼 결합하고 있다. 이렇게 하나의 단위처럼 결합하고 있는 부분이 표면구조로 나타나면서, 서술부에 해당하는 부분이 주어부를 수식하고 있다. 이때 서술부의 '코가 길다', '불휘 깊다', '심이 깊다'는 하나의 구처럼 긴밀하게 결합하여 뒤의 체언을 수식하고 있는 것처럼 보인다. 또한 기존의 연구들에서 보면 수식하는 용언이 형용사일 경우보다 타동사일 경우에 '-오-'의 실현이 규칙적으로 나타나는데, 이는 형용사의 특성이 성질이나 상태를 나타내기 때문에 형용사가 관형형으로 피수식명사를 수식할 경우에는 서술의 기능보다는 피수식명사의 상태나 성질을 표시하는 수식의 기능이 강하다고 볼 수 있다.[7] 그래서 이와 같은 경우에는 절 구성으로 보기보다는 하나의 구로 보아야 '-오-'의 비실현을 설명할 수 있을 것이다.

　셋째, 협주문인 경우이다. 협주문은 본문의 이해를 높이기 위해 본문 사이에 끼워 넣는 말인데, 본문에서는 관계절인 경우, 주어-서술어 관계가 성립하면, '-오-'가 거의 예외 없이 실현되지만, 협주에서는 주어-서술어 관계가 성립해도 '-오-'가 실현되지 않는 경우가 보인다.

---

7) 관계절에서 허웅(1975)은 수식어가 남움직씨일 경우 '-오-'의 실현이 거의 예외 없이 나타난다는 '대상법'을 주장하였고, 전정례(1991, 1995)에서도 명사구내포문을 이룰 때, 서술어는 대부분 타동사임을 확인할 수 있다. 이숭녕(1976)에서는 한정어의 /-논/계 어미의 첫 자격이라고 할 것이 동사의 관형사형이어야 한다는 조건을 내세운다. 손주일(1996), 앞의 논문. 여기에서는 '-오/우-'의 비개재 예를 보면 수식하는 용언이 '저픈, 낟븐, 됴한' 등의 형용사임을 밝히고 있다.

(8) ㄱ. 大施主는[큰 布施ㅎᄂᆞᆫ님자히라ㅎ논마리]NP라 (석상19:3)

　　　希有는[드므리잇다ᄠᅳ디]NP라 (석상13:15)

　　ㄴ. 孤는[져머셔어버ᅀᅵ업슨사ᄅᆞ미]NP오 (석상6:13)

　　　精氣는[넉시라ᄒᆞᆫ닷한ᄠᅳ디]NP라 (석상9:22)

　　　仙人ᄋᆞᆫ[제몸구텨오래사ᄂᆞᆫ사ᄅᆞ미]NP니뫼해노니ᄂᆞ니라 (월석1:7)

　　　使者는[브리신사ᄅᆞ미]NP라 (석상6:2)

　　(8)은 협주에 보이는 구성으로, (8ㄱ)은 '-오-'가 실현된 예이고, (8ㄴ)은 '-오-'가 실현되지 않은 예이다. 협주를 살펴보면, 대부분의 협주는 (8ㄴ)과 같이 '-오-'가 실현되지 않고 있는데, (8ㄱ)처럼 수식어의 동사의 활용형이 'ㅎ논, 혼'이 쓰이고, 피수식어는 '말, 뜯'인 경우에만 '-오-'가 실현되고 있다. 협주에 '-오-'가 실현되지 않고 있는 것은 협주문이 본문과는 다른 특성을 지니고 있기 때문일 것이다. 정수현(2012ㄴ)에서는 협주문에 대해 협주는 앞선 말에 대한 풀이나 설명이므로 앞선 말을 하나의 단어나 대상으로 인식하여, 절이 아닌 구로 보았을 가능성을 제시하였다. 실제로 <석보상절>과 <월인석보>의 본문과 협주의 예를 들어, 같은 구성이지만 본문에는 '-오-'가 실현되고, 협주에서는 '-오-'가 실현되지 않는 경우를 들어 그 가능성을 설명하였다.[8] 이처럼 본문과 협주문은 언중의 인식에 있어서 차이가 있었다고 볼 수 있다.

　　넷째, 피수식 명사와 동격구성을 이루는 경우이다.

---

8) 여기에서 제시한 <석보상절>과 <월인석보>의 협주와 본문에 '-오-'가 실현된 예이다.

　　ㄱ. 使者는브리신사ᄅᆞ미라(석상6:2)

　　　그브리샨사ᄅᆞ미王의와술ᄫᅩ디(석상11:32)

　　ㄴ. 總觀想ᄋᆞᆫ모도보ᄂᆞᆫ想이라(월석8:15)

　　　一切大衆이受苦ᄅᆞᆯ벗고겨ᄒᆞ리爲ᄒᆞ야이짜보논法을니ᄅᆞ라(월석8:9)

위의 협주와 본문과의 비교를 통해 같은 구조를 가진 문장이더라도 협주에서는 '-오-'가 실현되지 않고 있다. 이러한 현상은 한자나 한자어의 의미를 해석하여 쓰인 협주에서 특징적으로 나타나며, 관계절로 나타나는 구성에 많이 있다고 밝히고 있다.

(9) [姓ᄀ튼]NP마리라 (월석1;8)

  [터럭ᄀ튼]NP國土애 錄을 조차 ᄂ려니며 (능엄1:9)

  [고온사ᄅ민]NP公孫氏 (두시-초16:47)

  (9)는 관형화 구성이 뒤의 피수식 명사와 동격을 이루는 구성인데, 이와 같은 구성은 절을 이루지 않고, 구로 인식되어 '-오-'의 실현이 이루어지지 않는다고 볼 수 있다. '姓 ᄀ튼 = 말', '터럭 같은 = 國土', '고온 사람인 = 公孫氏'은 모두 동격 구성인데, 모두 주어-서술어 관계를 이루지 못하기 때문에 '구'로 처리해야 하는 것이다.

4. 관형화 구성에서의 '-오-'의 실현 양상

  4장에서는 3.2에서 살펴보았던 '-오-'의 실현 환경을 바탕으로 '관계화 구성'과 '보문화 구성'에서 '-오-'가 실현되는 양상을 확인하도록 하겠다. 앞에서도 언급하였듯이, 기저에서 하위문 안의 어떤 명사구와 내포문 명사 사이에 동일 지시가 이루어지면 관계화 구성이고, 동일지시가 이루어지지 않으면 보문화 구성이다.

4.1. 관계화 구성에서의 '-오-'

  관계화 구성에서의 '-오-'의 실현 양상은 '자립명사'가 수식을 받는 경우와 '의존명사'가 수식을 받는 경우로 나누어서 살펴볼 것이다. 관계화 구성에서는 자립명사가 수식을 받는 경우와 의존명사가 수식을 받는 경우 모두 '-오-'의 실현이, 실현 환경을 충족하는 경우는 거의 예외 없이 실현됨을 확인할 수 있다.

4.1.1. 자립명사 구문

관계화 구성에서 자립명사 구문은 주어-서술어 관계를 이루는 절이 되면 '-오-'가 거의 예외 없이 실현되고, 절을 형성하지 못하면 '-오-'가 실현되지 않는다.

(10) ㄱ. [[내犯혼]S일]NP업거늘 (월석13:16)

　　　沙門은[[ᄂᆞ민지순]S녀르믈]NP먹ᄂᆞ니이다 (석상6:43)

　　　[[菩薩이前生애지숀]S罪]NP로이리受苦ᄒ시니라 (월석1:5)

　　　이ᄂᆞᆫ[[즈개아ᄅᆞ시고ᄒᆞ이알외시논]S德]NP이라 (법화1:39)

　　　사리불이[[수달이밍가론]S座]NP애올아안거늘 (석상6:30)

　　　[[孔戡이義ᄒ오매즐기논]S일]NPᄀᆞ티ᄒᆞ야 (내훈1:32)

　　　[[제모미ᄒᆞ마아논]S이리]NP젹고 (내훈1:29)

　　ㄴ. [[더본]煩惱]NP를여희의홀ᄂᆞ지니 (월석1:18)

　　　[[出家혼]사ᄅᆞ믹]NP쇼회근디아니ᄒᆞ니 (석상6:22)

　　　[[ᄀᆞᆺ디몯혼]사ᄅᆞ미]NP게큰慈悲心을發홀ᄊᆡ (월석21:140)

　　　[[아기나흔]겨집들홀]NP보고 (월석21:143)

　　　[[아기빈]사ᄅᆞ미]NP (법화6:47)

　　　[[艱難혼]사ᄅᆞ미]NP (원각서:43)

(10ㄱ)은 자립명사가 수식을 받는 경우로 '-오-'가 실현되는 경우이고, (10ㄴ)은 자립명사를 수식하지만, 절이 되지 않고, 수식하는 말이 수식을 받는 명사와 함께 관형구를 형성하는 경우와 주격 조사가 생략이 되어 하나의 단위로 인식이 되는 경우이기 때문에 '-오-'가 실현되지 않는다.

4.1.2. 의존명사 구문

관계화 구성에서 의존명사 구문도 주어-서술어 관계를 이루는 절이 되면 '-오-'가 거의 예외 없이 실현되고, 절을 형성하지 못하면 '-오-'가 실현되지 않는다.

<blockquote>

(11) ㄱ. [[ᄂᆞ민지손]S거슬]NP아ᅀᅡ제즐기ᄂᆞ니 (월석1:32)

이런젼ᄎᆞ로[父母ㅣ ᄉᆞ랑ᄒᆞ시ᄂᆞᆫ]S바ᄅᆞᆯ]NP또ᄉᆞ랑ᄒᆞ며 (내훈1:39)

[[저희願ᄒᆞᄂᆞᆫ]S바ᄂᆞᆫ]NP님금ㅅ官人ᄋᆞᆯ (두시-초25:37)

[[우리父母ㅣ 듣디아니ᄒᆞ샨]S 고ᄃᆞᆫ]NP釋迦太子ㅣ (석상6:7)

[[獅子ㅣ 저홀]S이]NP업슬ᄊᆞ (월석2:38)

[[阿難의아롫]S거시]NP아니니 (능엄4:104)

[[네得혼]S거슨]NP滅이아니니 (법화3:198)

ㄴ. 갔간도[[절로일오ᄂᆞᆫ]배]NP업스니라 (내훈1:77)

惡趣예[[ᄠᅥ러듏]주리]NP업스니라 (석상9:28)

오직[[進上ᄒᆞᄂᆞᆫ]거시]NP들 며맛나고 (내훈2:109)

[[아ᄅᆞᆷ답디아니흔]거시]NP업스며 (석상19:20)

그[[고마ᄒᆞ시던]바ᄅᆞᆯ]NP恭敬ᄒᆞ며 (내훈1:37)

</blockquote>

(11)은 의존명사가 수식을 받는 경우로, (11ㄱ)은 관형절이 수식하여 '-오-'가 실현되고, (11ㄴ)은 수식하는 말이 수식을 받는 의존명사와 함께 관형구를 형성하여 '-오-'가 실현되지 않는다.

4.2. 보문화 구성에서의 '-오-'

보문화 구성에서의 '-오-'의 실현 양상도 '자립명사'가 수식을 받는 경우와 '의존명사'가 수식을 받는 경우로 나누어서 살펴볼 것이다. 보문화 구성에서는 자립명사가 수식을 받는 경우에는 '-오-'의 실현이 거의 예외 없이 나타나지만, 의존명사가 수식을 받는 경우에는 의존명사에 따라 '-오-'의 실현이 불규칙적으로 나타난다.9) 의존명사 구문에

---

9) 정수현(2012ㄱ)에서는 관형화 구성에서 관계화 구성보다 보문화 구성에서 '-오'가 실현되지 않는 경우가 많다고 하였다. 이러한 차이를 보이는 이유는 관형화 구성에 쓰이는

서 '-오-'의 실현이 불규칙한 것은 의존명사의 명사적 특성과 관련된 것인데, 의존명사는 명사적 특성의 정도에 따라 '-오-'의 실현이 불규칙하다.

4.2.1. 자립명사 구문

(12) ㄱ. 이각시 애[[내얼니논]S ᄆᆞᆺ매]NP맛도다 (석상6:14)

    [[부텻出現ᄒᆞ샤說法ᄒᆞ시논]S ᄠᅳ들]NP아ᄉᆞ와 (법화2:156)

    [[내이覺了能知ᄒᆞ논]S ᄆᆞᄉᆞ미]NP (능엄1:57)

    [[ᄂᆞᆱ利ᄒᆞ시논]S이롤]NP가줄비시니라 (월석13:8)

    버건[[六根이미즌것 르논]S次第]NP롤뵈샤 (능엄1:21)

    [[내겨지비론]S젼ᄎᆞ]NP로 (월석10:18)

    [[性에잇디아니ᄒᆞᆯᄃᆞᆯ 볼기시논]S젼ᄎᆞ]NP로 (능엄1:111)

    [[이法도다ᄒᆞᆫ佛乘이론]S젼ᄎᆞ]NP로 (석상13:55)

  ㄴ. 몸슬며[[볼ᄉᆞᆯ신]일]NP아로ᄆᆞ로 (월석18:61)

    이제서르[[아ᄂᆞᆫ]젼ᄎᆞ]NP며 (능엄1:198)

    菩薩예[[므르디아니ᄒᆞᄂᆞᆫ]이]NP롤 (월석21:155)

    地藏菩薩이人天中에[[이익ᄒᆞᄂᆞᆫ]일]NP들콰… (월석21:155)

(12ㄱ)은 자립명사가 수식을 받는 경우로 '-오-'가 실현되는 경우이고, (12ㄴ)은 자립명사를 수식하지만, 절이 되지 않고, 수식하는 말이 수식을 받는 명사와 함께 관형구를 형성하기 때문에 '-오-'가 실현되지 않는 경우이다.

명사는 자립명사가 대부분이지만, 보문화 구성에 쓰이는 명사는 의존명사나 혹은 그에 준할 정도로 자립도가 떨어지는 명사가 많기 때문이라고 설명하고 있다.

4.2.2. 의존명사 구문

(13) ㄱ. [[眞如法이 ᄒᆞ나히론]S주]NP를 實다ᄒᆞ야ᄃᆞ몯홀ᄊᆡ (능엄4:13)

　　　[[믹조미잇논]S다ᄉᆞ]NP로 (월석14:36)

　　　[[부텨道理求ᄒᆞ논]S야ᄋᆞᆯ]NP본딘 (석상13:18)

　　　[[文章이ᄲᅡ홀쓰론]S드시]NP업도다 (두시-초24:58)

　　　[[제사ᄅᆞᆷ ᄒᆞ논]S양]NPᄋᆞ로禮數ᄒᆞᅀᆞᆸ고 (석상6:21)

　　　[[사ᄅᆞ미漸漸邪曲ᄒᆞ야모딘일짙]S다ᄉᆞ]NP로 (월석1:46)

　　ㄴ. 네眞實ㅅ性을[[惑ᄒᆞᄂᆞᆫ]거시]NP니 (능엄1:85)

　　　내眞實로宮中에[[사ᄅᆞᆷ 잇ᄂᆞᆫ]주]NP를알아니와 (내훈2:99)

　　　空이[[和合아닌]주]NP를알면色이和合아니로다 (능엄3:70)

　　　둘헤兼ᄒᆞ면中에[[ᄃᆞ외디 몯홇]줄]NP로허르시니라 (능엄1:72)

　　　내보미하니너희들ᄒᆞ어딧던[[이런]주리]NP이시리오 (내훈3:40)

　　　내眞實로宮中에[[사ᄅᆞᆷ잇ᄂᆞᆫ]주]NP를알아니와 (내훈2:99)

　　ㄷ. [[后ㅣ겨신]저긔]NP內政을ᄒᆞ나토帝ᄭᅴ궂기시디 (내훈2:113)

　　　[[天地祖宗이今日에도ᄋᆞᆯ]ᄢᆞ니]NP아니라 (내훈2:98)

　　　[[須達이精舍지ᅀᅳᆯ]저긔]NP부텻나히셜흔네히러시니 (석상6:40)

　(13)은 의존명사가 수식을 받는 경우로, (13ㄱ)은 관형절이 수식하여 '-오-'가 실현되는 경우이고, (13ㄴ)은 관형구가 수식하여 '-오-'가 실현되지 않는 경우이며, (13ㄷ)은 관형절을 이루는 것처럼 보이는데, '-오-'가 실현되지 않고 있는 경우이다. (13ㄷ)은 '-오-' 실현의 역사적 변천과 '명사적 특성'과의 상관성을 고려하여 설명할 필요가 있는데, 최대희(2014)에서 구체적으로 설명하고 있다. '-오-'의 실현 환경은 명사구내포문을 형성할 때, 동명사형 어미 '-ㄴ, -ㄹ, -ㅁ' 앞이다. 그런데 '-오-'의 소멸의 양상을 살펴보면, 명사화 구성에 비해 관형화 구성에서 '-오-'의 소멸이 빠르게 진행되고, 관형화 구성에서는 일반명사 구문보다는 의존명사 구문에서 '-오-'의 소멸이 빠르게 진행된다. 이는

명사화 구성을 형성하는 '-ㅁ'이 관형화 구성을 형성하는 '-ㄴ, -ㄹ'보다 명사적 특성이 더 강하다고 볼 수 있으며, 관형화 구성에서는 일반 명사 구문이 의존명사 구문보다 명사적 특성이 더 강하다고 설명할 수 있을 것이다. 이러한 논의를 토대로 '-오-'는 명사성이 더 강한 관형화 구성에서 '-오-'가 실현되고, 명사성이 약한 관형화 구성에서는 '-오-'가 실현되지 않을 것임을 판단해 볼 수 있다. 이와 관련하여 최대희(2013)에서는 의존명사를 명사성 정도에 따라 세 가지의 유형으로 나누어 '-오-'의 실현 양상을 살펴보았다.[10] 그 결과 명사성이 강한 의존명사 구문에는 '-오-'가 실현되고, 명사성이 약한 의존명사 구문에는 '-오-'가 실현되지 않음을 확인하였다.

이상의 내용을 정리해 보면, 관계화 구성과 보문화 구성에서 주어-서술어 관계의 관형절을 형성하는 자립명사 구문과 의존명사 구문에서는 '-오-'가 거의 예외 없이 실현되지만, 주어-서술어 관계를 형성하지 못하여 관형구를 이루게 되거나, 보문화 구성에서 명사적 특성이 약한 의존명사 구문에서도 '-오-'의 실현이 불규칙적임을 확인하였다.

5. 결론

지금까지 15세기 국어의 관형화 구성에 실현되는 '-오-'의 분포 환경을 확인하고, 실현 양상을 살펴보았다. 살펴본 내용을 정리하면 다음과 같다.

---

10) 명사성의 정도에 따라, 1유형(명사성이 가장 강한 유형), 2유형(명사성이 덜 강한 유형), 3유형(명사성이 가장 약한 유형)으로 분류하였다. 여기에서 제1유형만 '-오-'의 실현이 나타나고, 제2, 3유형은 '-오-'의 실현이 보이지 않았다. 의존명사 목록은 다음과 같다.
　　ㄱ. 제 1 유형 - 것, 곧, 바, 이, 줄, 닷, 양
　　ㄴ. 제 2 유형 - 적(제), 딛
　　ㄷ. 제 3 유형 - 만, 쑨, 쓰름

첫째, 선행연구를 통해 문제점을 확인하였다. 형태 · 통사적인 시각, 의미 · 화용론적 시각, 새로운 시각으로 나누어 살펴보았다.

둘째, 관형화 구성에 대한 개념을 정리하였다. 관형화 구성은 명사구내포문의 하위 유형으로 하위문과 내포문 명사가 함께 명사구를 구성하는 것을 말한다. 기저에서 하위문 안의 어떤 명사구와 내포문 명사 사이에 동일 지시가 이루어지면 관계화 구성이고, 동일 지시가 이루어지지 않으면 보문화 구성이다.

셋째, '-오-'의 실현 환경을 검증하였다. 이러한 검증을 위해 몇 가지 예외처럼 보이는 구문을 설명하였다. 먼저 '-오-'가 실현되지 않을 것 같은 환경인데 '-오-'가 실현되는 환경이다. 여기에서는 주어(주체)가 표면상 나타나지 않는 예문을 중심으로 살펴보았다. 다음으로, '-오-'가 실현되는 환경인 '절'을 이루는 것처럼 보이지만 '절'을 이루지 못해 '-오-'가 실현되지 않는 환경이다. 여기에서는 격조사가 생략된 경우, 이중 주어를 가진 경우, 협주문인 경우 등을 살펴보았다. 검증 결과, 명사구내포문이 절을 이루는 구성에는 '-오-'가 실현되고, 구를 이루는 구성에는 '-오-'가 실현되지 않음을 확인하였다.

넷째, 검증된 '-오-'의 실현 환경을 토대로, 관형화 구성을 관계화 구성과 보문화 구성으로 나눈 후, 일반명사 구문과 의존명사 구문에서 '-오-'의 실현을 양상을 살펴보았다. 관계화 구성과 보문화 구성에서 주어-서술어 관계의 관형절을 형성하는 자립명사 구문과 의존명사 구문에서는 '-오-'가 거의 예외 없이 실현되지만, 주어-서술어 관계를 형성하지 못하여 관형구를 이루게 되거나, 보문화 구성에서 명사적 특성이 약한 의존명사 구문에서도 '-오-'의 실현이 불규칙적임을 확인하였다.

참고문헌

강규선(1989), 「삽입모음 「-(o/u)-」의 기능에 대한 고찰」, 『인문과학논문집』 8, 청주대학교.

강길운(1972), 「한정법(삽입모음 -오/우-)에 대하여」, 『덕성여대논문집』, 덕성여자대학교.

권재일(1992), 『한국어 통사론』, 민음사.

권재일(1998), 『한국어 문법사』, 박이정.

김승곤(1974), 「'오/우' 형태소고-노걸대와 박통사를 중심으로」, 『국어국문학』 65 · 66, 국어국문학회.

김영태(1973), 「-오/우- 접미사고: 전성부사화의 경우」, 『경대문화』 6, 경남대학교.

박형달(1968), 「15세기 국어의 관형형에 나타나는 교체음운(ㅗ/ㅜ)의 기능에 관하여」, 『어학연구』 4, 서울대학교 어학연구소.

석주연(2001), 「언어 사용자의 관점에서 본 중세국어 관형사형의 '-오-'소멸」, 『형태론』 3-1, 형태론.

석주연(2004), 「선어말어미 '-오-'의 연구 성과와 쟁점」, 『국어사연구』 19, 국어사학회.

손주일(1990), 「{-오/우-}의 형태소 정립을 위하여」, 『서강어문』 7, 서강어문학회.

손주일(1993), 「'{-오/우-}ㅁ'형과 '{-오/우-}기'형의 상관성 시고」, 『국어국문학』 110, 국어국문학회.

손주일(1994), 「{-오/우-} 연구 현황과 과제」, 『인문학연구』 32, 강원대학교.

손주일(1996), 「15세기 국어 '-ㄴ/-ㄹ' 관형사형과 '±{-오/우-}'와의 관련성」, 『강원인문논총』, 강원대학교.

양정호(2001), 「중세국어 동명사의 선어말어미 '-오-' 연구」, 서울대학교 대학원 박사학위논문.

양정호(2003), 『동명사 구성의 '-오-' 연구』, 태학사.

유창돈(1964), 『이조어 사전』, 연세대 출판부.

이남덕(1972), 「15세기 국어의 정동법 연구」, 『문교부연구보고서(어문학계)』 6, 이화여자대학교 대학원 박사학위논문.

이숭녕(1959), 「어간형성과 활용어미에서의 「-(오/우)-」의 개재에 대하여」, 『논문집』 8, 서울대학교.

이숭녕(1960), 「Volitive form으로서의 Prefinal ending 「-(o/u)-」의 개재에 대하여」, 『진단학보』 21, 진단학회.

이숭녕(1964), 「'-(오/우)-' 논고」, 『국어국문학』 27, 국어국문학회」.

이숭녕(1976), 「15세기 국어의 관형사형 /-논/계 어미에 대하여」, 『진단학보』 41, 진단학회.

이인모(1975), 「중세국어의 서법과 시제의 연구」, 고려대학교 대학원 박사학위논문.

임홍빈(1981), 「선어말 {-오/우-}와 확실성」, 『한국학논총』, 국민대학교 한국학연구소.

전정례(1991), 「중세국어 명사구내포문에서의 '-오-'의 기능과 변천」, 서울대학교 대학원 박사학위논문.

전정례(1995), 『새로운 '-오-' 연구』, 한국문화사, 1995.

정수현(2011), 「선어말어미 '-오-'의 기능과 변천 - 명사성의 약화와 그 기능 변화를 중심으로-」, 건국대학교 박사학위논문.

정수현(2012ㄱ), 「15세기 관형화 구성에 나타난 선어말어미 '-오-' 연구」, 『겨레어문학』 48, 겨레어문학회.

정수현(2012ㄴ), 「협주에 나타난 선어말어미 '-오-'연구」, 『한말연구』 30, 한말연구학회.

정재영(1985), 「15세기 국어의 선어말어미 {-오/우-}에 대한 연구 - 형태론과 통사의미론을 중심으로-」, 한국외국어대학교 대학원 석사학위논문.

차현실(1981), 「중세국어 응축보문 연구」, 이화여자대학교 대학원 박사학위논문.

최남희(1987), 「선어말어미 「-오/우」의 통어 기능」, 『동의어문논집』 3, 동의대 국어국문학과.

최대희(2013), 「'-오-'의 실현과 의존명사 명사성과의 상관성 연구 - 15세기 문헌을 대상으로-」, 『한말연구』 32, 한말연구학회.

최대희(2014), 「'-오-'의 소멸과 명사구내포문 구성 변천과의 상관성」, 『국제어문』62, 국제어문학회.

최대희(2015), 「관형화 구성에서의 '-오-'의 실현」, 『인문과학연구』44, 강원대
　　　학교 인문과학연구소.

최현배(1975), 『우리말본』, 정음사.

한재영(1990), 『국어연구 어디까지 왔나-선어말어미 '-오/우-'』, 동아출판사.

허　웅(1958), 「삽입모음고-15세기 국어의 일인칭 활용과 대상 활용에 대
　　　하여-」, 『논문집』7, 서울대학교.

허　웅(1965), 「'인칭 어미설'에 대한 다섯 번째의 논고」, 『한글』135, 한글학회.

허　웅(1973), 「15세기 국어의 주체-대상법 활용」, 『한글』152, 한글학회.

허　웅(1975), 『우리 옛말본』, 샘문화사.

허　웅(1983), 『국어학』, 샘문화사.

허원욱(2005), 『15세기 국어 통어론』, 한국학술정보(주).

Jespersen. O.(1924), 『The Philosophy of Grammar』. London George Allen &
　　　Unwin Ltd.

명사화 구성에서의 '-오-'

신은경

1. 서론

본 논문은 15세기 국어의 명사구내포문 구문 중 '-ㅁ' 명사화 구성에 선접하고 있는 선어말어미 '-오-'의 실현 환경을 살펴보고 '-오-'의 기

능이 '명사구내포문 표지'임을 증명하는 것을 목적으로 한다.[1]

명사구내포문은 명사화 구성과 관형화 구성이 있는데 이들 구성에서 공통적으로 선접하는 형태소가 '-오-'이다. 이와 관련하여 전정례(1991)에서는 '-오-'는 명사구내포문을 구성하는 내포 선어말어미라고 규정하면서 형태소적 환경은 동명사형 어미 '-ㄴ, -ㄹ, -ㅁ' 앞이라고 규정하였다. 본 논문에서는 이에 대한 더 명확한 검증을 위해 명사구내포문 구성 중 명사화 구성에서 '-오-'의 분포 환경과 실현 양상을 살펴볼 것이다.

이를 검증하기 위해 우선 연구해야 할 대상은 15세기 국어이다. '-오-'는 15세기 이후 16세기부터 혼란을 일으켜 17세기에는 관형화 구성에서 완전히 소멸하였다. 그러므로 '-오-'의 기능을 명확하게 밝히기 위해서는 '-오-'가 가장 규칙적으로 나타난 시기인 15세기의 국어를 연구 대상으로 삼아야 한다.

명사화 구성은 하나의 문장의 종결어미가 명사형 어미 '-ㅁ'으로 바뀌어 다른 문장에 내포되는 구성을 말하며 명사처럼 여러 문장성분으로 기능하는 특성을 갖는다.

(1) [[어버싀子息ᄉ랑호ᄆᆞᆫ]S]NP 아니ᄒᆞᆫ ᄉᆞᅵ어니와 (석상6:3)

위의 (1)에서 '어버싀子息ᄉ랑호ᄆᆞᆫ'은 하나의 문장으로 명사구를 구성하면서 통사적으로 다른 문장 안에 내포되어 주어로서 기능하고 있다. 이것이 명사화 구성이다.

명사화 구성에서 '-오-'와 관련된 선행 연구는 허웅과 이숭녕의 연구를 시작으로 많은 논의가 진행되었다. 지금까지 진행된 연구를 시간순

---

1) 중세국어 명사화 구성은 '-ㅁ', '-기', '-디'를 명사화소로 가진 구성인데, '-오-'의 형태소적 분포 환경은 동명사형 어미 '-ㄴ, -ㄹ, -ㅁ'에서만 이루어진다. 그래서 본 논문에서도 '-기', '-디'를 제외한 '-ㅁ' 명사화 구성만을 대상으로 한다. 논의의 편의상 이후로는 명사형 어미 '-ㅁ'으로 이루어진 명사화 구성을 '-ㅁ 명사화 구성'으로 서술할 것이다.

으로 나열해 보면, 허웅(1975), 이현규(1975), 심재기(1980), 최남희(1987), 전정례(1991), 권재일(1994), 최대희(2010), 정수현(2011) 등이 있다.

허웅(1975:807-877)은 '-오-'를 주체대상법으로 설명하면서 목적어와 서술어가 있을 때는 '-오-'가 삽입된다고 설명하고 있다. 그런데 이 주체대상법에서는 '-ㄴ, -ㄹ'의 관형화 구성만 다루고 있다. '-ㅁ'에 대해서는 두기능법의 굴곡범주 중에서도 '이름법'으로 따로 설명하고 있으며(허웅, 1975:627) 아무런 문법적 의의를 가지지 않고 기계적으로 '-오-'를 삽입한다고 주장하고 있다. 이 주장의 문제점은 엄격한 형태소적 분포 기준이 적용되지 않아 '-ㅁ' 앞의 '-오-'를 동일 형태소로 보지 않았다는 것이다. 대상법에 의하면 목적어가 한정 변형된 경우 '-오-'가 개입이 되고 주체법에 의하면 주어가 한정 변형된 경우 '-오-'가 개입되지 않는다. 전정례(1992:328)는 절을 구성하지 않고 구를 구성한 문장에는 '-오-'가 선접되지 않으며 절을 내포한 복합문은 '-오-'를 선접한다고 설명하고 있는데 이러한 분석은 결과적으로 허웅의 주체법, 대상법과 일맥상통한다. 주어가 빠진 구성은 절을 구성할 수 없어 '-오-'가 선접되지 않는데 통사구조상 주어는 흔히 주체가 되며 한자리 서술어의 주어는 관형화 구성에서 수식받는 명사가 되므로 결국 주체법의 설명과 일치하게 되는 것이다. 또한 관형절을 이루어 관계화 구성으로 내포될 때 '-오-'가 선접하게 되는데 두자리 서술어인 경우 주어를 제외하면 수식받는 명사는 목적어가 된다. 그러나 허웅의 대상법으로는 '-ㅁ' 명사화 구성 앞에서 '-오-'가 선접되는 이유를 설명할 수 없다는 점에서 한계가 있지만 전정례에서는 '-오-'의 형태소적 환경이 동명사형 어미 '-ㄴ, -ㄹ, -ㅁ' 앞이라고 규정하고 또한 동일한 문법적 기능을 부여함으로써 이러한 부분을 극복하고 있다.

이현규(1975)는 '-(으)ㅁ'과 기에 대해 역사적인 고찰을 시도하였다. 그는 '-(으)ㅁ' 앞에 선어말접미사 '-오/우-'가 개재되면 일반적으로 동명사가 된다고 하면서 '-오/우-' 자체에 의미는 없지만 어사의 변별적 기능과 어사의 결합기능을 인정할 때에 하나의 형태소로 보아야 하기 때문에 선어말접미사로 보아야 한다고 주장하였다. 그와 동시에 '-오/우-'의 기능은 다른 어간에 '-오/우-'가 개재되어 동명사를 만드는 것과 어간과 어미를 접속시켜주는 기능이라고 설명하였다.

심재기(1980)는 현대국어를 통하여 '-ㅁ', '-기'를 연구하였는데 '-ㅁ'에 실체성과 결정성의 의미가 포함되어 있다고 판단하였다. 또한 선어말어미 '-오-'에 대하여 '-ㅁ'앞에 선행하며 정확한 기능은 알 수 없으나 이숭녕의 의견에 어느 정도 동의하여 주어의 의도를 드러내는 것이라고 추측하고 있다. 그와 동시에 '-오-'가 소멸하면서 그 의미가 '-ㅁ'으로 전이되어 의도 표현과 긴밀한 관계가 있을 것이라고 보고 있다.

최남희(1987, 1993)는 15세기의 명사화 어미는 '-ㅁ'이 대부분이며 '-ㅁ'의 의미 특질은 현대 국어의 '-ㅁ'이름법과 '-기'이름법의 특질이 동시에 있다고 하였다. 그러나 '-오-'에 대하여는 다른 주장과 비슷하게 '-ㅁ'파생명사와 '-ㅁ'어미에 의한 명사형을 구별하기 위한 선어말어미라고 설명하고 있다.

권재일(1994)에서는 내포문 구성의 변화를 설명하면서 '-ㅁ'에 대해 설명하였다. '-ㅁ'은 반드시 비종결어미 '-오-'를 앞세우며 이러한 이유 때문에 '-오-'를 명사화 내포문을 나타내는 표지로도 볼 수 있으나 그 분명한 기능은 밝혀지지 않았다고 간략하게 언급하면서 '-오-'를 앞세운 '-ㅁ'은 '-오-' 없이 실현되는 명사화 파생접사와 구별되며 '-ㅁ'은 '-오-' 결합 없이 현대 한국어에까지 유지되고 있다고 설명하였다.

지금까지의 연구들은 '-오-'의 기능 규명에는 이르지 못하고 '-ㅁ'과 '-기'의 변화에만 집중하여 연구하고 있다. 본 논문은 이에서 한발 더 나아가 '-오-'의 기능을 고찰하고자 한다.

다음 연구들은 '-오-'의 기능에 대해서 중점적으로 고찰한 연구들이다.

전정례(1991)는 '-오-'가 명사구 내포화의 기능을 가진다고 주장하고 있다. 기존 연구에서 '-ㅁ'은 '-오-'를 항상 수반하는 동명사형 어미로만 설정하고 있는데 이는 '-오-'의 기능을 철저히 규명하지 않은 분석이라고 지적하고 있다. 그리고 실제로 중세국어의 많은 예문들을 직접구성성분으로 분석하여 그 주장을 견고히 하고 있다.

최대희(2010)에서는 15세기의 '-ㅁ'은 항상 '-오-'를 선접하고 있는데 '-오-'는 명사적 특성이 강한 구성에 선접되는 형태소이기 때문에 15세기 '-옴'이 이루는 절은 명사적 특성이 매우 강한 구조였음을 알 수 있다고 하였다.

정수현(2011)은 명사화 구성에 해당하는 '-오'는 안긴문장으로 나타나며 주술관계를 가진 하나의 절로 인식할 수 있다고 하였다. 본 논문에서는 몇 가지 예외에 대해 설명하고 있는데, 첫째로 명사구가 아닌데도 '-오'가 선접된 경우에 대하여는 전정례(1991)의 의견과 같이 너무 자주 써서 화석화된 표현이라고 했다. 둘째로 '-오'가 관여하고 주어나 목적어로 기능하고 있는데도 안긴문장의 서술어와 결합한 형태가 아닌 경우에는 전성명사로 쓰인 것이라고 분류를 다르게 하고 있다. 본 논문에서는 '-오'가 명사화 구성을 이루는 선어말어미였으며 또한 명사성을 나타내는 형태소일 것으로 추측하고 있다.

이상의 연구들은 모두 명사화 구성인 '-ㄴ, -ㄹ, -ㅁ' 앞에서 선접된 '-오-'의 기능이 명사구 내포화의 기능인 것으로 주장하고 있다. 또한 '-오-'가 선접된 다양한 예문을 제시하여 주장을 곤고하게 하고 있다. 본 논문은 위 연구들에 동조하고 그 주장에 따라 글을 전개할 것이다.

본 논문은 15세기 국어의 명사구내포문 구문 중 '-ㅁ' 명사화 구성에 선접하고 있는 선어말어미 '-오-'의 실현 환경을 살펴보고 '-오-'의 기능이 '명사구내포문 표지'임을 증명하는 것을 목적으로 함에 있어서 다음과 같은 방법으로 연구를 진행할 것이다.

먼저 명사화 구성에 대한 개념을 정리하고 이에 따라 명사화 구성의 문장을 제시할 것이다.

　다음으로 명사화 구성에서 '-오-'의 실현 환경을 검증할 것이다. 실현 환경을 검증하는 것은 '-오-'의 기능을 파악하기 위해 필요한 절차이다.

　마지막으로 검증된 '-오-'의 실현 환경을 토대로 명사화 구성이 문장에서 어떠한 기능을 하는지 살펴볼 것이다.

2. 명사화 구성에서의 '-오-'의 분포 환경

2.1. 명사화 구성

　복합문은 상위문이 하위문을 관할하는 방식에 따라 체계화 할 수 있다. 상위문이 하위문을 직접 관할하는 복합문 구성을 '접속문 구성'이라 하고, 상위문이 하위문을 간접 관할하는 복합문 구성을 '내포문 구성'이라 한다. 다시 내포문 구성은 상위문이 하위문을 관할하는 방식에 따라서 체계화되는데, 동사구를 통해 관할하는 구성을 '동사구 내포문'이라 하고 명사구를 통해 관할하는 구성을 '명사구내포문'이라 한다. 그리고 명사구내포문은 다시 '명사화 구성'과 '관형화 구성'으로 나눌 수 있다. 명사화 구성은 하위문 단독으로 명사구를 구성하는 것이고 관형화 구성은 하위문에 내포문 명사로 명사구를 구성하는 것을 말한다.

　　(2)　ㄱ. 철수는 [[은경이가 수업을 했음]S을]NP 확인하였다.
　　　　ㄴ. 철수는 [[은경이가 수업을 한]S 사실을]NP 확인하였다.

　(2ㄱ)은 하위문 단독으로 명사구를 구성하는 명사화 구성이고 (2ㄴ)

은 하위문에 명사(사실)가 함께 명사구를 구성하는 관형화 구성이다.2)

명사화 구성은 전통문법에서는 명사절의 안김을 의미한다. 내포된 명사절은 전체 문장에서 명사와 동일한 기능을 하게 되는데 주어, 목적어, 부사어 등의 문장성분이 된다. 현대국어의 예문을 통해 살펴보면 다음과 같다.

(3)　ㄱ. [[은경이의 말이 맞았음]S이]NP 확인되었다.

　　　ㄴ. [[은경이의 말이 맞았음]S을]NP 확인하였다.

　　　ㄷ. [[은경이는 수업을 함]S으로써]NP 보람을 느낀다.

(3ㄱ)은 주어로 기능하는 예이고 (3ㄴ)은 목적어로 기능하는 예이며 (3ㄷ)은 부사어로 기능하는 예이다.

15세기 국어에서는 명사화 구성은 '-ㅁ', '-기, -디'에 의해 형성되는데 '-ㅁ 명사화 구성'이 '-기 명사화 구성'이나 '-디 명사화 구성'보다 현저하게 많이 나타난다. '-ㅁ'은 명사화 구성을 형성하면서 다양한 기능을 하였는데, 항상 선어말어미 '-오-'를 선접하였다. '-기'는 전성어미보다 접사로서의 기능을 주로 하였기 때문에 명사화 구성으로 보이는 예는 드물다.3) '-디'도 15-16세기에 보이고 있으나 소수에 불과

---

2) 전정례(1991:35)에서는 내포문 기술의 일반성과 간결성을 위해 명사화 구성과 관형화 구성을 모두 NP로 보는 것이 좋다고 설명하고 있다. 이렇게 함으로써 국어문법에서 전통적으로 구분하여 기술하였던 명사절과 관형절을 함께 기술하여 그 통사상의 공통성을 인식할 수 있게 하기 때문이다. 즉 명사절의 명사화와 관형절의 관형화 구성은 명사구(NP)라는 동일한 통사기능을 수행하여 명사구내포문으로 함께 설명될 수 있는 것이다. 또한 이러한 설명은 국어의 동명사형 어미 '-ㄴ, -ㄹ, -ㅁ'이 기원적으로 통사성분상 공통성을 갖는 어미였음을 포착할 수 있게도 한다.

3) 布施ᄒᆞ기를즐겨 (석상6:13)
오직절ᄒᆞ기를ᄒᆞ야 (석상19:30)
有德ᄒᆞᆫ사ᄅᆞᆷ 셰어받는호기를快케ᄒᆞ니 (석상9:19)

위에 보인 '-기'의 예는 굴곡의 가지이지만, 파생의 가지처럼 보이는 예들이다. 허웅(1975:636-637)에서는 '-기'가 '-ㅁ'과 약간 다른 점이 있다고 하였는데, 첫째, '-ㅁ'은 그 용례를 얼마든지 구할 수 있어서 활용의 씨끝임이 분명하나 '-기'는 그 용례가 그리 많이

하다. 그러므로 15세기 국어에서 명사화 구성을 이루는 어미로는 '-ㅁ'
이 주를 이루었으며 '-기'와 '-디'는 소수에 불과하였다. 또한 명사구내
포문을 형성하는 전성어미는 '-ㅁ'의 예만 보이고 있다. 다음은 15세기
에 보이는 '-ㅁ 명사화 구성'과 '-기 명사화 구성'의 예이다.

(4)   ㄱ. [[法輪을轉ㅎ샤便安홈]S이]NP만케ㅎ시며 (월석14:30)

　　　　[[젓ㅅ오며ㅅ랑ㅎㅅ옴]S을]NP兼ㅎ야 (능엄7:28)

　　　　[[어버이子息ㅅ랑홈]S은]NP아니ㅎㄴㅅㅣ어니와 (석상6:3)

　　　　[[夫人이며느리어드샴]S은]NP溫和히시라 (석상6:7)

　　　　[[모든行홇사ㄹ미ㅁ숨시숌]S을]NP正히아니ㅎ야 (능엄1:23)

　　　ㄴ. 남진어르기를ㅎ며 (월석1:44)

　　　　부텨供養ㅎ기外예 (석상23:3)

　　　　布施ㅎ기를즐겨 (석상6:13)

　　　　오직절ㅎ기를ㅎ야 (석상19:30)

(4ㄱ)은 '-ㅁ'에 의한 명사화 구성인데 명사구내포문을 형성하고 있
고 항상 선어말어미 '-오-'를 '-ㅁ' 앞에 선접하고 있다. (4ㄴ)은 '-기'에
의한 명사화 구성인데 명사구내포문을 형성하지는 못하고 있다.

본 논문에서는 '-오-'의 기능을 파악하는 것이 궁극적인 목적이기
때문에 '-오-'를 항상 선접하고 있는 '-ㅁ' 명사화 구성만을 대상으로
하여 진행할 것이다.

나타나지 않는다. 둘째, '-ㅁ'은 대부분의 경우 속구조의 풀이말로 쉽사리 이해되는데
'-기'는 그러한 예가 오히려 적어서 앞에 든 예로 보면 뒤로 갈수록 속구조의 풀이말로
이해하려면, 불가능하지는 않겠으나 상당히 무리한 천착이 필요하다. 셋째, '-ㅁ'은 '-오/우-'
이외에 '-ㅅ-', '-으시'와 같은 안맺음씨끝을 앞세울 수 있으나, '-기'는 그렇지 않다. 이러한
사실로 보면, '-ㅁ'은 분명한 활용의 씨끝임에 비해 '-기'는 파생의 가지에 오히려 가까운
것으로 생각되나, 다음과 같은 이유로 '-기'도 우선 활용의 씨끝으로 보았다. 첫째, 지금
우리가 가진 문헌은 국한된 수량이므로 이것이 그 당시의 말씨의 모든 사실을 그대로
반영하고 있다고 할 수는 없다. 둘째, 현대말에 있어서는 '-기'는 '-ㅁ'보다 오히려 생산적인
씨끝으로 사용된다.

2.2. '-오-'의 실현 환경

여기서는 명사화 구성에서 '-오-'의 실현 환경을 살펴볼 것이다. '-오-'
가 실현되는 환경은 동명사형 어미 '-ㄴ, -ㄹ, -ㅁ' 앞에서 명사구내포
문을 이룰 때이다. 본 논문에서는 '-ㅁ'명사화 구성이 내포문이 될 때
'-오-'가 실현되는 환경을 확인해 볼 것이며 그렇지 않은 경우도 살펴
볼 것이다.

먼저 '-오-'가 실현될 수 있는 환경은 명사형 어미 '-ㅁ'앞이며 명사
구내포문을 구성할 때이다. 현대국어의 예를 들어 '-오-'가 실현될 수
있는 환경을 살펴보면 다음과 같다.

> (5)　ㄱ. 아버지는 [[어머니가 위독함]S을]NP 우리에게 알렸다.
>
> ㄴ. [[아버지는 집에 가기]S를]NP 싫어한다.
>
> ㄷ. 아버지는 [[철수가 밥을 먹는 것]S을]NP 싫어한다.

(5)는 현대국어에 명사화 구성이 내포문을 이루는 경우인데 (5ㄱ)은
'-ㅁ'에 의한 명사화 구성이고 (5ㄴ)은 '-기'에 의한 명사화 구성이며
(5ㄷ)은 '-ㄴ 것'에 의한 명사화 구성이다. 모두 명사구내포문을 이루
고 있지만 15세기 국어에서는 '-ㅁ'에 의한 명사화 구성에만 '-오-'가
선접할 수 있다. 이는 전정례(1991)에서 밝히고 있듯이 '-오-'의 실현
환경이 동명사형 어미 '-ㄴ, -ㄹ, -ㅁ' 앞이기 때문이다.[4]

---

4) 전정례(1991)에서는 동명사형 어미 '-ㄴ, -ㄹ, -ㅁ'에 대해 다음과 같이 설명하고 있는데,
이를 그대로 인용하면 다음과 같다. "동명사형 어미는 일찍부터 국어와 알타이어와의
비교 연구에서 동명사형 어미로 확인된 것들로서 이들은 동사(서술)의 기능을 가지면서
명사(체언)의 기능을 가지고 있는 것으로 파악되고 있다. 후에 '-ㄴ, -ㄹ'은 관형사적 기능을
갖게 되었을 것으로 보고 있다. '-ㅁ'과 '-ㄴ', '-ㄹ'이 중세국어에서 동계열의 동명사형
어미였는가에 대해서는 의문을 제기할 수 있다. 중세국어에 이미 '-ㄴ, -ㄹ'은 관형사적
기능이 일반적인 기능이었기 때문이다. 그 밖에 시제성과 관련하여서도 '-ㅁ'에서 이미
시제를 파악하기 어려운 반면, '-ㄴ, -ㄹ'에서는 이를 파악할 수 있기 때문이다. 그러나
중세국어에도 이들의 명사적 기능이 남아 있는 것이 연구에서 확인되고, 알타이어군에서
도 '-ㄴ', '-ㄹ'의 명사적 기능과 함께 관형사적 기능이 확인되므로 이들을 기원적으로

다음으로 '-오-'가 실현될 수 없는 경우는 명사구내포문을 구성하지 못할 때이다. 그런데 15세기 국어에서는 내포문을 구성하지 못했는데 '-오-'가 선접하는 경우도 있다. 이러한 형태는 이미 화석화하여 남아 있는 형태가 대부분이다.

> (6) 人生즐거본ᄠᅳ디업고주구믈기드리노니 (석상6:5)
> 아로미쉬우며어려우미이실ᄉᆡ (원각서:47)
> 우룸쏘리즘게나마가며 (월석1:27)
> 블고미내죵내다ᄋᆞ디아니호미ᄀᆞᆮ ᄒᆞ니라 (능엄서:5)

(6)의 문장에는 주어가 없다. 즉, 내포문이 구성된 것이 아니라 전성 명사가 된 것이라고 봐야 한다. 그러므로 '주구믈'에 삽입된 '-오-'는 화석화 되었다고 보는 것이 적합하다.5) 이러한 예들에 대해 전정례 (1991)에서는 원래는 내포문을 구성하던 것이었는데 사용의 빈도가 많아짐에 관용적으로 굳어져 전성명사화한 것으로 보았다. 실제로 이러한 형태 중에는 '사룸, 주굼, 우슘, 우룸, 깃붐, 셜봄' 등 인간 생활과 가장 밀접한 관계를 갖는 어휘들이 많다고 하였다.

3. 명사화 구성에서의 '-오-'의 실현 양상

여기서는 명사화 구성에서의 '-오-'의 실현 양상을 살펴볼 것이다. 명사구내포문일 때 '-오-'가 문장성분별로 실현되는 양상과 명사구내 포문을 이루는 인용문을 통해 '-오-'가 실현되는 양상을 살펴볼 것이다. 내포된 명사절은 전체문에서 명사(체언)와 동일한 통사적 기능을

'-ㅁ'과 함께 국어의 동명사형 어미를 이루는 동계의 어미로 볼 수 있다."
5) 화석화란 한 언어 형태가 원래의 기능이나 화용적 힘을 잃어버리고 형태상이나 의미기능 상으로 굳어져 버리는 것을 가리키는 말이다.(이성하 1998:145)

수행하게 된다. 이러한 경우 '-오-'는 '-ㅁ'에 항상 선접하게 된다.

3.1. 주어

다음은 '-ㅁ'명사화 구성이 내포문이 되는 예 중에서 조사 '-이, -은'
과 결합하여 주어로 기능하는 예다. '-오-'가 예외 없이 선접된다.

(7) 이

[[宮女로놀라샴]S이]]NP宮監이다시언마른 問罪江都를느치리잇가
(용가17:1)

[[羅雲이出家홈]S이]]NP부텻나히셜흔세히러시니 (석상6:11)

[[三寶를信ᄒᆞ야恭敬홈]S이]]NP쏘어렵고 (석상9:28)

[[舍利弗아이러홈]S이]]NP諸佛이ᄒᆞᆫ큰잀因緣으로世間애나시논디
라 (석상13:48)

[[貝ᄂᆞᆫ골와래니구븐홈]S이]]NP쌜근ᄒᆞᆯ씨角貝라 (석상13:53)

[[舍利弗아이러홈]S이]]NP諸佛들히다ᄆᆞᆫ菩薩ᄋᆞᆯ敎化ᄒᆞ샤 (석상
13:54)

功德이그지업스니ᄒᆞᄆᆞᆯ며[[阿羅漢果를得고홈]S이]]NP쏘니잇가 (석
상18:4)

無盡意여觀世音菩薩이이러틋ᄒᆞᆫ[[큰威神力을두어饒益홈]S이]]NP
하니 (석상21:7)

[[사름害홈]S이]]NP羅刹女근ᄒᆞ니업거늘 (석상21:28)

[[七寶바리예供養ᄋᆞᆯ담ᄋᆞ샴]S이]]NP四天王이請이ᅀᆞᄫᆞ니 (월곡32)

[[世界ㅅ일을보샤아롬]S이]]NP훤ᄒᆞ시며 (월곡29)

[[理ㅣ玉과돌콰이달옴]S이]]NP업수딕 (내훈서:3)

[[神力品前은순직正宗애屬홈]S이]]NP볼ᄀᆞ니라 (법화4:135)

[[孔門을당다이바룜]S이]]NP몯ᄒᆞ리니라 (두시-초6:21)

[[本來아롬]S이]]NP붉디몯ᄒᆞ거든다疑心을두리니 (몽법:13)

[[바룻ᄆᆞ릐밀윰]S이]]NP분히ᄆᆞᆯ주도다 (두시-초16:20)

[[惑業의<u>옮돈 놈</u>]S이]NP一切이룰브터ᄒᆞᄂᆞ니라 (능엄1:45)

(8) 은

[[夫人이며느리어드샴]S은]NP溫和ᄒᆞ샤라… (석상6:7)

[[큰구데ᄲᅥ러디다홈]S은]NP惡道애ᄲᅥ디다ᄒᆞᆺᄃᆞᆺᄒᆞ마리라 (석상13:44)

[[어버ᅀᅵ子息ᄉᆞ랑홈]S은]NP아니한ᄉᆞᅵ어니와 (석상6:3)

[[衆生이모매드롬]S은]NP衆生ᄋᆡ歸依홀ᄊᆞ히ᄃᆞ욀ᄂᆞ지오 (월석1:18)

[[根이라일홈지홈]S은]NP根은能히내요ᄆᆞ로뜯ᄒᆞ니 (월석2:22)

[[큰悲心發홈]S은]NP一切衆生ᄋᆞᆯ너비救호려 (월석9:22)

[[슬허ᄒᆞ욤]S은]NP히로다뭇깁ᄂᆞ다 (두시-초11:10)

(7)은 '-이'와 결합한 예이며 (8)은 '-은'과 결합한 예인데 이것은 하위문 단독으로 명사구내포문을 형성하여 그 내포문이 주어처럼 기능하고 있다. 모든 문장에 예외 없이 '-오-'가 실현되었다.

3.2. 목적어

다음은 '-ㅁ'명사화 구성이 내포문이 되는 예 중에서 조사 '-올/을'과 결합하여 목적어로 기능하는 예다. '-오-'가 예외 없이 선접된다.

(9) 올/을

[[羅雲이져머노ᄅᆞ 슬즐겨<u>法드롬</u>]S올]NP슬히너겨ᄒᆞ거든 (석상6:10)

[[四空處ㅣ 業果色<u>업슘</u>]S을]NP아랆디로다 (월석1:36)

[[圓覺妙場애便安히안자ᄒᆞ 비의저지샴]S올]NP窮究ᄒᆞ며 (원각서:8)

[[내이제ᄒᆞ마觀世音菩薩이나ᄅᆞᆯ授記ᄒᆞ샴]S올]NP닙ᄉᆞ와 (관음하:35)

[[이官人의<u>옮</u>]S을]NP기드리더니 (관음하:37)

[[오직ᄆᆞᄉᆞ미<u>지숌</u>]S올]NP븛기시고 (능엄1:21)

[[새<u>개욤</u>]S올]NP알외디아니하리로다 (두시-초6:16)

[[사ᄅ미怒홈]S 을]NP ᄀ챵하면반ᄃ기소리믜이ᄒ야 (법화2:253)

[[엇뎨見愛오히려이셔二乘에버으롤甚히머룸]S 을]NP알리오 (영가하:71)

[[네일즉업디아니ᄒ야셔엇뎨업숨]S을]NP아ᄂ다 (능엄2:4)

[[부톄즉재맛당홈]S 을]NP조차 爲ᄒ야닐어시든마초아디아니ᄒ리업서니와 (금강:75)

[[우리오ᄂᆯ이구즌길홀免하야훤히便安홈]S 을]NP得과라 (월곡14:77)

[[세히業이ᄒ가지롬]S 을]NP因ᄒ씨 (능엄4:25)

[[ᄒ가지로一音教澤알닙ᅌᆞ딩各各이롬]S 을]NP니ᄅ시니라 (월석13:47)

[[工夫ㅣᄒ가지롬]S 을]NP니르니라 (몽법:19)

[[두겨샴]S 을]NP讚歎ᄒᄉᆞᆸ고 (법화3:110)

[[記주샴]S 을]NP ᄒ마ᄆᆞᄎ시고ᅀᅡ (법화3:63)

(9)는 하위문 단독으로 명사구내포문을 형성하여 그 내포문이 목적어처럼 기능하는 예를 모은 것이다. 모든 문장에 예외 없이 '-오-'가 실현되었다.

3.3. 부사어

다음은 '-ㅁ'명사화 구성이 내포문이 되는 예 중에서 조사 '-애/에, -ᄋᆞ로/으로'와 결합하여 부사어로 기능하는 예다. '-오-'가 예외 없이 선접된다.

(10) -애/에

[[업수메니르러實相이구더허디아니홈]S애]NP니를에ᄒ시니 (능엄147:9)

[[衆生과부텨왜本來두시며쩌디여變홈]S애]NP다ᄅ디아니ᄒ니 (법

화1:3)

[[心魂이이대 <u>아롬</u>]S애]NP덜머 (능엄9:58)

[[나그내로 <u>사롬</u>]S애]NP自出을맛보니여희유메멷버늘슬카니오 (두시
-초23:53)

[[빗돗글어감]S애]NP歲月이졈그느니 (두시-초22:42)

[[아자비 <u>여희욤</u>]S애]NP感念이기프니여휜後에엇던사르물보려니오
(두시-초8:62)

[[ㄱᄂ프리기우시 <u>안좀</u>]S애]NP마즈니 (두시-초15:48)

[[ᄒᆞᆫ번믈드룜]S애]NP一切믈드느니라 (금삼3:46)

[[새려 <u>시름홈</u>]S애]NP누니둘올ᄃᆞ시바라노라 (두시-초20:18)

[[一切衆生이無始브터 <u>옴</u>]S애]NP生死ㅣ서르니수미 (능엄1:43)

[[衆生과부텨왜本來두시며뼈디여 <u>變홈</u>]S애]NP다ᄅᆞ디아니ᄒᆞ니 (법
화1:3)

[[慈로몸닷ᄀᆞ샤문ᄠᆞ디너비濟度홈]S애]NP겨시고 (법화1:39)

[[그리몟像이업슘]S에]NP미츤後에ᅀᅡ得ᄒᆞ니 (원각서:13)

(11) - ᄋᆞ로/으로

[[那律이能히봄]Sᄋᆞ로]NP도수이보 몯ᄒᆞ리로다 (남명상:25)

[[말ᄊᆞᆷ과 <u>가줄봄</u>]Sᄋᆞ로]NP밋디몯홀꺼시그眞實ㅅ智ᄂᆞ뎌 (금강:87)

[[내게으르디아니홈]Sᄋᆞ로]NP正覺을 일우노라 (석상23:13)

[[<u>이리ᄒᆞ샴</u>]Sᄋᆞ로]NP아홉큰劫을걷내뛰여 (월석1:52)

[[거즛말아니홈]Sᄋᆞ로브티]NP비르솔디니라 (내훈1:14)

[[法華ㅣ燈明브터옴]Sᄋᆞ로]NP (능엄1:17)

'-애/에'와 결합한 예는 (10)이며 '-ᄋᆞ로/으로'와 결합한 예는 (11)인
데 이것은 하위문 단독으로 명사구내포문을 형성하여 그 내포문이
부사어처럼 기능하는 예를 모은 것이다. 모든 문장에 예외 없이 '-오-'
가 실현되었다.

3.4. 서술어

다음은 '-ㅁ'명사화 구성이 내포문이 되는 예 중에서 '-이라'와 결합하여 서술어로 기능하는 예다. '-오-'가 예외 없이 선접된다.

(12) 이라

[[이는 衆生諸佛의처섬내죵을現ᄒ샴]S이라]NP (법화1:64)

[[ᄆᆞᅀᆞ미슬ᄆᆡ욤업숨]S이오]NP (법화1:25)

[[우업슨法王이이眞實ㅅ마리며所如다히닐옴]S이라]NP (능엄2:54)

[[다만菩薩ᄀᆞ르춈]S이라]NP (석상13:59)

[[名稱은일홈일쿨움]S이라]NP (월석10:64)

[[겨집들 흘부텃陰藏相보ᅀᆞᇦ긔홈]S이라]NP (석상24:2)

[[迦葉이…能히受ᄒᆞᅀᆞ오니이希有홈]S이라]NP (법화3:30)

(12)은 하위문 단독으로 명사구내포문을 형성하여 그 내포문이 서술어처럼 기능하는 예를 모은 것이다. 모든 문장에 예외 없이 '-오-'가 실현되었다.

위의 예에서 확인할 수 있듯이, '-ㅁ'은 항상 '-오-'를 선접하고 있다.

3.5. 인용문 구성

중세국어의 인용문은 명사화와 관형화를 통해서 명사구내포문을 이루는데 명사화와 관형화의 인용문 구성에 '-오-'의 출현은 필수적이다. 전정례(1992:59)에 따르면 중세국어의 인용문 구성은 현대와 달리 명사구내포문과 접속문으로 실현된다. 명사구내포문을 이룰 때는 '-오-'가 필수적으로 선접하고, 접속문을 이룰 때는 '-오-'가 선접되지 않는다.

(13) [[나釋迦ㅣ로라]S호샴]NP이라 (월석13:31)

열여슷차히ᄂ[[나釋迦ㅣ로라]S호샴]NP이라 (월석13:31)

[[[이 ᄀᆞᆮ흔 法을 내 부텨를 조쯔와 듣ᄌᆞ오라]S 호ᄆᆞ]S]NP (법화1:20)

모딘이리[[[젹다]S호ᄆᆞ로]S]NPᄒᆞ디말며 (내훈1:31)

[[[내잇다]S흄]S]NP이오 (법화1:25)

이王ᄃᆞᆯ오ᄆᆞᆯ자바[[[會다ᄅᆞᆫ가]S疑心호미]S]NP올티몯ᄒᆞ니 (능엄1:17)

各各[[[第一이라]S모다아로ᄆᆞᆫ]S]NP그德이나ᄐᆞᆫ견치라 (법화1:32)

(14) 衆生이업거ᅀᅡ菩提心을發<u>호리라ᄒᆞ</u>더라 (석상6:46)

因ᄒ<u>다ᄒᆞ</u>니라 (월석서:6)

太子ㅣ道理일우샤ᅀᆞ개慈悲<u>호라ᄒᆞ</u>시ᄂᆞ니 (석상6:5)

뉘읏븐ᄆᆞᅀᆞᄆᆞᆯ아니<u>호리라ᄒᆞ</u>더니 (석상6:8~9)

이제부톄나아겨시니라<u>ᄒᆞ야</u>ᄂᆞᆯ (석상6:12)

하ᄂᆞᆯ우하ᄂᆞᆯ아래나쎤尊<u>호라ᄒᆞ</u>시며 (석상6:17)

道理일워ᅀᅡ도라오<u>리라ᄒᆞ</u>시고 (석상6:4)

正法을護持<u>호리이다ᄒᆞ</u>거ᄂᆞᆯ (석상6:46)

(13)은 인용문 구성에서 명사구내포문을 이루고 있는 예인데 이런 경우 '-오-'를 필수적으로 선접하고 있으나 (14)는 인용문 구성에서 접속문을 구성하고 있는 예인데 이런 경우 '-오-'는 선접하지 않고 있다. 인용문 구성에 '-오-'가 선접하는 예를 통해 명사구내포문을 구성할 때는 반드시 '-오-'가 필요하다는 것을 다시 한 번 확인할 수 있다.

　정리하면 명사화 구성에서 '-오-'의 실현은 동명사형 어미 '-ㄴ, -ㄹ, -ㅁ' 앞이며 명사구내포문을 구성할 때임을 확인할 수 있었다.

3. 결론

지금까지 15세기 국어의 명사화 구성에 실현되는 '-오-'의 분포 환경을 확인하고 실현 양상을 살펴보았다. 살펴본 내용을 정리하면 다음과 같다.

첫째, 명사화 구성에 대한 개념을 정리하였다. 명사화 구성은 명사구내포문의 하위 유형으로 하위문 단독으로 명사구를 구성하는 것을 말한다. 그러나 본 논문에서 다룬 명사구내포문은 '-ㅁ'으로 형성된 내포문뿐이다. '-기'는 '-ㅁ'과 같이 명사구내포문을 구성할 수 있지만 파생의 기능이 강한 것 등 '-ㅁ'과는 다른 점이 있기 때문에 '-오-'가 선접되지 않았다. 또한 내포문을 구성하지 못했는데 '-오-'가 선접하는 경우에는 자주 쓰이는 말이기 때문에 화석화가 된 것으로 보았다.

둘째, '-오-'의 실현 환경을 검증하였다. 실제 15세기 문헌에서 명사구내포문 앞에 '-오-'가 선접된 예문을 정리하였는데 명사구내포문일 때에는 예외 없이 '-오-'가 선접되었다. 만약 허웅의 이름법을 인정한다면 조건 없이 '-오-'가 나타나는 예외 문장들이 수도 없이 많이 생길 것이다. 그러나 명사구내포문 앞에 '-오-'가 나타난다는 규칙을 통해서 많은 예문들에 의미가 생길 수 있는 것이다.

참고문헌

권재일(1994), 『한국어 문법의 연구』, 서광학술자료사.

서태룡(1979), 「내포와 접속」, 『국어학』 8, 국어학회.

손주일(1993), 「{-오/우-} ㅁ형과 {-오/우-} 기 형의 상관성 시고」, 『국어국문학』 110, 국어국문학회.

심재기(1980), 「명사화의 의미기능」, 『언어』 5-1, 한국언어학회.

안주호(1997), 『국어 명사의 문법화 현상 연구』, 한국문화사.

양정호(2005), 「명사형 어미 체계의 변화에 대하여」, 『어문연구』 33, 어문연구학회.

이성하(1998), 『문법화의 이해』, 한국문화사.

이현규(1975), 「명사형 어미 '-(으)ㅁ, -기'의 사적고찰」, 한국사회사업대학논문집 5호.

전정례(1991), 「중세국어 명사구내포문에서의 '-오-'의 기능과 변천」, 서울대학교 대학원 박사학위논문.

전정례(1992), 「주체 · 대상법으로서의 '-오-'에 대한 재고찰」, 『국어학』 22, 국어학회.

정수현(2011), 「선어말어미 '-오-'의 기능과 변천 - 명사성의 약화와 그 기능 변화를 중심으로 -」, 건국대학교 대학원 박사학위논문.

정수현(2012), 「15세기 관형화 구성에 나타난 선어말어미 '-오-'연구」, 『겨레어문학』 48, 겨레어문학회.

최남희(1987), 「선어말어미 「-오/우-」의 통어 기능」, 『동의어문논집』 3, 동의대 국어국문학과.

최남희(1993), 「국어 이름법의 통시적 고찰」, 『동의어문논집』 6, 동의대학교.

최대희(2010), 「17세기 국어의 이름마디 구조 연구」, 건국대학교 대학원 박사학위논문.

허 웅(1975), 『우리옛말본』, 샘문화사.

홍종선(1983), 「명사화 어미 '-ㅁ'과 '-기'」, 『언어』 8-2, 한국언어학회.

의존명사 구문에서의 '-오-'*

안신혜

차례

1. 서론

본 논문은 의존명사의 명사성 정도와 선어말어미 '-오-' 실현의 관련

---

* 본 논문은 필자의 2015년 8월 건국대학교 대학원 박사학위논문을 수정 보완한 것임을 밝힌다.

성을 파악하는 것을 목적으로 한다. 중세국어 문헌을 보면 명사구내포 문인 명사화 구성과 관형화 구성에서 '-오-'가 개입하는 것을 쉽게 찾 아볼 수 있다. 전정례(1991)에서는 이 '-오-'가 동명사형 어미 '-ㄴ, -ㄹ, -ㅁ' 앞에만 나타난다는 형태론적 사실과 명사구내포문에 필수적으로 나타난다는 통사론적 사실'을 근거로 하여 이 형태소를 명사구내포문 구성에 관여하는 내포 선어말어미로 규정한 바 있다.[1] 이러한 '-오-'가 17세기 이후에는 '-ㅁ' 명사화 구성에는 소수의 예가 보이나 '-ㄴ, ㄹ' 관형화 구성에서는 나타나지 않고 소멸하게 된다. 이에 대해 최대희 (2014)에서는 명사화 구성보다는 관형화 구성에서 '-오-'의 소멸이 빨 리 진행되고, 관형화 구성에서도 피수식어가 일반명사일 때보다 의존 명사일 때, '-오-'의 소멸이 더 빠르게 진행된다고 하였다. '-ㅁ'보다는 '-ㄴ, -ㄹ' 앞에서 '-오-'의 소멸이 빠르게 진행된다는 것에 대해 '-ㄴ, -ㄹ, -ㅁ' 중에 '-ㄴ, -ㄹ'이 '-ㅁ'보다 좀 더 빨리 명사적 성질이 소멸되 어 명사적 특성이 있는 '-오-'를 관형화 구성에서 실현시킬 이유가 없 어졌다고 설명하였다. 현대국어에서 '-ㅁ'은 명사형 어미로서 기능하 고 있지만, '-ㄴ, -ㄹ'은 관형사형 어미로 기능하고 있는 점으로 보아 '-ㄴ, -ㄹ'의 명사적 특성 소멸에 대한 설명은 어느 정도는 타당한 설명 이라고 판단된다. 정리하면 '-오-'는 명사구내포문 구성에서 명사성이 강한 구성에 실현된 형태소였는데 중세국어 이전의 시기에서는 '-ㄴ,

---

1) 전정례(1991)에서는 동명사형 어미 '-ㄴ, -ㄹ, -ㅁ'에 대해 다음과 같이 설명하고 있다.

"동명사형 어미는 일찍부터 국어와 알타이어와의 비교 연구에서 동명사형 어미로 확인된 것들로서 이들은 동사(서술)의 기능을 가지면서 명사(체언)의 기능을 가지고 있는 것으로 파악되고 있다. 후에 '-ㄴ, -ㄹ'은 관형사적 기능을 갖게 되었을 것으로 보고 있다. '-ㅁ'과 '-ㄴ', '-ㄹ'이 중세국어에서 동계열의 동명사형 어미였는가에 대해서는 의문을 제기할 수 있다. 중세국어에 이미 '-ㄴ, -ㄹ'은 관형사적 기능이 일반적인 기능이었기 때문이다. 그 밖에 시제성과 관련하여서도 '-ㅁ'에서 이미 시제를 파악하기 어려운 반면, '-ㄴ, -ㄹ'에서 는 이를 파악할 수 있기 때문이다. 그러나 중세국어에도 이들의 명사적 기능이 남아 있는 것이 연구에서 확인되고, 알타이어군에서도 '-ㄴ', '-ㄹ'의 명사적 기능과 함께, 관형사 적 기능이 확인되므로 이들을 기원적으로 '-ㅁ'과 함께 국어의 동명사형 어미를 이루는 동계의 어미로 볼 수 있다."

-ㄹ, -ㅁ'이 동명사형 어미로서의 기능을 하였지만, 중세국어 이후부터 '-ㄴ, -ㄹ'은 동사적 기능만 남고 명사적 성질이 점차 없어져서 '-ㄴ, -ㄹ'에서 '-오-'의 소멸이 이루어지고 그 다음으로 '-ㅁ'에서 '-오-'가 소멸하였다는 논리이다.

본 논문에서도 이러한 명사성의 약화와 '-오-'의 소멸은 관련성이 있다고 보고 '-오-'를 명사구내포문 표지이면서 명사적 성질을 표지하는 형태소로 규정할 것이다. 그리고 이러한 '-오-'의 실현이 불규칙적으로 나타나는 의존명사 구문을 대상으로 각 의존명사의 명사성의 정도에 따라 '-오-'의 실현 여부가 결정됨을 확인하여 '-오-'의 명사성과, '-오-'의 소멸과 함께 이루어지는 명사성의 약화를 확인할 것이다.

2. 이론적 배경

문법화는 '어휘적인 말이 덜 어휘적인 말'로 변화하는 과정을 말한다.[2] 이성하(1998)에서는 문법화에 대해 다음과 같이 설명하고 있다. 문법화의 기제에는 은유, 재구조화, 융합 등이 있는데 말은 사용 빈도가 높아질수록 의미의 희박화와 추상화를 겪는다. 이때 말의 의미는 본래의 의미와 비슷한 영역으로 확장되다가 그 이상 확장이 이루어지면 구체적인 의미에서 추상적인 의미로 변해간다. 이 과정이 은유이다. 대개는 공간적인 개념에서 시간적인 개념의 의미로 확장된다. 그리고 다시 심리적인 의미를 획득하여 주관적인 의미도 지니게 된다. 이렇게 의미가 확장되어 추상화되면 적용되는 범위가 넓어져 여러 의미를 갖게 된다. 이렇게 의미가 추상화되면 실질 의미는 점점 흐려지게 되는 의미의 희박화가 이루어지고 어휘적으로 쓰이던 말이 문법적인 기능으로 사용

---

[2] 전정례(2005)에서는 문법화의 과정이 '내용어〉기능어〉접어〉굴절접사'의 방향으로 진행된다고 하였다.

되게 되는 것이다. 대개 사용 빈도가 높은 말들이 문법화를 겪게 되는데, 문법화 과정은 몇 단계를 거치게 되어 있다.3) 의존명사는 실질 어휘소에서 문법 어휘소에 가까워지는 단계에 있는 말이다. 문법화 과정에 들어선 의존명사는 어휘적 의미가 희박해질 뿐만 아니라 통사적인 제약까지 생긴다. 이렇게 제약이 생긴다는 점이 자립명사와 다른 점이다. 또 의존명사는 어느 정도의 어휘 의미를 가졌지만 그 의미가 희박하기 때문에 명사이면서도 홀로 사용되지 못하고 선행 관형절이 필수적으로 오게 되며 원래 지니고 있던 명사성이 점점 약해지는 것이다.

이러한 문법화의 과정은 N1>N2>N3>의 단계를 거친다. 이것은 자립어에서 준자립어로 문법화되고, 다시 의존형태로 바뀌는 과정을 말한다. 명사의 경우는 자립명사에서 의존명사로 문법화 되고 다시 조사나 어미의 형태로 바뀌게 된다. '쑨'은 보편성 의존명사로 쓰이는 경우와 부사성 의존명사로 쓰이는 경우를 나누어 볼 수 있는데, 이것은 '쑨'이라는 의존명사가 문법화 과정을 거쳐 의존명사의 상태에서 부사적으로 쓰이게 되는 모습이다. 이러한 문법화가 더 진행된다면 부사적 쓰임에서 서술어적 쓰임으로 가는 것을 볼 수 있다. 즉 NP>ADVP>VP의 과정이다. 이러한 과정을 보면 알 수 있듯이 문법화의 과정은 정도성의 차이가 있기 때문에 문법화되는 말이 문법화의 단계 중 어느 단계에 위치해 있는가는 판가름하기 어렵다. 각각의 문장 안에서의 쓰임에 따라 판단할 수밖에 없다. 그리고 이러한 의존명사가 문법화되어 부사적으로 쓰여 NP가 ADVP로 변하고, 부사화한 의존명사가 다시 어미가 되어 ADVP가 VP로 변천하는 것은 우리말 구성이 내포문

---

3) 안주호(1997)에서는 문법화에 단계를 설정한다. 문법화의 단계는 문법화의 연속성을 나타내기 위한 용어인데, 문법화의 진행에 따라 어휘적 의미를 잃어버리고 문법성을 획득하게 되는 것을 의미한다. 문법화는 몇 가지 단계를 거치게 되는데 처음 자립명사에서 시작되었던 것이 자립성을 잃고 의존성을 띠게 되면 통사적 제약이 생긴다. 선행하는 요소나 후행하는 요소와 결합하여 고정된 형태로 쓰이게 되는 것이다. 그는 이 과정을 '의존명사화〉접어화〉조사·어미화'로 나타내었다.

구성에서 접속문 구성으로 가는 모습을 보여주는 것이다.

3. 명사성의 정도에 따른 의존명사의 분류

문법화 과정은 일정한 방향을 지니고 예측할 수 있는 단계를 거친다. 그러나 앞에서도 언급했듯이 이러한 문법화의 과정을 단계로 나누는 것은 쉽지 않은 작업이다. 의존명사는 문법화가 진행될수록 부사어나 서술어에 가까워져 명사성이 약해지는데, 이러한 분류 역시 쉽지 않다. 명사성이 강하다거나 약하다는 것은 문법화와 마찬가지로 정도성으로 보아야 하는데, 전정례(1991)에서는 이러한 의존명사의 명사성을 '-오-' 의 실현과 연관 지어 명사성의 정도에 따라 의존명사를 분류하였고, 최대희(2013)에서도 이와 비슷하게 명사성의 정도에 따라 의존명사를 분류하였다.4) '명사성'이란 명사적 특성을 말하는 것이다. 명사는 형태적으로는 조사와 결합이 자유롭고, 통사적으로는 문장에서 여러 성분으로 기능한다. 이처럼 명사가 갖는 형태·통사적인 특성을 '명사성'이라고 할 수 있겠다.

본 논문에서는 의존명사의 명사성의 정도와 '-오-'의 관련성을 파악하는 것이 주된 목적이기 때문에, 의존명사를 전정례(1991)에서 제시한 보편성 의존명사, 부사성 의존명사, 서술성 의존명사로 분류하여 제시할 것이다. 분류한 의존명사의 목록은 다음과 같다.

---

4) 최대희(2013)에서는 의존명사의 명사성의 정도를 나누는 기준을 제시하였는데 그 기준은 다음과 같다.
   ㄱ. 의존명사의 빈도
   ㄴ. '-오-'의 실현 여부
   ㄷ. 형태론적 조건-후행요소와의 결합 제약
      통사론적 조건-다양한 문장성분으로의 가능성 여부, 선행요소와의 통합 제약

위의 조건으로 의존명사를 분류하면 1유형에는 '것, 곧, 바, 이, 줄, 닷, 양'이 속하고, 2유형에는 '적(제), 딜'이, 그리고 3유형에는 '만, 쑨, 쏘름'이 속한다고 하였다.

1) ㄱ. 보편성 의존명사: 것, 바, 곧('것'), 이, 앛, 줄, 닷, 양①
   ㄴ. 부사성 의존명사: 양②, 적(제), 슻, 딛, 만, 샏①
   ㄷ. 서술성 의존명사: 샏②, ᄯᆞ름

본 논문에서는 위의 의존명사 중 대표적인 것만 골라 논의를 할 것이다. 보편성 의존명사에서는 '것', '바', '줄', '양'을, 부사성 의존명사에서는 '양', '적', '샏'을, 서술성 의존명사에서는 '샏', 'ᄯᆞ름'을 대상으로 하여 설명할 것이다. 그리고 'ᄉ', 'ᄃ' 계열의 의존명사를 살펴보게 될 텐데, 이들은 보편성 의존명사가 부사성 의존명사의 단계를 거쳐 어미로 변화하는 모습을 잘 보여준다. 이것은 중세국어에서 이미 'ᄉ', 'ᄃ' 계열의 의존명사가 의존명사에서 어미로 변하는 단계에 있기 때문이다. 이 과정에서 '-오-'가 불규칙적으로 실현되고 있는데 이것은 이 계열의 의존명사가 명사성을 잃어가는 과정에 들어섰기 때문이라는 것을 보여준다.

4. 의존명사 구문에서의 '-오-'의 실현 양상

15세기 관형화 구성을 보면, 자립명사 구문에서는 명사구내포문 구성에 '-오-'의 실현이 거의 예외 없이 이루어지나, 의존명사 구문에서는 '-오-'가 실현되지 않는 구문이 많이 나타난다. 아래는 15세기 국어의 '-오-'가 실현된 자립명사 구문의 예이다.5)

(1) [[내犯혼]S일]NP업거늘 (월석13:16)
    沙門은[[ᄂᆞ미지손]S녀르믈]NP먹ᄂᆞ니이다 (석상24:22)
    나ᄂᆞᆫ[[부텻ᄉᆞ랑ᄒᆞ시논]S앓]NP이라 (능엄1:86)

---

5) 자립명사 구문의 예는 전정례(1991)에서 인용

[[諸佛ㅅ니ᄅ시논]S經法을]NP듣ᄌᆞ오며 (법화1:62)

이ᄂᆞᆫ[[ᄌᆞ걔아ᄅ시고늅알외시논]S德]NP이라 (법화1:39)

[[부텨니ᄅ시논]S밧]NP法이 (금삼2:37)

[[普賢ㅅ ᄀᆞᄅ치샨]S마ᄅᆞᆯ]NP親히感動ᄒᆞ야 (금삼2:67)

舍利弗이[[須達이딩 ᄀᆞ론]S座애]NP올아앉거늘 (석상6:30)

　　위의 예문을 통해 자립명사 구문에서 '-오-'가 규칙적으로 사용되는 모습을 볼 수 있다. 자립명사는 의존명사보다 명사성이 강한데, '-오-'는 15세기까지 이렇듯 규칙적으로 쓰이다가 16세기에 접어들면 명사성이 약한 의존명사 구문에서 불규칙적으로 사용되기 시작한다.

　　전정례(1991)에서는 선어말어미 '-오-'를 명사구내포문 구성에 관여하는 내포 선어말어미로 규정한 바 있다. 내포 선어말어미의 통사적 기능은 동명사형 어미 '-ㄴ', '-ㄹ', '-ㅁ' 앞에 와서 명사구내포문을 만들어 주는 것이다. 위의 예문 (1)에서도 내포문 명사 앞에 '-오-'가 실현되는 것을 볼 수 있다. 명사구 내포 선어말어미인 '-오-'는 명사구를 구성하는 기능을 하는데, 15세기에는 규칙적으로 사용되다가, 16세기에 동요를 보이고 17세기에는 거의 사라지는 모습을 볼 수 있다. 선어말어미 '-오-'는 그 이후에 내포문에서 완전히 사라지거나, 어미에 흡수되어 융합되는 것을 볼 수 있다. 그리고 '-오-'가 빠져나간 문장이 동명사형 어미 '-ㄴ', '-ㄹ', '-ㅁ'이 있음에도 명사성이 약해지는 것으로 보아 '-오-'에 명사성을 표시하는 기능이 있었을 것으로 보인다. '-오-'는 자립명사 구문에서는 규칙적으로 실현되는 모습을 보이고, 의존명사 구문에서는 점차 불규칙해지는 모습을 볼 수 있는데 의존명사 중에서도 보편성 의존명사보다 명사성이 약한 시간이나 장소를 표시하는 부사성 의존명사나 서술성 의존명사 구문에서 먼저 불규칙하게 실현되는 것을 볼 수 있다. 결국 명사성이 강한 자립명사 구문에서는 '-오-'가 규칙적으로 실현된다고 볼 수 있는 것이다.

4.1. 보편성 의존명사 구문

① 것

(2) [[닛디몯홀]S거시]NP勤儉이오[[밀디몯홀]S거시]NP富貴니 (내훈 2:102)

알핏[境의지순]S거시]NP아닐씨 (능엄2:90)

쏘[[阿難익아롬]S거시]NP아니니 (능엄4:104)

[[이ᄂ相ᄋᆞᆯ보건댄本來妄ᄒᆞ야ᄀᆞᄅᆞ쳐닐옳]S거시]NP업스며 (능엄 3:73)

믄득미츄미歇ᄒᆞ면머리밧긔가[[得홀]S거시]NP아니며 (능엄4:60)

[[眚익이론]S거시]NP디위[[燈ㅅ비췩지순]S거시]NP아니니 (능엄2:89)

위의 예문은 '것'이 내포문 명사로 사용된 경우이다. 이렇게 주어와 서술어 관계를 이루는 절 안에서는 '-오-'가 규칙적으로 실현되는 것을 볼 수 있다. '것'은 격조사 '-이', '-을', '-이라', '-으로', '-의' 등과 결합 하고, 보조사 '-은', '-으란', '-만', '-도' 등과도 결합한다. 또 문장 안에 서는 주어, 목적어, 서술어 등으로 쓰여, 의존명사 중에서도 명사성이 제일 강한 부류에 속한다는 것을 알 수 있다. 이렇게 명사성이 강한 의존명사 구문에서는 16세기 이후에 '-오-'의 실현이 불규칙적으로 이 루어질 때에도 명사성이 약한 의존명사 구문에 비해 규칙성이 오래 유지되었다.

② 바

(3) 믈읫사ᄅᆞ미뼈[[사ᄅᆞᆷ ᄃᆞ외옛ᄂᆞᆫ]S바ᄂᆞᆫ]NP禮와義왜니 (내훈1:18)

[[父母ㅣ 스랑ᄒᆞ시ᄂᆞᆫ]S바ᄅᆞᆯ]NP갑간도골와마라 (내훈1:50)

[[니ᄅᆞ디몯홀]S바ᄅᆞᆯ]NP니ᄅᆞ며 (내훈2:11)

[[弘이듣고황당히너겨묻ᄂᆞᆫ]S배]NP업서곧對答호ᄃᆡ (내훈3:44)

'바'는 '-이', '-이라', '-롤' 등의 격조사와 결합하고, '-눈' 등의 보조사와도 결합한다. 그리고 문장 안에서 주어, 목적어, 서술어로 쓰여 명사성이 강하다는 것을 알 수 있다. '바'가 내포문 명사로 쓰인 예문 (3)에서도 '-오-'가 규칙적으로 실현되는 것을 볼 수 있다.

③ 줄

(4)　[[眞如法이ᄒᆞ나히론]S주를]NP實다히아디몯홀씨 (능엄4:13)
　　　三世옛[[道理ᄒᆞᆫ가지론]S주를]NP니르시니라 (석상13:50)
　　　[[衆生ᄃᆞᆯ히種種欲애기피貪着혼]S주를]NP아라 (석상13:5)
　　　이世間音에셔[[더으샨]S줄]NP이라 (석상21:16)
　　　妙音을조처니ᄅᆞ시니ᄀᆞᆯ[[두聖人이ᄒᆞᆫ道理샨]S줄]NP이오 (석상21:20)

'줄'은 '-이', '-을', '-이라', '-으로' 등의 조사와 자유롭게 결합하고, 문장 안에서 주어, 목적어, 서술어 등으로 쓰여 명사성이 강하다는 것을 알 수 있다. 위에서 살펴본 '것'이나 '바'처럼 보편성 의존명사 중에서도 명사성이 강한 축에 든다. 예문 (4)를 보면 '-오-'가 규칙적으로 실현되는 것을 알 수 있다.

④ 앛

보편성 의존명사는 다른 의존명사에 비해 명사성이 강한 의존명사인데, 보편성 의존명사로 분류된 것들 중에서도 명사성의 정도는 각각 다르다. 위에서 살펴본 '것', '바', '줄'은 명사성이 강한 것인데 '앛', '닷'은 보편성 의존명사로 분류되기는 했지만 '것', '바', '줄'에 비해 명사성이 약하다.

(5)　이엔[[經의勝혼]S아촐]NP나토시니 (금삼3:2)

[[供養홀ㄱ수미론]S아출]NP아라ᅀᅡ (금삼3:52)

이爲頭ㅎ며[웃듬ᄃ외논勢론]S앛]NP이니라 (금삼서:3)

조호ᄆᆡ니론아치며[聖과凡과의ᄃ외욘]S앛]NP이니 (금삼서:6)

[[이깃논]S앛]NP이니라 (금삼서:12)

예문 (5)를 보면 '앛'이 내포문 명사로 쓰일 때 '-오-'가 규칙적으로
실현되는 것을 알 수 있다. 그런데 '앛'은 주격조사 '-이'와의 통합형은
찾을 수 없고, 문장 안에서도 목적어나 서술어로 쓰이는 것을 알 수
있다. 위에서 살펴본 '것', '바', '줄'에 비해 제한된 사용을 보이는데
이것은 '앛'이 가진 명사성이 이들에 비해 약하기 때문이다.

⑤ 닷

'닷'의 경우에는 주로 부사격조사 '-ᄋᆞ로'와 서술격조사 '-이라'와
함께 사용되는 모습을 볼 수 있다.

(6) [[菩提心發티아니혼]S닷]NP이니 (월석9:20)

제아디몯ㅎ야간대로[愛想애ᄆᆡ욘]S닷]NP이니 (능엄1:43)

[[서르ㄱ라發ㅎ논]S다ᄉᆞ로]NP (능엄8:80)

[[이聖因을닷곤]S다ᄉᆞ로]NP (월석21:104)

[[제眷屬들히惡因지손]S다ᄉᆞ로]NP (월석21:105)

'닷'은 '탓'의 의미로 쓰였는데 주로 '-ᄋᆞ로', '-이라' 등과 결합하는
예가 많았다. 문장 내에서 주로 주어나 목적어로 쓰이면서 '-ᄋᆞ로'와
결합하는 경우에는 부사적으로 쓰이는 것을 볼 수 있다. 그래서 '-ᄋᆞ로'
와 결합한 형태인 '다ᄉᆞ로'의 경우에는 '-오-'가 선접하기도 하고, 선접
하지 않기도 하는데 이것은 '다ᄉᆞ로'가 지닌 부사성 때문인 것으로
보인다. '닷'은 원래 명사성이 강한 의존명사이지만 '-ᄋᆞ로'라는 부사

격조사가 결합되어 쓰이면서 부사성을 갖게 된 것이다. 이렇듯 부사격 조사와의 결합형이 높은 빈도를 보이면 부사성은 더 강해지게 되어 그 구문에서 '-오-'가 불규칙적으로 나타나게 된다.

위에서 살펴본 연구를 정리해 보면 15세기 문헌에서는 의존명사 구문에서 '-오-'가 비교적 규칙적으로 실현되었다고 말할 수 있다. 또 의존명사 중에서도 '것', '바', '줄'은 다른 의존명사에 비해 조사와의 결합도 자유로워 명사성이 강하기 때문에 '-오-'의 실현이 규칙적이었다는 것을 알 수 있다. '닷'은 용례가 적기 때문에 단정하기 어렵지만 주로 조사 '-이라'와 '-ᄋᆞ로'하고 함께 쓰이는 경우가 많았다. 이것은 앞에서도 살펴보았듯이 '닷'이 가진 '까닭'이라는 의미 때문에 부사적으로 쓰이는 경우가 많아진 것으로 보인다. 그래서 후행하는 조사와 결합하여 부사어화하거나 서술어화하는 과정인 것으로 추측할 수 있다. '앚'은 <금강경삼가해>에서만 용례를 찾을 수 있었다. 이러한 사실들을 종합하여 볼 때 '-오-'는 15세기까지는 의존명사 구문에서도 규칙적으로 사용되었으며, 특히 명사성이 강한 의존명사 구문에서 예외 없이 실현되었다는 것을 알 수 있다. 의존명사 중에서도 명사성이 약한 것들이 내포문 명사로 쓰이는 경우 '-오-'가 실현되지 않는데, 4.2.에서는 부사성 의존명사가 내포문 명사로 쓰이는 구문에서 '-오-'가 실현되지 않는 모습을 확인하게 될 것이다.

4.2. 부사성 의존명사 구문

⑥ ᄉᆞᆫ

(7) [[사ᄅᆞ미제몸닷굴]S ᄉᆞᆫ]ADVP ᄒᆞ고 (석상13:36)
    [[ᄒᆞᆫ갓뮈다 ᄒᆞᆯ]S ᄉᆞᆫ]ADVP ᄒᆞ면 (월석2:14)

부사성 의존명사 '뿐'은 주로 서술어인 'ᄒ다'와 함께 쓰이는 것을 볼 수 있는데 그 사이에 다른 조사가 끼어들거나 하지 않는다. 예문 (7)을 보면 '-오-'가 실현되지 않는 것을 볼 수 있다. 이것은 '뿐'이 선행절보다 후행 서술어인 'ᄒ다'와 긴밀하게 쓰이면서 하나의 결합처럼 기능하게 된 것이다. 결국 의존명사이면서도 명사적 기능이 아닌 부사적 기능을 하면서 명사성이 약해졌기 때문에 '-오-'가 실현되지 않는 것이다. '뿐'은 부사적 기능을 하면서 서술적 기능으로도 쓰이는데 이것은 4.3.에서 다룰 것이다.

⑦ 적

(8) ㄱ. [[須達이精舍지ᅀᅳᆯ]S저기]NP부텻나히셜흔네히러시니 (석상 6:40)

[[隱太子ㅣ嫌恨지ᅥ신]S저글]NP當ᄒ야 (내훈2:91)

[[부텨업슨]S적]NP外예ᄂᆞᆫ (석상13:61)

ㄴ. [[光武ㅣ王郞과시홈ᄒ실]S저긔]ADVP馮異ㅣ豆粥과보리바블 받ᄌᆞ오니라 (내훈2:90)

[[后ㅣ겨신]S저긔]ADVP內政을 ᄒᆞ나토帝의ᄀᆞᆺ기시디 (내훈 2:113)

[[내지븨이싏]S저긔]ADVP여듧나랏王이 (석상6:7)

'적'은 시간을 나타내는데 예문 (8)ㄱ에서는 명사구를 구성하여 사용되었고, (8)ㄴ에서는 문장 안에서 부사어의 기능을 하여 내포문을 ADVP로 쓰이게 하고 있다. 예문 (8)ㄱ이나 (8)ㄴ은 절을 구성하고 있음에도 '-오-'가 실현되지 않고 있다. 특히 (8)ㄱ은 명사구내포문인데도 '-오-'가 실현되지 않는다. 이것은 '적'이 가진 의미가 시간을 나타내는 부사어이기 때문인 것으로 파악할 수 있다. 그리하여 ADVP 구성뿐만이 아닌 NP구성에서도 '-오-'가 실현되지 않는 것이다.

4.3. 서술성 의존명사 구문

서술성 의존명사 구문에서는 'ᄯ름'과 '뿐'을 내포문 명사로 갖는 예들을 살펴본다.

⑧ ᄯ름

(9) ㄱ. [[여스시다淸淨ᄒ야十八界를알]Sᄯ르미]NP아니라 (능엄4:102)
　　 [[내이제ᄒ오ᅀᅡ알]Sᄯ르미]NP아니라 (금삼3:4)
　　 [[外道ㅣ아줄ᄒ야冥諦를사믈]Sᄯ르미]NP아니라 (능엄2:26)
　ㄴ. [[有司ㅣ議論홀]Sᄯ름]NP이니이다 (내훈2:103)
　　 [[부텨ᄃ외요믈授記ᄒ실]Sᄯ름]NP이시니 (능엄1:18)

예문 (9)ㄱ에서는 'ᄯ름'이 명사구내포문 명사로 쓰이고 있고, 예문 (9)ㄴ에서는 '이다', '아니다'의 서술어와만 함께 쓰이는데, 후행하는 서술어와 긴밀하게 통합하여 하나의 서술어처럼 사용되고 있으며 '-오-'는 실현되지 않았다.

⑨ 뿐

(10) ㄱ. 흔갓乳를取ᄒ야[[齋를도올]S뿌니]NP아니라 (능엄6:100)
　　 [[부텻몺ᄃ르미現홀]S뿌니]NP아니라 (석상11:7)
　　 즉자히[[도로니저ᄌᆞᆽ볼]S뿐]NP이니 (석상6:11)
　　 [[엇뎨슛가라굴일홀]S뿐]NP이리오 (능엄2:23)
　ㄴ. 나뿐尊ᄒ오라 (석상6:17)

'뿐'은 세 가지로 쓰이는데 부사성 의존명사로 쓰인 예문 (7)에서는 '뿐'이 'ᄒ다'와 결합하여 부사적 기능을 하며 '-오-'가 선접하지 않았다. 그리고 예문 (10)에서 볼 수 있듯이 '-이다', '아니다'와만 제한적으로 쓰였는데, 이때에는 뒤에 오는 말과 긴밀하게 연결되는 서술성 의존명사로서 역시 '-오-'가 선접하지 않는다. 또 예문 (10)ㄴ처럼 앞의 체언에 붙어 조사처럼 쓰이는 경우 이것은 '뿐'이 이미 의존명사에서 기능어인 조사로 변한 것으로 볼 수 있다.

이렇게 위에서도 알 수 있듯이 선어말어미 '-오-'는 보편성 의존명사 구문에는 규칙적으로 나타나고, 부사성 의존명사나 서술성 의존명사가 내포문을 구성하는 경우에는 나타나지 않는 것을 알 수 있다.

4.4. 'ᄉ', 'ᄃ' 계열의 의존명사

여기에서는 'ᄉ', 'ᄃ' 계열의 의존명사 구문에 대해 살펴볼 것이다. 'ᄉ', 'ᄃ'는 원시추상명사라고 불리는데, 시간과 공간의 의미로 사용되었다. 이들은 중세국어에 이미 문법화가 거의 완성되어 독립적으로 나타나지 않고 융합된 형태로 나타나기 때문에 별개의 의존명사로 다루는 것이다. 또 '-오-'의 선접 빈도가 항목마다 달리 나타나는데 이는 항목마다 명사성의 정도가 다르기 때문이다. 'ᄉ' 계열은 시간의 의미를 갖고 있기 때문에 공간의 의미를 지닌 'ᄃ' 계열보다도 추상성이 높아 어미화가 더 일찍 이루어졌기 때문에 '-오-'가 선접하는 경우를 찾을 수 없다. 이미 중세국어에서 N2>N3의 변천을 겪고 있었던 것이다. 여기에서는 전정례(1991)의 예문과 설명을 통해 'ᄉ', 'ᄃ' 계열 의존명사의 명사성 약화 과정을 설명해 내고자 한다.

'ᄉ' 계열의 의존명사에는 '시', '식', '술', '순' 등이 있다.[6]

---

6) 'ᄉ', 'ᄃ' 계열의 예문과 설명은 전정례(1991)에서 인용.

⑩ 시

(11) [[져머셔아비업슬]S시]NP孤ㅣ오 (원각서:77)

　　[[님금셤기ᄉᆞ보ᄆᆞᆯ힘ᄀᆞ장홀]S씨]NP忠이라 (월석2:63)

　　[[사오나ᄫᆞᆫ사ᄅᆞ미어딜에ᄃᆞ욀]S씨]NP(이)라 (석상3:2)

　　祐律師ㅣ닐오ᄃᆡ無常ᄒᆞ이리甚홀쎠 (월석10:15)

위의 예문에서는 '시'가 주어로 기능하는 모습을 보여 주는데, 'ᄉ'
계열의 의존명사들이 어미처럼 기능하고 있는 것으로 보아 이 당시
이미 N2>N3 단계의 변화가 이루어지고 있었던 것으로 보인다. 위의
예문을 보면 '시'는 각각 주어로 기능하거나, '-이라'의 활용형과 쓰여
하나의 어미처럼 기능하고 있다.

⑪ 싀

(12) [[物이體의아로미아닐]S싀]NP펴니이러둘히셔리어니엇뎨中이ᄃᆞ외
　　리오 (능엄1:72)

　　[[凝은얼윌씨라凝滑홀]S싀]NP六根이ᄀᆞᆺᄂᆞ니일후미六入이라 (월석
　　2:21)

　　[[物이體의아로미아닐]S싀]NP펴니이러둘히셔리어니 (능엄1:72)

　　[[두려운眞實ㅅᄆᆞᄉᆞᄆᆞᆯ브터닐]S싀]NP이런ᄃᆞ로둘찻ᄃᆞ리當ᄒᆞᆫ體젼
　　혀虛ᄒᆞ야골히야 (능엄2:60)

'싀'는 위의 예문에서 주어, 목적어로 기능하고 있으며 '-이라'의
활용형과 함께 쓰이는 양상을 보이고 있다. 이 경우 '시'의 예와 같이
내포문 명사가 아닌 어미로 기능하고 있다는 것을 알 수 있다.

⑫ 슬

(13) [[種種히發明홇]S슬]NP일후미妄想이니 (능엄2:61)

[[다스려니길]S쓸]NP닐오딕 (능엄6:4)

[[업슨게믄득이실]S쓸]NP닐오딕生이오나잤간머믈쓸닐오딕 (능엄
7:75)

'쓸'은 목적어로서 사용되고 있는데, NP구성을 이루고 있지만 후행
어인 '닐오딕'와 통합하여 관용적으로 쓰이는 것처럼 보인다.

⑬ 슌

(14) 엇디홀슌슷슬쌔혀 (노언상3)

'슌'은 용례가 잘 보이지 않아서 단정하기 어렵다.

위의 예문들을 보면 '슷' 계열의 의존명사들이 사용례가 많지 않고,
이미 명사성이 강한 성분에서 약한 성분으로 변화하고 있다는 것을
짐작할 수 있다. 문장 안에서 사용된 성분을 살펴보면 15세기 당시에
이미 의존명사로서의 기능은 약해지고 어미로서의 기능이 주된 역할
이었던 것을 알 수 있다. 전정례(1991)에서는 이것을 의존명사가 어미
로 변화하는 과정으로 볼 수 있는데, 관형절을 이끄는 관형화 어미와
의존명사가 통합하여 통사론적 구성에서 형태론적 구성으로 변해 직
접구성성분으로 분석하기가 어려운 단계가 되었다고 하였다. 그리고
이렇게 관형화 어미와 의존명사가 통합하여 접속어미로 변하는 모습
은 내포문이 접속문화하는 과정을 잘 보여주고 있다고 하였다. 이렇듯
명사구내포문이었던 구문이 의존명사의 명사성 약화로 인해 관형화
어미와 긴밀하게 결합되고 이러한 과정에서 부사성을 얻게 되어 부사
구내포문이 되는 것이다. 그리고 명사성이 약하고 부사성이 강한 의존
명사일수록 이 과정을 겪을 확률이 높아진다. '슷' 계열의 의존명사들
은 기본적으로 '시간'의 개념에서 시작된 것들이기 때문에 부사성이
강하다고 할 수 있다. 또 '공간'의 의미를 가진 '딕' 계열의 의존명사보

다도 추상성이 더 강하기 때문에 문법화 속도가 빠른 것이다. 즉 '언제'가 '어디서'보다 더 기본 개념인 것이다. 실제로 'ㅅ' 계열의 의존명사 구문에서는 명사구내포문을 이루는 경우에도 '-오-'가 개재하지 않는 경우가 있다.

'ㄷ' 계열의 의존명사에는 '디', '딕', '대', '돌', '둔', '둧', '동' 등이 있다.

⑭ 디

> (15) [[구틔여다ᄅ른말ᄒᆞᆲ]S디]NP아니니라 (능엄1:23)
> [[어루닐올]S디]NP(이)나 (금삼3:9)
> [[아모고딕간]S디]NP모ᄅᆞ노이다 (월석21:27)
> [[아ᄃᆞᆯ와여희연]S디]NP쉬나ᄆᆞᆫ 히로딕 (법화2:189)

'디'는 '것'의 의미로 사용되었는데, 주어나 보어의 기능을 하였다. 위의 예문을 보면 명사구내포문을 구성하고 있어 '-오-'가 선접하고 있는 것을 볼 수 있다. 또 '디'는 '-이라'와 함께 사용되어 '것이다'의 의미로 사용되었는데, 그렇기 때문에 '디'를 어미로 처리하는 경우도 있으나, 전정례(1991)에서는 통사 구성에서 주어와 보어 등의 명사적 기능을 갖고 있어 내포문 명사로 분석될 수 있으므로 의존명사로 보아야 한다고 설명한다. 이렇게 어미로 보지 않고 의존명사로 본 것은 '-디라', '-디로다', '-디어다' 등의 어미들을 각각 개별적으로 분류하는 것보다 의존명사로 분석하는 것이 더 문법 기술에도 경제적이기 때문이라고 하였다.

⑮ 딕

> (16) [[覺知分別心性이다잇ᄂᆞᆫ]S딕]NP업스니라 (능엄1:74)

[[도ᄌ기겨신]S딀]NP무러 (용가62)

[[生死ㅣ 長遠ᄒᆞᆫ]S딀]NP眞實ㅅ 知見업서 (법화3:172)

이럴씨 道비호딀 (능엄5:8)

'딀'는 '공간'의 의미를 지니고 있는데 이러한 경우 의미가 추상적이기 때문에 명사성이 약해지기 쉽다. 실제로 위의 예에서도 '딀'가 부사화하여 '-오-'가 선접하지 않는 예를 볼 수 있다. 특히 '이럴씨 道 비호딀'에서는 '딀'가 이미 '-딀'이라는 어미를 구성하여 쓰이고 있는 것을 볼 수 있다.

⑯ 대

(17) [[부텨各各훓]S대롤]NP조차 (월석13:51)

須達이무른대 (석상6:35)

위의 예문에서 '대'가 목적어로 쓰일 때에는 명사성이 강하기 때문에 '-오-'가 선접되는 것을 볼 수 있으나, '須達이 무른대'에서는 '-ㄴ대'로 이미 어미화하여 '-오-'도 선접하지 않는 것을 볼 수 있다.

⑰ 들

(19) ㄱ. [[제몸주글]S똘]NP모ᄅᆞᄂᆞ니이다 (월석7:18)

[[그지업슨됴ᄒᆞᆫ 消息이ᄀᆞ존]S들]NP알리오 (금강삼3:30)

ㄴ. 오라ᄒᆞᆫ 들오시리잇가 (용가69)

오히려블기들몯ᄒᆞ야 (능엄2:67)

예문 (19)ㄱ에서는 '들'이 목적어로 쓰여 명사구내포문을 구성하기에 '-오-'를 선접하지만, 예문 (19)ㄴ과 같이 '줄'과 비슷한 의미로 쓰인 경우에는 이미 하나의 어미로 굳어져 '-오-'가 선접하지 않았다. 위에

서도 '들'은 '알다, 모르다' 등의 서술어와만 제한적으로 사용되는 것
을 볼 수 있다.

⑱ 둔

　(20)　ㄱ. [[서르보논]S둔]NP恭敬ᄒ야 (내훈1:77)
　　　　　 [[願ᄒ]S둔]NP니르쇼셔 (석상13:45)
　　　　ㄴ. 됴ᄒᆞᆫ法이오나둔 (월석7:47)

　'둔'은 명사성을 아직 지니고는 있지만 명사성이 약화되어 부사화
되어 가고 있는 과정에 있기 때문에 '-오-'의 선접이 불규칙하게 나타
난다.

⑲ 둣

　(21)　ㄱ. [[前生앳이리어제본]S둣]NPᄒ야 (석상6:9)
　　　　ㄴ. [[濟度호ᄆᆞᆯ몯홇]S둣]ADVP疑心ᄃᆞ외젼ᄎᆞ로 (능엄1:26)
　　　　ㄷ. [[ᄀᆞᄆᆞ니잇ᄂᆞᆫ그르세담둣]S]ADVPᄒ니 (능엄4:89)

　'둣'은 명사구내포문을 구성하여 '-오-'가 선접된 예도 보이는데, 조
사와는 잘 결합하지 않는다. 이것은 이미 어미화 과정에 들어섰기 때문
에 통합 제약이 생긴 것으로 보인다. 그래서 내포문 명사로 기능하지
않게 되면서 통합소인 '-ㄴ', '-ㄹ'도 빠지게 되어 'NP>ADVP>어미'로
변화하는 모습을 보이고 있는 것이다.

⑳ 동

　(22) [[아모ᄃᆞ라셔온]S동]NP모ᄅᆞ더시니 (월석2:25)

'동'은 용례가 적다.

'ᄉ', 'ᄃ' 계열의 의존명사는 '시간'과 '장소'의 의미로 사용되었기에 추상성이 높아 문법화되기 쉬운 상태에 놓여 있었다. 15세기에 이미 명사성이 약해져 의존명사의 기능에서 벗어나 어미처럼 쓰이는 예가 많았다. 'ᄉ'는 시간을 의미하기 때문에 '장소'를 의미하는 'ᄃ'보다도 추상성이 높아 용례가 더 위축되고, 문법적 기능 역시 더 위축되어 있다. 'ᄃ'는 아직 문법화가 이루어지고 있는 과정에 있기 때문에 구체적인 용례가 많이 보인다. 'ᄉ' 계열 의존명사 구문에서 '-오-'가 개재하는 경우가 'ᄃ' 계열 의존명사 구문에 비해 적은 것을 보아도 그러하다.

5. 결론

본 논문은 의존명사의 명사성과 선어말어미 '-오-'와의 관련성을 파악하는 데에 목적을 두고 있다. 선어말어미 '-오-'는 관형화 구성에서 자립명사 구문보다 의존명사 구문에서 먼저 소멸이 이루어지는데 본 논문에서는 의존명사를 명사성의 정도에 따라 보편성 의존명사, 부사성 의존명사, 서술성 의존명사로 분류하여 각각의 의존명사 구문을 통해 명사성이 강한 의존명사 구문에서 '-오-'가 더 규칙적으로 나타나는 것을 확인하였다. 보편성 의존명사는 조사 결합도 자유롭고, 여러 가지의 문장 성분으로 기능할 수 있다는 점에서 명사성이 높다고 할 수 있다. 그리고 이러한 보편성 의존명사 구문에서 '-오-'가 가장 규칙적으로 실현되었다. 보편성 의존명사들 중에서도 명사성이 강한 '것', '줄', '바'는 내포문 명사로 쓰였을 때 '-오-'가 규칙적으로 실현되었다. 그런데 '앛'이나 '닷'처럼 부사적 의미를 지닌 의존명사가 쓰인 내포문은 '-오-'가 불규칙적으로 실현되는 경우도 있었다. '앛'이나 '닷'은 원래 명사성이 강한 보편성 의존명사이지만 '닷'의 경우 '-ᄋ로'라는 부사격조사가 결합되어 쓰이면서 부사성을 갖게 되고 이러한 조사와의 결합형이 높은 빈도로 쓰이게 되면서 부사성은 더 강해지게 되어 그 구문에서 '-오-'가 불규칙적으로 나타나게 된 것이다. 이와 같은 이유로 보편성 의존명사에 비해 비교적 명사성이 약한 부사성 의존명사 구문과 서술성 의존명사 구문에서는 '-오-'가 실현되지 않았다. 부사성 의존명사인 '쑨'은 'ᄒ다'와 긴밀하게 결합하는데, 선행하는 관형절보다 후행하는 서술어와 더 긴밀해졌기 때문에 서술적으로 기능하게 되고 결국 명사성을 잃어버려 '-오-'가 실현되지 않게 된 것으로 보인다. 서술성 의존명사 구문에서도 이와 마찬가지로 명사성의 약화로 인해 '-오-'가 실현되지 않는다.

'ᄉ', 'ᄃ' 계열의 의존명사는 각 항을 따로 두어 설명하였는데 이미 15세기에 문법화가 진행되어 어미로 굳어졌기 때문이다. 또 '-오-'의 선접 빈도가 일률적으로 나타나는 것이 아니라 항목마다 달리 나타나는 것은 항목마다 명사성의 정도가 다르기 때문이다. 'ᄉ' 계열은 시간의 의미를 갖고 있기 때문에 공간의 의미를 지닌 'ᄃ'보다도 추상성이 높아 어미화가 일찍 이루어졌기 때문에 '-오-'가 선접하는 경우를 찾을수 없다. 이미 중세국어에서 N2>N3의 변천을 겪었던 것이다.

관형화 구성의 의존명사 구문 중 부사성 의존명사와 서술성 의존명사는 내포문 구성에서 부사화 구성으로 변해가는 과정에 있기 때문에 명사성에 관여하는 '-오-'는 개재하지 않게 되는 것이다. 이러한 현상은 자립명사 구문과 비교하면 더욱 확실해지는데, 명사성이 강한 자립명사 구문에서는 '-오-'의 선접이 거의 필수적이었다가 16세기 이후에 이르러서 '-오-'가 소멸되어 가는 것을 볼 수 있다. 이상을 정리해 보면, '-오-'는 명사성에 관여하며 자립명사 구문에서는 필수적으로 선접되고 상대적으로 명사성이 약한 의존명사 구문에서 먼저 동요를 시작한다. 그리하여 16세기에는 의존명사 중에서도 명사성이 약한 부사성 의존명사나 서술성 의존명사 구문에서 먼저 소멸하고, 자립명사 구문에서도 동요를 보인다. 그러다가 17세기에 이르러서는 의존명사 구문에서 완전히 소멸하게 되고, 관용적으로 사용되는 어미에만 화석화되어 남게 되는 것이다. 이러한 사실을 통해 '-오-'가 명사성을 가지고 명사구내포문을 구성하는 데에 관여했다는 것을 확인할 수 있다.

참고문헌

고영진(1997), 『한국어의 문법화 과정』, 국학자료원.

권영환(1996), 「매인이름씨 구성의 씨끝되기에 대하여」, 『우리말연구』 제6집, 우리말글학회.

권재일(1985), 「현대국어의 의존명사 연구」, 『천시권 박사 환갑기념 국어학 논총』.

권재일(1987), 「의존구문의 역사성 - 통사론에서 형태론으로」, 『외국어로서의 한국어교육』 제12집, 연세대학교 언어연구교육원 한국어학당.

김용경(2002), 「문법화의 단계성에 대한 고찰」, 『한글』 제256집, 한글학회.

김일환(2009), 「불완전명사에 대한 계량적 접근」, 『어문논집』 제59집, 민족어 문학회.

김태곤(1986), 「중세국어의 의존명사 연구」, 『논문집』 제22집, 제주대학교.

김태엽(1990), 「의존명사 '것'의 문법화와 문법 변화」, 『우리말연구』 제8집, 우리말글학회.

서태룡(1979), 「내포와 접속」, 『국어학』 제8집, 국어학회.

신선경(1993), 「'것이다' 구문에 관하여」, 『국어학』 제23집, 국어학회.

안신혜(2015), 「의존명사의 명사성과 '-오-'의 실현 양상 연구」, 건국대학교 대학원 박사학위논문.

안주호(1997), 『한국어 명사의 문법화 현상 연구』, 한국문화사.

안주호(2001), 「공간 명사의 문법화에 대한 연구」, 『신라학연구』 제5집, 위덕 대학교부설 신라학 연구소.

안효경(2001), 『현대국어 의존명사 연구』, 역락.

우형식(1995), 「의존명사 '것, 바, 줄'의 분포와 의미 기능」, 『한어문교육』 제3 집, 한국언어문학교육학회.

이성하(1998), 『문법화의 이해』, 한국문화사.

이주행(2009), 『한국어 의존명사 연구』, 한국문화사.

전정례(1991), 「중세국어의 명사구내포문에서의 '-오-'의 기능과 변천」, 서울 대학교 대학원 박사학위논문.

전정례(2005), 『언어변화이론』, 박이정.

정수현(2012), 「15세기 관형화 구성에 나타난 선어말어미 '-오-' 연구」, 『겨레어문학』 제48집, 겨레어문학회.

정재영(1997), 『의존명사 'ᄃᆞ'의 문법화』, 태학사.

최대희(2013), 「'-오-'의 실현과 의존명사 명사성과의 상관성 연구 -15세기 문헌을 대상으로-」, 『한말연구』 제32집, 한말연구학회.

최대희(2014), 「'-오-'의 소멸과 명사구내포문 구성 변천과의 상관성」, 『국제어문』 제62집, 국제어문학회.

최대희(2015), 「관형화 구성에서의 '-오-'의 실현」, 『인문과학연구』 제44집, 강원대학교 인문과학연구소.

허   웅(1975), 『우리 옛말본』, 샘출판사.

황경수(2000), 「중세국어 의존명사의 문법화에 대한 연구」, 『인문과학논집』 제20집, 청주대학교 인문과학연구소.

황경수(2001), 「중세국어 의존명사의 의미기능에 대한 연구」, 『언어학연구』 제5집, 한국중원언어학회.

황경수(2004), 「중세국어 의존명사의 분포」, 『언어학연구』 제8집, 한국중원언어학회.

연결어미, 종결어미에서의 '-오-'*

정수현

1. 서론

15세기 국어의 연결어미·종결어미에 관여한 '-오-'와 관련한 연구

---

* 본 논문은 필자의 2011년 8월 건국대학교 대학원 박사학위논문의 4장과 5장을 수정 보완한 것임을 밝힌다.

는 양태로 설명하고자 하는 '의도법'과 통사적 기능에 초점을 맞추어 설명한 '인칭법'이 대립을 이루었다.[1] 그렇지만 연결어미·종결어미에서의 의미적 기능에 대한 관점은 양쪽의 생각이 어느 부분 통하는 면이 있어 보인다. 통사적 구조로 풀이하기를 시도한 인칭법에서도 예외적 예는 문장의 의미에 따라 인칭에 관계없이 '-오-'가 나타난다고 풀이하고 있기 때문인데 이러한 풀이는 의미적으로 접근한 것이라고 볼 수도 있다. 이숭녕(1959)에서는 허웅의 형태·통사적인 접근 방식과 대립을 이루었으며 하나의 일관된 원리로 설명해야 할 것을 강조하며 의도법으로 '-오-'를 설명하였다. 주어 행동의 주관성 파악에 '-오-'가 개입되며 인칭과는 전혀 관련이 없다고 주장하였다. 의도법은 연결어미·종결어미에 관여하는 '-오-'를 인칭법으로 다루었을 때 나타나는 많은 예외들을 비판하면서 '-오-'가 갖는 의미적 기능을 파악하여 명사형·관형사형에 관여하는 '-오-'와 연결어미·종결어미에서의 '-오-'를 의도가 있고 없음으로 해석하려 하였다. 그러나 의도법은 의미적인 기능에 지나치게 기대어 설명하였기에 통사적 기능의 규명에는 소홀했던 것으로 보인다. 따라서 '-오-'를 연구할 때에는 먼저 통사적 구성 방식에 따라 그 기능을 분석하여야 하며 그것을 바탕으로 하여 차이점과 공통점을 찾아내야 할 것이다. 명사형·관형사형에 관여하는 '-오-'와 연결어미·종결어미에 나타나는 '-오-'는 15세기에도 어느 정도 그 통사적 기능이 달라서 하나의 원리로 설명해 내기에는 다소 무리가 있어 보인다. 본 논문은 '-오-'의 기본적인 통사적 기능을 명사구내포문 구성이라는 기능에 두고 그에 따른 의미적 기능으로서 내포문이 갖는 강조나 초점 혹은 의도 등을 추론해 내어 명사형·관형사형에 관여하는 '-오-'와 연결어미·종결어미에 관여하는 '-오-'가 본질적으로는 같은 형태소였음을 밝히는 일련의 과정이다.

---

1) '인칭법'은 명사형·관형사형 어미와 분리하여 설명하기를 꾀하는 이원론적 관점이며 '의도법'은 명사형·관형사형 어미와 함께 설명하기를 꾀하는 일원론적 관점이다.

이러한 차이점과 공통점을 찾아내는 과정에는 또한 통시적 고찰도 매우 중요하다. 본 논문에서는 연결어미·종결어미에서의 '-오-'가 16세기 이후에 어떠한 방향으로 변천하고 있는지를 살펴 그 방향성이 일치함을 근거로 하여 명사형·관형사형에서의 '-오-'와 연결어미·종결어미에서의 '-오-'가 동일한 형태소였을 가능성에 대해 논의해 보고자 한다. 한 형태소를 연구함에 있어 중요한 것은 한 형태소가 변천을 겪고 있다면 공시적 접근뿐만 아니라 통시적 접근도 함께 이루어져야 한다는 것이다. 또한 그러한 구성이 갖게 되는 의미적인 기능까지도 함께 고려하여 탐구해야 보다 정확한 형태소의 기능을 알아낼 수 있고 그것을 바탕으로 의미적 기능과 변천의 방향까지도 추론해 볼 수도 있게 된다. 이를 통해 연결어미와 종결어미 앞에서의 '-오-'의 기능이 일인칭에 주로 나타날 수 있는 동시에 화자의 의도가 담긴 초점이나 강조 등으로 해석할 수 있는 가능성에 좀 더 접근할 수 있겠다.

본 논문에서는 연결어미·종결어미에 쓰인 '-오-'와 관련된 어미들을 모두 연구 대상에 포함한다. 여기에서 어미의 목록은 다음의 전정례(1991)의 목록을 기본 목록으로 삼는다.2)

○ 연결어미에 쓰인 '-오-'
    -오니, -오딕, -오려, -오리니, -노니
○ 종결어미에 쓰인 '-오-'
    -오라, -오이다, -오니라, -노라, -노이다, -오리라, -오리이다, -논가,
    -노닛가, -온가, -오리잇가, -오리잇고, -오마

---

2) 위의 형태들을 기초로 하나 그 분포 환경이 같다고 판단되는 다음의 이형태들도 포함한다. 전정례(1991:23)에서 이 형태들이 선어말어미 '-오-'와 분포 환경이 같다는 것을 지적하고 있다.
    ○ 이로라, 이로니, 이로딕
    ○ -샤딕
    ○ -다라, -다이다, -다니
    ○ -가라, -가니, -가니오, -가뇨
    ○ -과라, -과이다

본 논문은 15세기의 연결어미·종결어미가 쓰인 구문들과 명사구 내포문과의 상관성을 살펴보는 동시에 16세기 이후에는 어떤 변화를 보이는지에 대해 살펴 '-오-'가 관여한 어미의 변천을 설명해 보고자 한다.

2. 내포와 접속의 관계

우리말에서는 내포문이든 접속문이든 모두 어미에 의해 실현되기 때문에 문장에 관한 연구는 모두 어미에 대한 연구로 진행되었다. 권재일(1986)에서는 내포문과 접속문 구성은 문장 구성론에서 다루어야 하며 의향법, 시제법, 주체-존대법은 문법 범주론에서 다시 체계화될 수 있다고 하였다. 하지만 문장 구성의 변화로 인해 문법 범주의 실현 또한 달라질 수도 있기 때문에 통시적 연구를 통해 언어의 변화를 관찰할 때, 문장 구성론과 문법 범주론은 적당히 뒤섞여야 할 것이다. 본 논문에서 살필 '-오-'의 경우가 대표적인 경우라 할 수 있겠다. '-오-'는 복합문 전체에서 나타나지만 내포문을 구성하던 것이 접속문을 구성하게 되고 더 나아가서는 다른 어미들과 긴밀하게 결합하여 점차 굳어져 화자의 의향, 양태, 서법 등을 실현하는 문법 범주로 나타난 것일 수 있기 때문이다.

서태룡(1979ㄴ)은 의미의 초점이 놓인 구성 요소의 차이 때문에 접속어미에 의한 접속문이 의미론적 모호성을 갖는데 이는 표면의 형태에 의한 내포문과 접속문의 구별은 기저의 의미까지를 고려하지 않은 것이라고 설명하였다. 따라서 내포문과 접속문의 기저를 같은 논리로 설정할 수 있으며 접속문이 명사구내포문과 동일한 의미로 해석될 수 있다고 하였다. 유현경(2002)에서는 우리말에서 접속과 내포는 어말어미에 의해 실현되며 어말어미가 용언에 붙어서 문장들을 잇기도 하고 안기게 하기도 하는데 어말어미는 모두 용언에 붙어 분포함으로써, 접속과 내포는 그 구분을 문맥에 의존할 수밖에 없어서 접속과 내포는 하나의 범주로 묶일 수 있다고 하였다. 또한 우리말에서 어말어미의 가장 기본적인 속성은 용언이 문장의 여러 가지 성분으로 기능할 수 있게 해 주는 것인데 내포의 근본적인 기능은 용언이 다른 품사의 기능을 하게 하는 것이고 접속과 내포가 구조적으로 구별되는 별개의 형태 범주가 아니라고 하였다.

중세국어 명사구내포문에 쓰인 '-오-'가 어떻게 하여 연결어미·종결어미에서는 서법을 실현하는 범주가 되었는지는 단순히 '-오-'의 소멸로 인한 것이라는 설명으로는 부족하다. '-오-'의 통사적 기능과 의미적 기능을 함께 고려해 보아야 보다 명확하게 설명을 할 수 있을 것이기 때문이다. 먼저 내포문의 의미적 기능에 대하여 살펴보자.

(1) 수현이가 노래를 불렀다.
(2) 수현이가 노래를 불렀다니까.
(3) 수현이가 노래를 불렀다고.

위의 문장에서 강조나 초점3)이 어디에 놓이는지 살펴볼 필요가 있다. (1)은 단순문으로 문장 (1)에서는 목적어인 "노래를"에 초점이 있다. 문장 안에는 덜 중요한 정보와 더 중요한 정보가 있는데 (1)에서는 일반적으로 "노래"가 중요한 정보로 인식되며 좀 더 중요한 정보에 초점이 놓이기 마련이다. 타동사인 경우 목적어에 더 중요한 정보가 있다고 인지되기 때문이다. 그러나 (2), (3)의 문장에서는 종결어미에 의해 초점이 "불렀다"로 이동하는 것을 볼 수 있다. 다음의 예문을 보자. (4)는 명사화 구성이며 (5)는 관계화 구성, (6)은 보문화 구성이다.

---

3) 본 논문에서의 '강조', '초점' 모두 같은 의미로, 정보의 강조로 해석한다.

(4) 우리는 비가 오기를 기다린다.

(5) 내가 먹던 곶감이 없어졌다.

(6) 그가 이혼한 사실이 세상에 알려졌다.

(4)에서는 "비가 오다"가 명사화소 '-기'와 통합하여 목적어의 구실을 한다. 따라서 '기다리다'의 목적어(NP)인 "비가 오기"에 초점이 있음을 느낄 수 있다. 또한 관계화 구성인 (5)의 경우에는 안은문장의 "없어졌다"에 걸리는 "먹던 곶감"에 초점이 있다고 볼 수 있는데 이는 초점이 내포문 안에 있는 것이다. 보문화 구성인 (6)의 경우 통사 구조적으로 요구되는 용언 앞에 초점이 나타나는 경우가 대부분이다. 그러나 정보의 중요도에 따라 초점이 옮겨갈 수도 있다. 특히 이런 보문화 구성에서는 "이혼=사실"이 성립되므로 "이혼한 사실"에 함께 초점이 주어진다고 볼 수 있는데, 이 역시 안긴문장 안에 초점이 있다고 볼 수 있다. 이렇게 내포문 구성에서 초점, 강조의 의도가 '안긴문장'에 있다는 것은 '-오-'의 기능과 그 기능의 변화를 설명하는 데에 중요한 근거를 제공한다.

15세기 '-오-'는 명사구내포문 구성에서 가장 많이 나타나지만 연결어미·종결어미에서 '-ㄴ, -ㄹ, -ㅁ' 앞에서 나타나는 '-오-'의 기능은 명사구내포문으로 설명할 수만은 없다. 분포는 같지만 설명은 다르게 해야 할 것이다. 15세기 '-오-'와 관련한 연결어미와 종결어미가 현대국어의 의미 기능과 거의 비슷한 구성들로 보이지만, 이 구성들 중에는 명사구내포문과 같이 명사성을 지닌 것으로 볼 수 있는 특수한 구문들이 상당수 존재한다. 우리는 여기서 다음과 같은 가설을 세워 볼 수 있다. 중세국어에서 '-오-'는 명사구내포문을 구성하여 명사성을 가지게 하는 요소로 기능하면서 강조, 초점 등의 양태적 의미 기능을 수행하며 쓰이다가 '-오-'의 소멸과 함께 명사성을 잃어 가면서 부사화, 접속문화하여 양태적 기능만을 갖는 변화를 경험한다는 것이다. 동일 형태소의 쓰임에서 있어 명사성을 잃으면서 양태적 의미 기능을 수행하는 과정과 이유를 앞서 살핀 내포문 구성에서의 '초점'에서 얻을 수 있다는 것이다. 다시 말해 초점은 말할이의 강조의 의도가 들어 있는 개념으로, 내포문에서 안긴문장 안에 초점이 있다는 것은 그 안에 의도가 개입될 수 있다는 것을 의미한다.

한편, 복합문 구성에서는 통사적인 구성이지만 형태론적 구성으로 인식될 수 있는 경우도 있는데 이웃하는 성분이 매우 긴밀하게 통합하는 경우에 생긴다. 예를 들어, 현대국어에서 '-게 하다', '-어 하다'의 구성의 경우 분명한 통사론적 구성이지만 하나의 굳어진 형태로서 형태론적 구성으로 인식되기도 한다. 그렇지만 형태론적으로 인식될 뿐이며 이러한 구성을 분석할 때에 근본적으로 통사론적 구성이므로 통시적 연구를 통한 통사적인 접근이 일차적으로 이루어져야 하며, 한편으로는 어떻게 하여 통사론적 구성이 형태론적으로 인식될 정도로 옮겨 갔는지에 대한 설명이 이루어져야 하는 것이다.

3. 연결어미, 종결어미와 '-오-'

3.1. 연결어미에서의 '-오-'

3.1.1. -오딕

15세기에 빈번하게 나타나는 연결어미 '-오딕'는 주로 '-오-'를 항상 선접하는 연결어미로 설명되어 왔는데 이에 대한 연구는 '-오딕'가 나타나는 문장의 의미와 관련한 연구들이 대부분이었다. 한편, 전정례(1991)에서 기존의 다른 연구들과는 다르게 '-오딕' 구문에 대해 형태·통사론적인 분석을 해 보였다. '-오딕' 구문의 통사론적 분석을 통해 '-오딕' 구문의 통사 구성이 명사적 기능을 하는 것으로 분석할

수 있는데 그 근거로 본래 관형사형 어미 '-ㄴ', '-ㄹ'이 통합되어 있는 형태였을 가능성을 가정하였다. 이러한 가능성은 전정례(2000)에서 석독구결 자료를 통해 확인하는 연구를 통해 '-온딕/-올딕'>'-오딕'의 통시적 변천 과정의 타당성이 있음이 입증되었다.4) 장윤희(2009)에서는 석독구결을 대상으로 하여 중세국어 연결어미 '-오딕'의 형성 과정에 대한 고찰이 문법 요소의 기능적 측면까지 충분히 고려한 것은 아니었음을 지적하였다. 이승재(1995)의 연구를 지지하면서 '-ᄒ ᄼ ᅀ, -ノ ᄀ ᅀ' 구성에서 통시적으로 '-ᄼ, ᄀ'이 탈락함으로써 중세국어의 '-오딕'가 형성된 것은 사실로 보이는데 이는 고대국어의 '-ᄒ ᄼ ᅀ, -ノ ᄀ ᅀ'와 중세국어의 '-오딕' 사이에 의미·기능상의 공통성이 분명히 발견되기 때문이라고 하였다. 중세국어의 연결어미 '-오딕'는 이른바 "引用"에 해당하는 용법으로 쓰이는 경우가 많은데 뒤에 직접인용문이 오는 경우에 화법동사와 통합하여 '닐오딕 S (ᄒ-)'와 같은 구문구조를 이루는 일이 일반적인데 이 구성은 이현희(1994)에 따라 S가 '니른-'의 보문에 해당하는 'S (ᄒ야) 니른-' 구성에서 '니른-'가 원래 자리에 대동사 'ᄒ-'를 남기고 S 앞으로 전치되면서 '-오딕'와 통합하여 형성된 것으로 파악하였다. 전체적으로 '-오딕' 구문을 살펴보았을 때 '-오딕'의 의미는 "前提" 혹은 "설명의 연속" 정도의 의미를 표시하는 것으로 볼 수 있다고 하였다. 또한 이런 '-오딕'의 쓰임은 '-ᄒ ᄼ ᅀ, -ノ ᄀ ᅀ'와 통시적으로 이어지는 구성으로 '-ᄒ ᄼ ᅀ, -ノ ᄀ ᅀ'이 "~함에 있어서" 또는 "~할 때에" 정도의 의미로 해석되어 후행하는 내용의 전제처럼 해석되는 것은 처격어로서의 성격을 유지하고 있기 때문에 나타난 결과로 볼 수 있다고 하였다.

---

4) 황선엽(2002)에서도 -온딕(-ᄒ ᄀ ᅀ)는 선어말어미 '-오-', 관형사형 어미 '-ㄴ', 의존명사 '-ᄃ', 처격조사 '-의'가 통합하여 형성된 것으로, -올딕(-ᄒ ᄼ ᅀ)는 '-온딕'와 관형사형 어미만 다를 뿐, 의미나 기능, 형태적 구성도 같은 것으로 추정하였다. 다만 '-온딕'가 후대로 가면서 소멸한 반면 '-올딕'는 의존명사 'ᄃ' 앞에서 '-ᄼ'가 탈락하는 현상으로 인해 '-오딕'로 변화하게 되었다고 하였다.

이러한 연구들은 단순히 '-오딕'를 두고서 다른 '-오-'와 결합하는 어미들과 다름을 발견하여 '-오-'가 없어서는 안 되는 연결어미로 풀이하는 것을 넘어서서 명사구내포문을 구성하였던 '-ㄴ, -ㄹ'과 역사적으로 결합했던 형태를 재구함으로써 '-오-'의 기능을 증명하는 데에 더욱 단단한 근거가 된다. 이 장에서는 '-오딕' 구문을 분석함에 있어서 앞선 연구들의 재구된 형을 고려하여 전정례(1991)를 정리하고 보충하여 '-오딕'가 명사구를 이루었을 가능성을 제시해 볼 것이다. 15세기의 '-오딕' 구문은 주로 인용문, 접속문 구성에 나타난다.

먼저, 인용문 구성에 나타난 '-오딕' 구문을 살펴보자. '무로딕', '닐오딕', '對答ᄒ오딕', '너교딕', '술ᄫ오딕' 등으로 '-오딕' 구문의 상당히 많은 수가 인용문에서 나타난다.

(7) 蜜多羅ㅣ對答ᄒᅀᄫ오딕梵書佉留書로ᄀᆞᄅ치ᅀᄫ오리이다 (석상3:8)

(8) 다ᄉᆞᆺ줄깃蓮花ᄅᆞᆯ사아錠光佛ᄭᅴ받ᄌᆞᄫᇙ쩌긔네發願을ᄒ오딕世世예妻眷이ᄃᆞ외져ᄒᆞ거늘 (석상6:8)

(9) 그ᄯᆞᆯᄃᆞ려무로딕그딋아바니미잇ᄂᆞ닛가 (석상6:14)

(10) 護彌닐오딕그리아니라 (석상6:16)

(11) 臣下ᄃᆞᆯ히王ᄭᅴ술ᄫ오딕太子ㅣ布施ᄒᆞ샤衆生濟度호리라盟誓ᄒᆞ시니 (월석11:9)

(12) 내처섬道場애안자세닐웻ᄉᆞ싀ᄅᆞᆯᄉᆞ랑ᄒᆞ요딕내得혼智慧ᄂᆞᆫ微妙ᄒᆞ야第一이언마른 (석상13:57-56)

(13) 藥王아ᄒᆞ다가사ᄅᆞ미무로딕엇던衆生이未來世예반ᄃᆞ기부톄ᄃᆞ외료ᄒᆞ거든뵈요딕이사ᄅᆞᆷᄃᆞᆯ히未來世예반ᄃᆞ기부톄ᄃᆞ외리라 (월석15:43)

앞선 연구에서 '-오딕'가 '-온딕/-올딕' 따위에서 기원한 것으로 설명이 되었다는 것을 밝혔었는데 '-오딕'의 형태소 분석을 해 본다면 [-오-+-ㄴ/-ㄹ+ᄃᆞ+익]가 된다.

다음은 접속문에 나타난 '-오디' 구문의 예이다.

(14) 우리祖上애셔쏘더신화리ㄱ초아이쇼디祖ᄂ한아비니上ᄋ한아비롯 우흘無數히티닐온마리라 (석상3:13)

(15) 그나랏法에붏텨사ᄅ 믈모도오디통부플티면十二億사ᄅ미몬고 (석 상6:28)

(16) 디나건오란劫에毗婆尸如來ㅅ像法後에나라히이쇼디일후미波羅 榇러라城아니머리뫼히이쇼디일후미聖所遊居ㅣ러니 (석상11:17)

(17) 菩薩이無量阿僧祇劫에父母孝養ᄒᄉ보디菩薩ᄋ즈걋모ᄅ니ᄅ 시니라 (석상11:22)

위의 예들은 사실이나 설명을 나타내는 접속어미로 쓰였거나 의미
상 대조되거나 양보를 나타내는 접속어미로 쓰였다. 그런데 다음과
같은 예문은 위의 예들과 다른 면이 있다.

(18) 내太子를셤기ᄉ보디하ᄂᆞᆯ셤기ᅌᆞᆸ 듯 ᄒ야 (석상6:4)

(19) ᄯᅩ虛空애싸히ᄃᆞ외야싸ᄒᆞᆯ블보디믈넓듯 ᄒ고ᄆᆞ를블보디싸넓듯 ᄒ더니 (석상6:34)

(18)은 "내가 태자를 섬기"는데 "하늘 섬기듯 섬긴다"는 것인데 현
대국어로 자연스럽게 고쳐 본다면 "내가 태자를 섬기는 일을 하늘 섬
기듯 섬기다." 정도가 될 것이다. (19)도 "땅을 밟음을 물 밟듯 밟고
물 밟음을 땅 밟듯 밟다."는 내용이다. 이렇게 명사구로 해석하여도
무리가 없는 사실로 미루어 IC분석을 해 본다면 다음과 같다.

(18′) 내[[太子를셤기ᄉ보디]S]NP하ᄂᆞᆯ셤기ᅌᆞᆸ 듯 ᄒ야

(19′) ᄯᅩ虛空애싸히ᄃᆞ외야[싸ᄒᆞᆯ블보디]S]NP믈넓듯 ᄒ고[[ᄆᆞ를블보
디]S]NP싸넓듯 ᄒ더니

따라서 위의 문장은 목적어로 기능하고 있다는 명사구 구성이라고 할 수 있겠다. 이미 앞선 연구들에서 '-오디'가 '-온디/-올디'에서 왔다는 사실이 석독구결 자료를 통해 밝혀졌고 '-ㄴ, -ㄹ'이 명사성을 가지는 명사구내포문을 구성하는 어미라는 것을 고려한다면 '-오디' 구문의 통사적 기능이 주어와 목적어의 명사구를 구성하는 것이었음을 가정할 수 있다. 따라서 '-오디' 구문은 기원적으로 통사 구조상 명사구내포문이었을 가능성을 제기하면서 '-오-'가 명사구내포문 표지라는 일관된 주장을 뒷받침하고, 우리말에서 접속문은 내포문에서 기원했을 가능성을 확인할 수 있을 것이다.

3.1.2. '-오려'

15세기 국어에서 '-오려'는 거의 대부분이 'ᄒ다' 동사를 수반한다. 이러한 특징은 다른 연결어미와는 차별되는 특징이다.[5]

(20) 王이太子ᄉᆡ요려ᄒᆞ샤臣下모도아議論ᄒᆞ샤 (석상3:5)

(21) 므슴그를ᄀᆞᄅᆞ쵸려ᄒᆞ시ᄂᆞᆫ고 (석상3:8)

(22) 羅睺羅ᄃᆞ려다가沙彌사모려ᄒᆞᄂᆞ다홀ᄊᆡ (석상6:2)

(23) 또涅槃애드로려ᄒᆞ시니 (석상11:11)

(24) 몬졋法을體ᄒᆞ려홅뎬모로매 (석상21:20)

한편 '-오려'와 다른 동사들과 어울려 나타나기도 한다.

(25) 滾職돕ᄉ보려面折廷爭커든이ᄡ들닛디마ᄅᆞ쇼셔 (용가121)

(26) 한사ᄅᆞᆷ게게滅度ᄒᆞ려니ᄅᆞ샤授記ᄒᆞ야付托ᄒᆞ시고 (월석15:86)

(27) 곧四衆의게滅ᄒᆞ려니ᄅᆞ시니 (능엄1:19)

---

5) 'ᄒ다'가 줄어들어 다른 어미와 통합한 형태인 '커든', '커늘', '커시뇨', '터시니', '터니', '타가' 등으로 나타나기도 한다.

(28) 즉재衆의게滅ᄒ오려니ᄅ샤授記ᄒ샤付托ᄒ시며 (법화4:135)

(29) 그許可ᄅ因ᄒ야群生ᄋᆞᆯ濟度ᄒ오려盟誓ᄒ니라 (법화4:175)

(30) 菩薩大悲ᄂᆞ내죵애濟度ᄒ오려盟誓샷다 (법화5:53)

(31) 善男子아末世衆生아成道ᄒ오려ᄇᆞ라ᄃᆡ (원각하:3-1:65)

위의 예문 대부분이 '-ᄒ다'와 함께 나타난다. 현대국어에서 '하다'
는 동사로 쓰이기도 하며 보조동사, 보조형용사로 쓰이기도 하고 접사
로 쓰이기도 한다. 중세국어의 'ᄒ다'가 동사나 보조용언으로 쓰이는
것은 지금의 국어와 비슷하나 접사로 처리할 만한 '-ᄒ다'의 분포는
매우 적다. 중세국어 접사 '-ᄒ다'는 명사와 의존명사, 어근에 붙는다.6)
중세국어에서 '-ᄒ다'는 일부 명사와 결합하기는 하나 현대국어의 쓰
임에 비해 매우 제한적이다. 이것은 시간이 지나면서 '-ᄒ다'의 쓰임이
넓어지게 되었다는 것을 뒷받침해 준다.7) 그러므로 '하다'는 지금의
국어의 쓰임보다는 본동사로의 기능을 좀 더 많이 가졌을 것임이 분명
하다. 기본적으로 'ᄒ다'는 문장의 주성분 중 동작의 대상인 목적어를
필수적으로 필요로 한다. 그러므로 '-오려'가 가장 빈번히 나타난 구성
인 'ᄒ다'와 함께 쓰인 문장은 다음에서 살펴볼 '니ᄅ다' 따위와 함께
쓰인 '-오려' 구문과 마찬가지로 NP로 분석할 수도 있는 것이다.

---

6) 현대국어의 기준으로는 '흥하다, 망하다, 위하다'에서 '흥, 망, 위'가 어근으로 처리될 수
   있겠지만 이들은 한자로서 15세기 국어 당시에는 명사성을 어느 정도 가지고 있었을
   것으로 추측된다. 그러나 '착하다', '깨끗하다'와 같이 이미 중세국어에서 '착ᄒ다'와 'ᄀᆞᆺᄀᆞᆺ
   ᄒ다'로 나타난 어휘들의 '착', 'ᄀᆞᆺᄀᆞᆺ'과 같은 어근이 명사성을 가지는지는 밝혀보아야
   할 문제이다. 그래도 명사성을 어느 정도는 가졌을 것이라고 추정해 볼 수 있기도 한데
   그 예로는 '맛당ᄒ다'를 들 수 있다. 중세국어에서 '맛당'은 "시혹 時예 오나ᄃᆞᆫ 맛당ᄋᆞᆯ
   조차 說法ᄒ고 (법화5:15)"에서와 같이 명사의 자리에 나타난다. 그러나 지금의 '마땅'은
   반드시 '-하다'와만 쓰이는 어근의 쓰임을 갖는다. 이를 토대로 어근도 중세국어에서는
   명사성을 가졌을 것이라고 짐작해 볼 수 있겠다.

7) 문법화 이론에 따르면 쓰임이 많은 어휘에서 문법화가 쉽게 일어나는 것은 당연한 일이다.
   문법화란 어휘적 요소가 덜 어휘적인 요소, 즉 어휘소에서 문법소로 변화하는 것인데
   여기에서 '-ᄒ다'는 그 쓰임이 이미 많아 15세기 문헌에 나타난 예들도 이미 어느 정도의
   문법화의 과정에 있다고 판단할 수 있다.

'-오려' 구문은 'ᄒ다'를 수반하는 외에 주로 '니ᄅ다', '盟誓ᄒ다', 'ᄇ라다' 따위와 함께 쓰였는데 이러한 분포는 '니ᄅ다', 'ᄇ라다'가 쓰인 다른 문장들과 비교해 볼 필요가 있다. 다음은 <월인석보>에서 찾은 '니ᄅ다', 'ᄇ라다'가 쓰인 문장들이다.

(32) ᄯᅩ이ᄀ티ᄒ오ᄆᆫ 諸天이 恭敬ᄒ야向ᄒᅀᆞ보ᄆᆯ <u>至極호ᄆᆯ</u>니ᄅ시니라 (월석14:13)

(33) 現在集이未來苦닐<u>위요ᄆᆯ</u>니ᄅ니라 (월석14:33)

(34) 다ᄒ마일우다호ᄆᆫ ᄒ마큰ᄠᆮ<u>일우ᄆᆯ</u>니ᄅ니 (월석14:42)

(35) 雲自在ᄂᆫᄆᆞᅀᆞᆷ업시<u>物利호ᄆᆯ</u>니ᄅ시고 (월석14:52)

(36) 涅槃時節다ᄃᆞᆯᄒ샤ᄆᆫ 化緣이쟝ᄎᆞᄆᆞᄎᆞ샤ᄆᆯ니ᄅ시고衆이ᄯᅩ淸淨타ᄒ샤ᄆᆫ 根機ᄒ마<u>니구ᄆᆯ</u>니ᄅ시니라 (월석14:59)

(37) 제큰ᄠᅳ들슬바큰<u>法니ᄅ샤ᄆᆯ</u>ᄇ라니라 (월석14:42)

위의 예들에서 보는 바와 같이 '니ᄅ다, 바라다'는 명사구와 함께 나타나는 경우가 많았다. 위의 예문 (33), (35), (37)을 통사적으로 분석해 보면 다음과 같다.

(33′) 現在集이[[未來苦닐<u>위욤</u>]S]NP을니ᄅ니라

(35′) 雲自在ᄂᆫ[[ᄆᆞᅀᆞᆷ업시<u>物利홈</u>]S]NP을니ᄅ시고

(37′) 제큰ᄠᅳ들슬배[큰<u>法니ᄅ샴</u>]S]NP을ᄇ라니라

이처럼 '니ᄅ다'와 'ᄇ라다'는 목적어 역할을 하는 명사화 구성과 나타난다. 그런데 여기서 고려해 볼 것은 '니ᄅ다', 'ᄇ라다'와 함께 쓰인 '-오려' 구문들이 위의 (33′), (35′), (37′)와 같이 통사 구조적으로 NP 기능으로서 유사성을 보인다는 것이다. 따라서 '니ᄅ다'가 아닌 '맹세ᄒ다' 등의 다른 동사와 함께 쓰이는 '-오려' 구문도 명사적 성격을 지닌 것으로 확인할 수 있다. 즉, 이들 '-오려'가 쓰인 구문은 명사화

구문과 같이 분석이 가능하며 따라서 명사성을 가지고 있었을 가능성을 열어 두게 한다.

3.1.3. -오니/-노니

15세기 문헌에 나타난 '-오니' 구문은 현대국어의 '-니'와 통사적으로나 의미적으로나 차이가 거의 없다. '-오니'가 나타난 문장은 많은 구문에서 이미 연결어미로서 굳어진 것으로 볼 수 있다. 그러나 의미적으로 '-오니'가 연결어미로서 쓰인다고 할지라도 '-오-'가 결합하고 있으므로 앞에서 살펴본 '-오려, -오디' 구문과 마찬가지로 '-오-'와 '-ㄴ, -ㄹ, -ㅁ'이 결합하고 있는 다른 구성과 같이 명사성을 가지는 구문에서 비롯된 것일 가능성은 여전히 남아 있다고 볼 수 있기 때문에 '-오디' 구문의 분석에서 명사구내포문으로 분석될 수 있는 '-오니' 구문이 있다면 연결어미로 쓰이는 '-오니' 또한 본래 명사적 기능을 가졌던 것으로 가정해 볼 수 있을 것이다.

아래의 예는 '-오니' 구문이 'ㅎ다'와 공기하여 나타나는 예이다.

> (38) 우리둘히歡喜ㅎ야아래잇디아니ㅎ이둘得호니ㅎ다가世尊이各各
> 記ㅅ마기샤디(월석15:18)
> (39) 두류플머거믄득먹디몯돗호니ㅎ다가부텻授記롤닙ㅅ오면그려ㅅ훤
> 히安樂ㅎ리로소이다(법화3:65)

(39)는 '-오려'가 'ㅎ다'와 함께 쓰인 문장에서 'ㅎ다' 앞의 '-오려' 구문이 NP로 분석될 수 있는 것과 크게 다르지 않다. 따라서 다음과 같이 분석해 볼 수 있다.

> (39ʹ) 두류플머거믄득[[먹디몯돗호니]S]NP ㅎ다가

다음은 연결어미로서 쓰였다고 판단되는 구문들이다.

(40) 巫山애안조니또보미로다 (두시-초11:1)
(41) 벼개예굿브로니눉므리두그제로다 (두시-초11:30)

이렇게 NP로 분석이 가능하기도 하고 연결어미로 분석할 수도 있는 예들이 함께 나타나고 있다는 것은 연결어미화하는 과정에 있다고 말할 수 있는 근거가 된다. 이러한 분석은 의미적인 측면에서도 살펴볼 수 있다. 따라서 통사 구조상에 있어서 명사구를 이룰 가능성도 생각해 보고 명사구내포문이 갖는 의미적 기능 또한 함께 고찰해 볼 필요가 있다.

명사구내포문에서 '-오-'가 점차 명사성을 잃어가면서 명사구내포문을 이루던 통사 구조가 부사화하거나 접속문화하는 예들을 통해 선어말어미 '-오-'가 명사성을 잃어감에 따라 소멸하고 있다는 사실을 우리는 알고 있다. 그러나 위의 예문들처럼 연결어미로 보고 있는 구성 중에서 명사성을 발견할 수 있는 예들과 그렇지 않은 예들이 혼재한다는 사실은 NP>ADVP의 과정을 거쳐 점점 연결어미화하고 있음을 나타내 주는 현상이라고 생각할 수 있다. '-오니, -노니' 구문은 '-오딕' 구문이나 '-오려' 구문과 비교했을 때 명사구내포문으로 바꾸어 볼 수 있을 만한 구문의 수가 적은데 그 이유는 '-오딕', '-오려'보다 먼저 변천을 입어 '-오니'의 쓰임의 상당수가 이미 명사성을 잃고 서법적으로 기능하게 되는 과정에까지 변천이 일어난 것으로 해석할 수 있을 것이다.

다음은 '-노니' 구문이다.

(42) 人日에그를서草堂애보내노니故人이故鄕ᄉ랑호믈아ᄉ라히슬노라 (두시-초11:4)

(43) 옳人日에흔갓서르亽랑ᄒ노니오는 힝人日엔아노라어듸가실고 (두
시-초11:4)

(44) 뜬人生애萬物의改變호ᄆᆯ보노니슬허ᄒ요ᄆᆫ 히로다믓깁ᄂ다 (두
시-초11:10)

'-노니'가 쓰인 구문은 15세기 이후에도 대부분 '-노니'로 나타나는
데 이렇게 '-노니'가 다른 연결어미들에 비해 일찍 굳어진 형태로 나
타난 이유는 현재임을 나타내는 '-ᄂ-'가 '-오니'와 결합하면서 의미
적으로 긴밀하게 결합하여 나타난 현상일 것으로 추측된다. 명사형·
관형사형에 필수적으로 관여한 '-오-'와 견주어 연결어미·종결어미
에서의 '-오-'가 마치 분리할 수 없을 것처럼 한 덩어리로 느껴지는
것은 통사 구조적 해석보다는 의미적 해석을 거쳐야만 설명할 수 있
을 것이다.

3.1.4. -오리니

15세기의 '-오리니'는 명사성을 느낄 수 없을 만큼 어미로 굳어져
나타난다. 이미 많이 문법화된 것으로 보인다.

(45) 舍衛國에도라가精舍이ᄅ 亽보리니 (석상6:22)

(46) 一切外道이얽ᄆᆡ요ᄆᆯ 버서나게호리니ᄒ다가 (석상9:8)

(47) 이經을너비닐오리니엇뎨어뇨ᄒ란ᄃᆡ (석상19:37)

(48) 世尊ㅅ勅다히다奉行ᄒ 亽보리니世尊하분별마ᄅ쇼셔 (석상20:3)

(49) 한사ᄅᆷ도쏘그리케코져願호리니이大利安樂供養이라 (법화5:40)

'-오리니'는 현대국어 '-ㄹ 것이니' 구성으로 바꿔볼 수 있는데, 현대
국어 '-ㄹ 것이니'로 바뀌는 과정은 16세기 이후의 문헌에서 몇 개의
구문의 변화에서 볼 수 있다.

(50) 내몬져가뎌둘흘ㄱ라와자게호리니네쏘뎌러로오나라 (번노상:57)

　　　내몬져가뎌둘흘ㄱ라와자게홀 써시니네쏘뎌러로오나라 (노언상:52)

(51) 내너를두량은만주리니즐기거든곧폴오 (번노하:22)

　　　내너롤두냥은을줄써시니즐기거든폴고 (노언하:20)

‘-오리니>-ㄹ 써시니’의 변화를 설명하기 위해서는 두 구문 사이의 의미적 연관성을 고려하여 생각해 볼 필요가 있다. 최대희(2010)에서는 17세기의 국어에 나타난 ‘-ㄴ/ㄹ 것’의 구조에서 ‘것’이 완전이름씨와 같은 기능을 함으로써 통어론적 구성으로 인식되는 매김마디 구조와 서로 이웃하고 있는 ‘-ㄴ/ㄹ’과 ‘것’ 사이에 긴밀한 통합관계가 이루어져 있다고 하였다. 그 결과 결합관계로 인식되고 있는 이름마디 구조, 둘 사이에 더 긴밀한 통합관계가 이루어져 양태적 기능을 하는 ‘-ㄴ/ㄹ 것이-’ 구조가 있다고 보았다. 이 세 가지 구조 역시 문법화의 과정으로 설명할 수 있을 것이다. 사람들이 사용하는 빈도가 높을수록 문법화가 더 많이 진행되기 마련인데 ‘-ㄹ 것’ 구성은 이미 16세기에서부터 많이 쓰였다. ‘것’의 빈도가 많아지고 또한 주로 ‘-ㄴ, -ㄹ’과 함께 나타나면서 명사와 같은 기능을 하는 구성에서 양태적 기능을 하게 되는 단계에까지 이르는 것이다. 이는 ‘-오리니’ 구성이 명사성을 잃어 어미화하는 과정에서 내포문이 갖는 의미적 기능을 통사적 구성에 의해 보충하려는 과정이 일어났을 가능성을 고려해 볼 수 있겠다.

3.2. 종결어미에서의 ‘-오-’

15세기의 문헌에서 종결어미는 ‘-오-’의 문법화가 완성되어 나타나는데 이는 ‘-오-’가 명사성을 잃고 NP>ADVP>VP의 문법화가 일어난 것으로 볼 수 있다. 물론 이때에도 ‘강조’ 등의 양태를 나타내는 의미적 기능은 남아있을 것으로 본다. 15세기의 종결어미 중 ‘-오-’가 개재하는 어미로는 '-오라, -오이다, -오니라, -노라, -노이다, -오리라, -오리이다, -논가, -노닛가, -온가, -오리잇가, -오리잇고, -오마'를 설정할 수 있다.

3.2.1. -오니라

15세기의 문헌에 나타난 '-오니라'가 쓰인 문장은 모두 문장을 종결하는 역할을 하는 자리에 나타났다. 그리고 '-오-'가 사라진 형태의 수가 더욱 많다. 다음은 '-오니라'가 보인 문장들이다.

(52) 舊는녜오卷은글월ᄆᆞ로니라 (월석1:서18-19)

(53) 軸은글월ᄆᆞ로니라 (월석1:서22)

(54) 泥團은ᄒᆞᆰ뭉긔요니라 (월석11:62)

(55) 樂說辯은곧四辯엣모도자보니라 (법화1:39)

그리고 '-오-'가 선접하지 않은 형태 '-니라' 형태가 더 많이 나타나고 있다.[8] 특히 아래의 <월인석보>의 예를 본다면 '근하다'는 '근ᄒᆞ니', '근ᄒᆞ되'와 같은 꼴로 나타지만 '*근ᄒᆞ니라'의 꼴은 보이지 않는다. 이는 종결어미 '-오니라'가 일찍이 명사성을 잃으면서 화석화하여 서법적 기능만을 담당하게 된 것으로 설명할 수 있겠다.

(56) 내世尊보ᅀᆞᆸ고져ᄇᆞ라미ᄯᅩ이근ᄒᆞ니라 (월석10:5)

(57) 우리는다부텻아ᄃᆞᆯ근ᄒᆞ니如來샹네우리를아ᄃᆞ리라니ᄅᆞ시니이다
   (월석13:32)

(58) 草木은다셋ᄂᆞᆫ類니셋논흔싸히근ᄒᆞ며저지논흔비근ᄒᆞ되크며져구

---

8) 15세기 문헌에 나타난 예들은 다음과 같다.
   二萬魔妻는寶縷자바侍衛ᄒᆞᅀᆞᆸ보니라 (석상3:2)
   群臣과婇女와諸天괘풍류ᄒᆞ야존ᄌᆞᄫᅡ가니라 (석상3:4)
   百官은온그위니한臣下ᄅᆞᆯ니ᄅᆞ니라 (석상3:7)

믜달옴이슈믄불휘제다롤씨니라 (월석13:47)

연결어미에서 명사성을 가진 것으로 분석해 낼 수 있는 구문들이 종결어미에서보다 그 수가 많았는데, 이렇게 동일 형태소가 관여하는 연결어미와 종결어미에서도 문법화의 정도가 다른 것은 한국어의 문장 구성상 의향을 나타내는 범주가 어미에 의해 실현되기 때문일 것이다. Bybee(1994)에서는 'must', 'should', 'may'의 의미적 특성을 설명하는 데에 있어서 'must'는 강한 의무와 추론된 확실성, 'should'는 비교적 약한 의무와 개연성, 'may'는 능력과 가능성을 나타내는데 이렇게 발달하는 경로는 "동작주 지향적→화자 지향적/인식적→종속적"으로 흐른다면서 하나의 단일 문법형태가 분리된 경로에 따라 다중적인 종속절 쓰임으로 발달할 수 있음을 제시하였다. 이러한 논리는 중세국어의 선어말어미 '-오-'가 어미화하면서 연결어미와 종결어미 사이에서도 정도성의 문제가 생기는 현상을 이해할 수 있게 한다. 이것은 언어에서 중요한 것은 정보 전달뿐만 아니라 화자의 태도, 의미를 전달하는 일이라는 것을 알게 하는데 언어는 기능하면서 변화하는 과정 속에 늘 노출되어 있고 이때 소통 수단으로서 화자의 의도나 의향을 잘 전달할 수 있는가의 기능이 중요하게 작용할 수 있는 것이다. 따라서 같은 명사구에서 기원하였다 하더라도 연결형과 종결형 중 서법·양태를 전달하는 종결어미에서 더 일찍 명사성을 잃게 되어 먼저 '-오-'가 소멸하게 되었다고 설명할 수 있을 것이다.

3.2.2. -오라/-노라/-오리라

다음은 '-오라', '-노라'의 예이다.

〈-오라〉
(59) 太子ㅣ道理일우샤ᄌᆞ개慈悲호라ᄒᆞ시ᄂᆞ니 (석상6:5)

(60) 몯得혼法을<u>得호라</u>ᄒ며몯證혼道理ᄅᆞᆯ證호라ᄒ야 (석상9:13)

(61) 增上慢ᄒᆞᆫ논젼ᄎᆞ로ᄆᆞᆺ미ᄀᆞ리ᄂᆞ니그럴씨제<u>올호라</u>ᄒ고ᄂᆞᆫᄆᆞᆯ외다
ᄒ야正法을비우ᅀᅥ魔이ᄒᆞᆫ黨이ᄃᆞ외리니 (석상9:14)

〈-노라〉

(62) 네가짓受苦ᄅᆞᆯ위ᄒ야<u>ᄒ노라</u>ᄒ시고 (석상3:35)

(63) 내닐오ᄃᆡ菩薩이ᄃᆞ외야劫劫에<u>發願行ᄒ노라</u>ᄒ야 (석상6:8)

(64) 護彌닐오ᄃᆡ소리<u>쑨듣노라</u> (석상6:15)

'-노라'의 경우는 연결어미의 '-노니'가 굳어져서 나타난 과정과 같
이 현재임을 나타내는 '-ᄂᆞ-'로 인해 더욱 굳어진 것으로 추측된다.
특히 '-노니'와 '-노라'는 현대국어에도 남아있는 유일한 '-오-'형이다.
'-오-'가 관여하던 내포문에서의 강조나 초점이 양태적 범주를 실현하
는 데에 기여하고 화석화된 것으로 볼 수 있다.9)

다음은 '-오리라'가 나타난 문장들인데 동작 주체의 의도를 나타내
는 경우가 대부분이다. 따라서 양태적 성격을 많이 가진다고 해석할
수 있다.

---

9) 장윤희(2010)에서는 언어의 화석이 이전 시기 언어의 모습이나 질서를 지니고 있어 공시
   적인 언어 지식으로는 이해하기 어렵기 때문에 언중들은 언어 화석을 당시의 언어
   지식으로 재해석하거나 아예 당시의 언어 지식으로 이해할 수 있는 어형으로 재구조화하
   는 일도 있으며 정확한 이해를 위해 통시적 사실에 대한 이해가 필수적이라고 하면서
   '화석'이라는 개념은 교착어의 성격을 지닌 한국어에서는 음운론과 형태론 연구에서
   매우 유용한 개념으로 사용되나 공시적으로 설명이 불가능하여 통시적 사실을 고려할
   때에만 설명될 수 있는 언어 요소라고 하였다. 이러한 논의는 이승재(1992)를 기반으로
   하고 있는데 언어 화석의 유형을 음운 화석, 형태 화석, 형식 화석, 의미 화석이 있다고
   보았는데 '-노라'는 '-오-'의 기원형의 기능은 전혀 남아 있지 않고 형식만을 남긴 "형식
   화석"인 것이다. '-노라'의 분석에 있어서는 '-오-'의 화석을 발견할 수는 있으나 '-라'를
   분석해 낼 수는 없는 것으로 보았다. 이는 현대어에서 평서형 종결어미 '-라'가 '-리-,
   -더-'와 결합하여 나타날 수 있는데 이것은 공시적으로 활성적인 평서형 종결어미이며
   '-노라'의 '-라' 앞의 선어말 요소는 공시적으로 기능하는 형태소가 아니므로 '-라' 역시
   공시적으로 활성적이지 않은 화석인 것으로 파악하였다.

(65) 이제마리를무져衆生들콰로煩惱를쓰러브료리라ᄒ시고 (석상3:31)

(66) 보ᄃ라본차바놀머거모미아래근거사成佛호리라ᄒ시니 (석상3:40)

(67) 諸佛도出家ᄒ샤사道理를닷ᄀ시ᄂ니나도그리호리라ᄒ고 (석상6:12)

(68) 金으로싸해신로믈뿜업게ᄒ면이東山을ᄑ로리라須達이닐오ᄃ니 르샨양ᄋ로호리이다 (석상6:24)

(69) 이後닐웨예城밧횐한싸해이沙門과ᄒ야직조겻구오리라그날다ᄃ라 金부플티니 (석상6:27)

3.2.3. -오이다/-노이다/-오리이다

'-오라, -노라, -오리라'의 형태가 공손함을 표현하는 어미 '-이-'와 함께 나타나면 '-오이다, -노이다, -오리이다'가 된다. 따라서 이 종결어미들은 3.2.2의 세 종결어미들과 크게 다르지 않다. 다음은 '-오이다, -노이다, -오리이다'의 예들이다.

⟨-오이다⟩

(70) 비록사ᄅ미무레사니고도즁싱마도몯호이다 (석상6:5)

(71) 내實로미혹ᄒ야어딘사ᄅ믈몰라보아夫人을거슯지호이다ᄒ시고 (석상11:33)

(72) 이塔애녀허뒷ᄉ바다가彌勒이나거시든내야받ᄌᄫ보리이다ᄒᄉᄫ보이다 (석상24:31)

(73) 나ᄂ양ᄌ딋굿고슬ᄒ세요이다 (석상24:35)

⟨-노이다⟩

(74) 人生을즐기리잇가주구믈기드리노니목숨므거버손소몯죽노이다 (월곡상:52)

(75) 내이이를疑心ᄒ노니願ᄒ돈들ᄌ겁고져ᄒ노이다 (월석21:139)

⟨-오리이다⟩

(76) 大愛道ㅣ그리호리이다ᄒ시니라 (석상3:3)

(77) 大王하내이제도로가이부텨를供養ᄒᅀᆞᆸ보리이다ᄒ고 (석상20:14)

(78) 世尊하나도陀羅尼神呪로法華經디닗사ᄅᆞ믈擁護호리이다ᄒ고
      (석상21:27)

(79) 모든比丘씌닐오디내가도어루降服히요리이다ᄒ고 (석상24:22)

'-오이다, -노이다, -오리이다' 역시 동작 주체의 강조나 의도 따위를
나타낸다고 볼 수 있을 것이다. 추측컨대 '-오니라'보다 '-오라, -오리
라'의 형태가 좀 더 양태적 표현인 것으로 느껴지는 이유는 '-ㄹ'의
의미적 성격에 있을 것이며 따라서 '-오-'가 사라진 형태가 더 많이
나타나는 이유가 될 수 있을 것이다.

여기에서 '-오-'와 '-ㄴ, -ㄹ, -ㅁ'의 통합으로 생겨난 형태들을 설명
할 때 "-ㄴ, -ㄹ, -ㅁ'의 의미적 기능을 확인해 보아야 한다. 세 형태
모두 동명사형 어미로서 명사성과 동사성을 동시에 가지면서 시제와
관련이 있어 보인다. 과거는 '-ㄴ', 미래나 추정 확인되지 않은 시제는
'-ㄹ', 현재는 -ㅁ'과 관련되어 보인다. 그런데 이들은 모두 '-오-'를
선접하여 세 형태 모두 명사구(NP)를 구성하여 기원적으로 명사문인
알타이어에서 문장을 마치는 자리에 쓰였을 가능성이 있다. 그 후에
명사문이 서술문화하면서 첨사가 붙고 여기에 양태나 서법을 표현하
는 기능이 발달했을 가능성이 있다.

3.2.4. -오리잇가/-오리잇고/-노닛가

'-오리잇가', '-오리잇고', '-노닛가'는 모두 의문문에 쓰이는 종결어
미이다. '-오리잇가', '-오리잇고'는 '-오-'가 없는 '-리잇가'와 '-리잇고'
로도 나타난다.

〈-오리잇가〉

(80) 현마七寶로쑤며도됴타호리잇가 (월곡44:기121)

(81) 어드러로가시니잇가가시다호리잇가 (월석25:14)

〈-리잇가〉

(82) 石壁에무를올이샤도즈글이자바시니현번뛰운들ᄂᆞ미오ᄅ리잇가
(용가48)

(83) 置陣이눕과다ᄅ샤아ᄉ보ᄃ나사오니믈러가던덴목숨ᄆᄎ리잇가
(용가51)

(84) 當티몯ᄒᆞ소오면쟝ᄎ아니罪어드리잇가 (법화3:157)

'-오-'가 있고 없음에 따라 문장 구조상 약간의 차이를 보인다. (82),
(83)은 바로 앞에 체언이 주어로 온 반면에 (80), (81)의 '-오리잇가'가
쓰인 문장은 "됴타, 가시다"와 인접하여 있으며 간접인용의 성격이
강하다. '-오리잇가' 구문은 앞의 인용문 전체를 받는 구성인 것이다.

〈-오리잇고〉

(85) 羅雲이ᄉ보ᄃ부텻法이精微ᄒᆞ야져믄아히어느듣ᄌ보리잇고 (석
상6:11)

(86) 어느ᄆᆞᆷ어느혜미부텻天倫에參預호리잇고졋일혼아히ᄆᆞᆮ득慈母
맛남ᄀᆞᆮ호이다 (능엄5:29)

〈-리잇고〉

(87) 獨夫를하ᄂᆞᆯ히니ᄌ샤功德을國人도ᄉᆞᆲ거니漢人ᄆᆞᄉᆞ미엇더호리잇
고하ᄂᆞᆯ히獨夫를ᄇ리샤功德을漢人도ᄉᆞᆲ거니國人ᄆᆞᄉᆞ미엇더호리
잇고 (용가72)

(88) 王끠ᄉ보ᄃ太子ᄂᆞᆫ하ᄂᆞᆳ스스이어시니내어드리ᄀᆞ른치ᄉᆞᄫ리잇고
(석상3:10)

(89) 부텻긔ᄉᆞᆯ오샤ᄃᆡ…닐거외와通利ᄒᆞ며經卷을쓰면언맛福을得ᄒᆞ리

잇고 (법화7:108)

⟨-노닛가⟩

(90) 須達이護彌ᄃ려무로ᄃᆡ主人이므슴차바ᄂᆞᆯ손소ᄃᆞ녀밍ᄀᆞ노닛가太
      子ᄅᆞᆯ請ᄒᆞᅀᄫᅡ이받ᄌᆞᄫᅩ려ᄒᆞ노닛가大臣을請ᄒᆞ야이바도려ᄒᆞ노닛
      가 (석상6:16)
(91) 須達이ᄯᅩ무로ᄃᆡ婚姻위ᄒᆞ야아ᅀ미오나ᄃᆞᆫ이바도려ᄒᆞ노닛가 (석상
      6:16)

⟨-ᄂᆞ닛가⟩

(92) 그ᄯᆞᆯᄃᆞ려무로ᄃᆡ그딋아바니미잇ᄂᆞ닛가 (석상6:14)
(93) 다시무로ᄃᆡ엇뎨부톄라ᄒᆞᄂᆞ닛가 (석상6:16)
(94) 須達이ᄯᅩ무로ᄃᆡ엇뎨쥬이라ᄒᆞᄂᆞ닛가 (석상6:18)

'-노닛가'와 '-ᄂᆞ닛가'는 거의 차이가 없으며 모두 앞의 절을 취하는
문장에 쓰였다. 특히 "무로ᄃᆡ"와 공기하는 구조 안에서 나타났다.

3.2.5. -온가/-논가

'-온가', '-논가' 둘의 차이는 시제 구분에 있는 듯하다.

⟨-온가⟩

(95) 부텨니르시논解脫을우리도得ᄒᆞ야涅槃애다ᄃᆞ론가ᄒᆞ다소니 (석상
      13:43)

⟨-논가⟩

(96) 눈에보논가너기ᅀᆞᄫᆞ쇼셔 (월곡상:1)
(97) 집ᄂᆞᆫ화주며駃馬밧겨주ᄂᆞᆫᄉᆞᆨ에感激ᄒᆞ야거리치디몯ᄒᆞ논가ᄉᆞ랑
      ᄒᆞ더라 (두시-초24:28)

(95)은 "부처가 이르신 해탈을 우리도 얻어 열반에 다다른 것인가 하더니" 정도로, (96)는 "눈에 보는 것인가 여기소서" 정도로 해석이 될 듯하다. 이것은 '-논가'에 현재임을 나타내는 선어말어미인 '-ᄂ-'가 통합되어 있음을 짐작하게 한다.

3.2.6. -오마

'-오마'는 15세기 문헌에는 나타나지 않는다. '-오마'가 다른 종결어미에 비해 비교적 늦게 나타난 이유는 명사화 구성을 이루는 어미인 '-ㅁ'이 '-ㄴ, -ㄹ'에 비해 가장 명사적인 기능을 오랫동안 가지고 있었던 것이 요인으로 작용했을 것으로 생각된다. '-ㅁ'은 현대국어에서도 명사화소로 쓰이고 있다. '-오마'는 이미 16세기 이후에 명사형·관형사형 어미에서의 '-오-'와 연결어미·종결어미에서의 '-오-'가 점차 그리고 거의 사라지고 있는 단계에서 나타나는데 이것은 '-오-'의 기능이 많이 쇠퇴된 때에 나타난 것이다. 즉, '-ㅁ'이 '-ㄴ, -ㄹ'에 비해 명사적 기능을 오랫동안 가지고 있었기 때문에 어미화가 늦게 일어난 것으로 생각할 수 있는 것이다. 마지막까지 남아있던 '-옴' 형태를 통하여 '-오-'의 소멸이 명사성의 약화를 가져오게 하는 기제로 작용하였음을 짐작할 수 있는 것이다.

> (98) 마룰 期約이다 몬ᄒ며 ᄒ마 그리호마 혼이리 分明히아니ᄒ면엇뎨世間애이시리잇고 (내훈3:19)
>
> (99) 江閣애셔소ᄂᆯ마자 믈보내야 마쵸마 許홀시 午時ᄃ록니러안자쇼믈 하ᄂᆞᆯ히블 굴적브터호라 (두시-초21:22)

'-오마' 구문 중에서 (98)의 "그리호마"는 다짐을 의미하는 말이다. 이는 인용문 NP로 분석해 낼 수 있는 구문이다. (99)는 조금은 다른데 "許홀시"의 목적어로 기능하는 데에 '-오마'가 쓰였다. "江閣에서 손님

을 맞아 말을 보내야 맞게 할 것이다"로 해석이 된다. 따라서 이또한
NP 구성으로 인식했을 가능성이 매우 높은 것이다.

(98′) [[마롤 期約이다몬ᄒ며ᄒ마그리호마]S]NP혼]NP이리分明히아니ᄒ
면엇뎨世間애이시리잇고

(99′) [[江閣애셔소ᄂᆞᆯ마자ᄆᆞᆯ보내야마쵸마]S]NP許ᄒᆞᆯᄉᆡ午時ᄃ록니러안
자쇼ᄆᆞᆯ하ᄂᆞᆯ히블ᄀᆞᆯ젹브터호라

지금까지 '-오-'가 관여된 연결어미와 종결어미의 통사적 특성과 의
미적 특성을 살펴보았다. 종결어미보다는 연결어미에서 통사적으로
명사구내포문 구성으로 분석될 가능성이 많았다. 또한 연결어미에서
는 '-오-'가 관여하는 구성이 많았으나 종결어미에서는 이미 어미화하
는 과정을 겪는 것을 보았다. 이런 현상은 같은 형태가 쓰였다 하더라
도 의미적 기능에 따라 문법화의 속도가 다르다는 것을 보여준다. 연결
어미보다는 종결어미에서의 명사성의 소멸 과정이 더 빠른 것으로
볼 수 있다. 그 이유는 종결어미가 더 양태적 의미 기능을 하기 때문인
것으로 해석된다. 연결어미에서보다는 명사형·관형사형에 관여하는
'-오-'가 변천의 속도가 느린데 이것 또한 명사형·관형사형에 관여하
는 '-오-'는 그 본래의 기능은 명사구내포문 구성을 이루는 역할을 수
행하기 때문에 명사적 성격을 오랫동안 확보하고 있었기 때문으로
설명할 수 있을 것이다.10) 연결어미의 '-오ᄃᆡ', '-오려'는 통사적으로는
명사구내포문으로서 구분이 가능하기도 하나 몇몇은 이미 어미화하는
과정에서 양태적 의미 기능을 하는 구문과 섞여 나타났던 것으로 풀이
할 수 있다. 이는 NP>ADVP의 변화, 즉 내포에서 접속으로 변화하는
국어 통사 변화의 흐름을 파악할 수 있게 하는 중요한 문법 변화로

---

10) '-오-' 소멸의 순서로 보면 종결어미〉연결어미〉관형사형 어미〉명사형 어미 순서로 그
앞에서 소멸하고 있다. 이는 '-오-'의 기능인 명사성의 약화와 긴밀하게 관련되어 있다고
볼 수 있다.

이해할 수 있을 것이다.

4. 연결어미, 종결어미의 변천

4.1. '-오딕'의 변천

  3장에서 '-오딕' 구문이 기원적으로 명사적 기능을 수행하는 구문이었음을 확인하였다. 여기에서는 '-오딕' 구문에 나타난 '-오-' 소멸을 통해 우리말에 나타난 통사 구조의 변화를 설명해 보겠다.
  먼저 다음의 구문들을 통해 '-오딕'에서 '-오-'가 소멸하고 있음을 알 수 있다.

  (100) 요亽ᅴ예사괴ᄂᆞ사ᄅᆞ미과ᄂᆞᆯ<u>오딕</u>믈갑시요亽ᅴ됴호모로 (번노
        상:8-9)
        요亽이서ᄅᆞ아ᄂᆞᆫ사름이과ᄂᆞᄅᆞ<u>되</u>믈갑시요亽이됴ᄒᆞ니 (노언상:8)

  (101) 구의로ᄆᆞ술집문마다ᄇᆞᄅᆞ매분칠ᄒᆞ고<u>써쇼딕</u> (번노상:47)
        구의예셔집문마다ᄇᆞ름애분칠ᄒᆞ고<u>써쇼딕</u> (노언상:43)
        구의예셔집門마다粉漆ᄒᆞ고글<u>써시되</u> (몽노3:13)

  (102) 이보ᄉᆞᆸ피디아니ᄒᆞ면뎌병ᄒᆞ니<u>녀교딕</u>버딘ᄯᅳ디업세라ᄒᆞ야 (번노
        하:47)
        이뎌늘보ᄉᆞᆯ피디아니ᄒᆞ면뎌병든사름이싱각ᄒᆞ<u>되</u>벗인ᄯᅳᆺ이업다ᄒᆞ
        여 (노언하:43)

  (103) 옷니블딘댄亽졀조초옷니<u>보딕</u>날마다ᄒᆞᆫ볼밧고ᄒᆞᆫ볼ᄀᆞ라닙ᄂᆞ니
        (번노하:50-51)
        오ᄉᆞᆯ니블썬대亽졀을조차옷<u>니브되</u>날마다ᄒᆞᆫ볼벗고ᄒᆞᆫ볼ᄀᆞ라닙ᄂᆞ

니 (노언하:45)

오슨四時를조차닙으되날마다흔나식ㄱㄴ니 (몽노7:19)

(104) 야직닐오딕뎌의주려ㅎㄴ갑시올ㅎ니 (번노하:60)

즈름이니ㄹ되뎌의주려ㅎㄴ갑시올ㅎ니 (노언하:54)

證人이니로되져의주ㄴ거시곳正흔갑시라 (청노8:8)

즈름이니ㄹ되져의주려ㅎㄴ갑시올ㅎ니 (몽노8:7)

다음의 예들은 16세기 문헌에서 '-오딕'로 나타나던 구문이 명사화
구성으로 나타나는 경우인데, 이렇게 연결어미에 쓰였던 '-오-'가 소멸
하면서 '-오딕' 구문은 명사화 구성으로 변화한 경우가 보인다. 이것은
'-오딕' 구문을 NP로 인식하고 있음을 보이는 예가 된다.

(105) 우리딥과콩과굴을이이지븨과산거시니이져그나더로딕엇더ㅎ뇨
(번노상:23)

우리딥과콩과굴롤이이집의과산거시니이져기더로미엇더ㅎ뇨 (노
언상:21)

(106) 둘히내말조차흥졍호딕엇더ㅎ뇨 (번노하:11)

둘히내말을조차흥졍호미엇더ㅎ뇨 (노언하:10)

너희둘히내말을조차흥졍홈이엇더ㅎ뇨 (청노5:17)

(107) 우리그저즈르미말소믈드러무초딕므던ㅎ다 (번노하:14)

우리그저즐음의말대로못츠미므던ㅎ다 (노언하:12)

다음의 예는 '-오딕' 변화의 다른 유형 하나로 다른 접속문으로 변화
한 것이다. 이는 '-오딕'가 명사성을 가진 동시에 어느 정도는 연결어
미로서 기능을 하는 중간의 단계에 있다는 것을 추측하게 해 준다.

(108) 안직여러날머겨프로딕됴ᄒᆞ니라 (번박상:51)

아직요ᄉᆞ이먹여풀면됴ᄒᆞ려니와 (박언상:46)

　다음의 예들은 앞에서 살펴본 '-오딕'의 성격과 변화 양상을 모두
보여 주는 변천의 예가 된다. '-오딕' 구문이 명사적 성격을 지닌 구문
으로 인식되기도, 어미로서 인식되기도 하는 구문들이 함께 나타났다.
이것은 '-오-'의 소멸로 인해 명사성이 사라지면서, 내포문을 구성할
때 안긴문장에 초점을 남겨 두던 양태적 의미 기능이 자리 잡아 생긴
변화라고 설명할 수 있겠다. 중세국어 변화의 큰 방향과도 관련되는데
이 변화의 방향은 15세기에만 해도 명사구(NP) 구성을 이루던 명사
화·관형화 구성이 '-오-'가 소멸하면서 부사화되어 가는 과정과 일치
한다. 따라서 우리는 16세기 이후의 국어의 변화의 한 흐름이
NP>ADVP의 방향이라고 말할 수 있는 것이다.[11]

(109) 우리ᄆᆞᄅᆞ니머구딕엇더ᄒᆞ뇨 (번노상:60)

우리그저ᄆᆞᄅᆞ니먹음이엇더ᄒᆞ뇨 (노언상:54)

ᄆᆞᄅᆞᆫ거슬먹으면엇더ᄒᆞ료 (청노4:13)

(110) 그ᄠᅵ니스므여듧량으란너ᄅᆞᆯ구품은을주딕엇더ᄒᆞ뇨 (번노하:63)

그ᄠᅵ니스믈여듧량으란너ᄅᆞᆯ구품은을주미엇더ᄒᆞ뇨 (노언하:57)

그나믄스물여듧兩을네게九成銀을주면엇더ᄒᆞ니 (몽노8:12)

---

11) Heine(1994)에 따르면 비교적 구체적인 근원 영역에서 추상적인 목표 영역으로 개념이
옮겨가는 과정이 추상화 과정인데 이런 추상화에서 단일 방향성이라는 파생의 원리가
생겨나게 된다. 문법화가 어휘적인 것에서 문법적인 것으로 변화하는 것이라고 하였을
때 어휘적인 것은 비교적 구체적인 영역의 것이고 문법적인 것은 비교적 추상적 영역의
것이기 때문에 단일방향성이 지켜지게 되는 것이다. 또한 이렇게 추상적 의미로의 변화
는 일반화하는데 일반화란 해당 어휘소가 쓰이는 범위가 넓다는 것이 일반적이라 할
수 있는 것이며 어휘소 자체의 의미 자질에 특수 자질이 적다는 것이 일반적이라고
할 수 있는 것이다.

(111) 샹넷말소매닐오딕 (번노상:32)

常言에닐오되 (노언상:29)

常談에니른거시 (몽노2:18)

(111)과 같이 '-ㄴ 것' 구성으로 변화한 예도 보이는데 이 역시 '-오딕'가 강조 따위의 양태적 기능을 했던 것을 보여 준다고 할 수 있겠다. '-ㄴ/ㄹ 것'의 구조는 둘 사이에 더 긴밀한 통합관계가 이루어져 양태적 의미를 갖게 되고 이러한 구성은 의미 내용과 문법 범주가 변화하는 과정에 있는 것이다. '-것'이 나타나는 분포는 같지만 '것'이 독립적인 기능을 할 때에는 구체물을 가리키나, '-ㄴ/ㄹ'과 통합하여 '-ㄴ/ㄹ 것이다'로 나타날 때에는 "양태"의 의미로 변화할 수 있는 것이다.

4.2. '-오려'의 변천

'-오려' 구문은 15세기에도 하나의 연결어미로 굳어진 상태였으며 16세기와 큰 차이가 없다. 그러나 16세기의 '-오려'는 선어말어미 '-오-'가 소멸된 형태가 많아진다. 16세기에는 명사구내포문에서 쓰인 '-오-'도 점차 소멸해 가는 과정에 있었으므로 '-오려'에서 '-오-'가 개재하지 않은 형태가 상당히 많이 나타나고 있는 것은 연결어미·종결어미에 쓰인 '-오-'와의 상관성을 짐작하게 하는 이유가 된다.

(112) 네흥마프로려흥거니우리혜아리져이총이ᄆ리나히언멘고 (번노하:8)

이이믜플려흥면우리혜아리쟈이총이믈이나히언머고 (노언하:7)

(113) 이그저플갑슬니른라쇽졀업시간대로갑슬바도려흥노괴여 (번노하:10)

바론플갑슬알외라입결의간대로<u>밧</u>으려홈이可ㅎ랴 (청노5:15)

(114) 이이리간대로갑슬<u>바도</u>려말라 (번노하:10)
　　　이이리간대로갑슬<u>바드</u>려말라 (노언하:9)

　한편, 다음의 (115)의 예는 '-오려' 구문이 명사구내포문으로 쓰였을
가능성이 있음을 제시하게 한다.

(115) 오늘훠바사구들헤오ㄹ고도닉일<u>시노려</u>미도미어려우니라 (번박
　　　상:76)
　　　오늘훠를벗고炕예올랏다가닉일어더<u>신기를</u>밋기어렵다ㅎㄴ니라
　　　(박언상:67)

　위의 예문은 명사형 전성어미 '-기'와 결합한 명사구내포문으로 바
뀌었다. 이는 '-오려' 구문의 기능을 명사구내포문과 다르지 않게 인식
하고 있었기 때문인 것으로 볼 수 있다. 16세기 이후에는 '-오-'의 쓰임
이 사라짐에 따라 '-기'의 쓰임이 많아지게 되는데 이는 '-오-'가 명사
성을 가지고 있었음을 증명한다.

4.3. '-오마'의 변천

　종결어미의 가장 특징적인 변천은 '-오마'의 출현이다. 선어말어미
'-오-'와 결합한 연결어미와 종결어미 중에서 가장 늦게 출현한 형태이
다. 이러한 이유는 '-ㄴ, -ㄹ'은 관형사형 어미로서의 쓰임이 매우 많지
만 '-ㅁ'은 반드시 '-오-'를 수반하여 '-옴'의 형태로 나타난 현상으로
보아 '-ㅁ'의 성격과 관련이 있어 보인다. 15세기의 '-ㅁ'이 반드시 '-오
-'와 함께 나타났다는 것은 명사구내포문을 구성하는 '-오-'의 기능에

주목하여 해석해야 할 것이다. 따라서 동명사형 어미 '-ㅁ'은 '-ㄴ, -ㄹ'과 비교하여 가장 명사적 기능을 잘 수행하는 어미였다고 볼 수 있다. 다음은 16세기 '-오마'가 쓰인 문장들이다.

(116) 그리면내다려를:주·마 (번노상:24)

(117) 우리늬실오경두에나가리라그리호마나그내네쉬라내문들보숣피고
　　　자리라 (번노상:26)

(118) 우리둘히믈잇거가마그리호마나는믈기르라가노라 (번노상:35)

(119) 우리그저이뒷터헤가뒤든뇨미아니됴ᄒ녀내믈자바쇼마네뒤보라가
　　　라 (번노상:37)

(120) 이러면이제히여곰가져오게:호·마 (번노상:56)

(121) 이제고디시근갑슬너ᄃ려닐오마둘히내말조차훙졍호ᄃ엇더ᄒ뇨
　　　(번노하:11)

　　위의 문장들이 16세기 이후에 변하는 모습을 보면 '-오-'가 사라지고 있음을 확인할 수 있다.

(117′) 우리늬실오경두에나가리라그리호마나그내이쉬라내문들보숣피
　　　고자리라 (번노상:26)
　　　우리늬일五更頭에일가리라그리ᄒ마나그내들쉬라내門戶를보숣
　　　피고자리라 (노언상:23)

　　'-오마'는 '-오-'가 사라지고 있는 시기에 등장하지만 '-오마'에서의 '-오-' 소멸 시기 역시 다른 종결어미에서 '-오-'가 사라지는 시기와 비슷하다. 다른 종결어미들에 비해 어미로 굳어질 만한 시간이 없었고 바로 '-오-'가 사라진 형태로 바뀌어 버린 것이다. 그 형태가 지금의 '-마'와 같은 것인데 의미적으로 크게 차이가 없어 보인다. 이것도 '-오마'가 나타난 시기와 관련이 있을 것이다. 다른 어미들과는 다르게

이미 다른 종결어미들에서는 '-오-'가 사라지고 있을 때에, 즉 '-오-'가 관여한다고 하여도 명사적 성격을 보이지 못하는 때에 나타난 만큼 양태성을 부여하는 기능으로 종결어미 구성에 나타났을 것으로 볼 수 있다.

'-오마'도 '-오려'의 변화와 마찬가지로 의존명사 '-ㄹ 것'의 통어론적 구성으로 나타나는 문장으로 변화한 것이 있다.

(119′) 우리그저이뒷터헤이뒤ᄃᆞᆫ뇨미아니됴ᄒᆞ녀내ᄆᆞᆯ <u>자바쇼마이</u>뒤보라 가라 (번노상:37)
우리그저뒷동산의이뒤보기됴티아니ᄒᆞ랴내ᄆᆞᆯ <u>자바실쎠시니이</u>뒤 보라가라 (노언상:33)

(121′) 이제고디시근갑슬너ᄃᆞ려닐<u>오마</u>둘히내말조차홍졍호ᄃᆡ엇더ᄒᆞ뇨 (번노하:11)
이제고디식ᄒᆞᆫ갑슬네ᄃᆞ려니<u>롤쎠시니</u>둘히내말을조차홍졍호미엇 더ᄒᆞ뇨 (노언하:10)
내고든갑슬네게<u>알욀거시니</u>너희둘히내말을조차홍졍ᄒᆞᆷ이엇더ᄒᆞ 뇨 (청노5:17)

이러한 예는 우선 언중이 '-오마'의 명사성을 인식하고 있었다는 점과 또한 17세기 국어에서 나타난 '-ㄴ/ㄹ 것' 구성이 갖는 양태적 기능을 부여하는 것으로 해석할 수 있다. 따라서 '-오마'의 구문에서 '-ㄹ 것' 구조로 변화하는 예가 보이는 것은 '-ㄴ/ㄹ 것' 구조가 양태적 의미 기능을 어느 정도 확보한 상태에서 바뀐 것이라고 해석할 수 있다.

4.4. 그 밖의 연결어미, 종결어미의 변천

이미 15세기에 형태가 굳어진 연결어미 · 종결어미들도 있었으나 한편 '-오-'의 소멸이 진행되고 있기도 했다. 소멸 이후의 변화의 방향도 다른 연결어미 · 종결어미에서의 변화와 일치하였다. '-오-'가 이미 굳어져서 소멸하지 않은 것과 소멸한 것이 공존한다.

〈연결어미 · 종결어미의 '-오-'가 소멸한 것〉

(122) 내드로니엷픠길어렵다 (번노상:26)
　　　내드르니엷픠길히머흐다 (노언상:24)
　　　내드르니엷길이사오납다 (청노2:13)

(123) 내대되석량은을바도리라 (번노하:22)
　　　내대되석냥은을바드리라 (노언하:20)

〈변화가 없는 것〉

(124) 쏘소옴깁사王京의가프노라ᄒ야 (번노상:15)
　　　쏘소옴과깁을사王京에가프노라ᄒ면 (노언상:13)

(125) 우리길조차서르모다벋지서北京으로가노라 (번노상:17)
　　　우리길홀조차서르모다벗지어北京으로가노라 (노언상:16)
　　　우리沿路에서로만나벗지어皇城에가노라 (청노1:24)
　　　내沿路에모다벋ᄒ야北京에가노라 (몽노1:22)

(126) 네닐오듸내貨物아노라호듸 (번노하:29)
　　　네니ᄅ되내貨物아노라호되 (노언하:26)
　　　네貨物을아노라ᄒ며 (청노6:17)

위의 예문들에서 '-노라'의 변화 없음이 눈에 띄는데 그 이유는 현재임을 나타내는 '-ᄂ-'와 함께 쓰여 '-오-'만 쓰였던 경우보다 의미적

함축이 더 많이 있었기 때문이었을 것으로 추측해본다. '-노라'의 경우에는 다음과 같은 변화도 있다.

(127) 내흔버디쩌디여올식내길조차날회여녀기들워오노라ᄒ니이런젼ᄎ
로오미더듸요라 (번노상:1)
내흔벗이이셔쩌뎌오매내길흘조차날호여녜여기ᄃ려오노라ᄒ니이
런젼ᄎ로오미더듸여라 (노언상:1)
흔벋이쩌져오모로길히날호여行ᄒ야기ᄃ려옴으로그러모로오미
더듸나 (몽노1:2)

(128) 내보라믈둣노라아모제라업시밧고리라 (번노하:15)
내보람을두어시니아모제라업시밧고리라 (노언하:13)
내보람둘거시니아모째라도다나ᄅᆞᆯᄎᄌ라 (청노5:22)

위의 예들은 '-노라'가 명사형으로 나타나거나 '-ㄹ 것' 구조로 변화한 것인데 15세기에 이미 '-노라'로 거의 굳어져서 나타난 구문에서의 변화로 볼 수 있다. 이러한 현상은 본래의 어원어가 가진 의미를 오랫동안 지니려고 하는 의미 지속성의 하나로 이해할 수도 있겠다.[12] 또한 '-ㄹ 것'으로 바뀐 구문은 우리말의 통사, 의미 변화 방향과도 일치하는 것이고 다른 연결어미·종결어미의 변화 방향과도 일치하는 것이다. 앞의 종결어미의 특성을 고찰하였을 때 연결어미에서와는 다르게 종결어미는 이미 많이 문법화한 형태로 살펴볼 수 있었지만 이렇게 많이 굳어진 형태에서 명사형으로 나타난 문장을 함께 고려해본다면 '-오듸' 구문에서와 마찬가지로 언중이 여전히 명사적 기능을 인식하고 있었을 가능성도 있는 것이다. 이런 예는 '-오니' 구문에도 있다.

---

12) Bybee&Pagliuca(1985:63)

(129) 내漢兒人의손듸글빈호니이런젼추로져그나漢語아노라 (번노상:2)

　　내漢ㅅ사룸의손듸글빈호니이런젼추로져기漢ㅅ말을아노라 (노언
상:2)

　　내본듸漢사룸의게글빈화심으로漢말을젹이아노라 (청노1:2)

　　내漢사룸의게글빈화시므로漢말을져기아노라 (몽노1:2-1:3)

'-오니' 구문이 '-ㅁ' 구문으로 나타났고 <몽어노걸대>에서는 어미
화된 형태로 나타났다.

〈'-ㄹ 것' 또는 의존명사 구성으로 변화한 것〉

(130) 나는그저이리닐오리라 (번노상:18)

　　나는그저이리니르리라 (노언상:17)

　　나는무춤내이리니룰쓰룸이니라 (몽노1:23)

(131) 너를서되만논힐훠:주·리니 (번노상:54)

　　너를서되룰노닐워줄쩌시니 (노언상:49)

(132) 내몬져가뎌둘홀고라와자게호리니 (번노상:57)

　　내몬져가뎌둘흘고라와자게홀쩌시니 (노언상:52)

　　내몬져가셔져둘흘도라와셔자게호마 (몽노4:3)

　여기에서 주목할 것은 바로 '-ㄹ 것'의 빈도이다. 종결어미가 '-ㄹ
것' 구성으로 변화하는데 이것은 종결어미가 서법·양태적 기능을 하
고 있었기에 17세기 당시 양태성을 부여하는 '-ㄹ 것' 구성으로 변화한
것이다. 사실 '-ㄹ 것'으로의 변화는 '-오-'가 실현되지 않은 구문에서
도 나타난다. 이미 16세기의 '-오리라'에서는 '-오-'가 거의 소멸해 가
고 있었으므로 '-(으/으)리라'로 나타난 것으로 '-오리라'와 '-(으/으)리
라'를 대립형으로 삼을 수는 없으며 따라서 '-(으/으)리라'의 형태소의

기원에는 '-오-'가 관여했을 가능성을 생각해 볼 수 있다. 이런 논리는 15세기의 자료에도 적용할 수 있을 것이다. 즉, 15세기에 '-오리라'와 '-(ᄋ/으)리라' 또한 대립형으로 세울 것이 아니라 15세기 이전의 형태소에는 '-오-'가 있었을 가능성이 있을 수 있다는 것이다.

(133) 뒤후로ᄂᆞᆫ덤에다ᄃᆞᆫ디몯ᄒᆞ리니 (번노상:10)
　　　뒤흐로덤에다ᄃᆞᆺ디못ᄒᆞ리니 (노언상:9)
　　　뒤흐로店을엇지못ᄒᆞᆯ거시니 (청노1:13)
　　　뒤흐로店에밋ᄎᆞ오지못ᄒᆞᆯ써시니 (몽노1:13)

(134) 이고리조ᄇᆞ니믈잇기만ᄒᆞ면나가디몯ᄒᆞ리라 (번노상:34)
　　　이골이조ᄇᆞ니믈잇글기만히ᄒᆞ면디나가디못ᄒᆞ리라 (노언상:31)
　　　이골이ᄀᆞ장좁으니믈잇근거시만흐면지나가지못ᄒᆞᆯ거시니 (청노2:24)

(135) 넷잿형은흔디모도고져ᄒᆞᄂᆞ니 (번박상:39)
　　　넷재형은흔디모호고져ᄒᆞᄂᆞ거시여 (박언상:36)

(136) 이바디자시고ᄀᆞ장졈글어ᅀᅡ자새드러오시리라 (번박상:65)
　　　이바디먹고잇긋늣게야자안에드러올거시니 (박언상:57)

(137) 내너를두량은만·주·리니 (번노하:22)
　　　내너롤두냥은을줄써시니 (노언하:20)
　　　네게두兩銀을주마 (청노6:9)
　　　너롤두兩銀을주마 (몽노6:5)

　　종결어미에서 변화는 '-ㄴ 것'보다는 대부분이 '-ㄹ 것' 구조로 변화한 것이다. '-ㄴ'은 완료된 상태를 나타내는 경우가 많고 '-ㄹ'은 아직 완료되지 못한 상태를 나타내는 경우가 많다. 미정의 완료의 의미를 가진 '-ㄹ'이 화자의 의도나 초점을 더욱 잘 드러낼 수 있는 양태적 의미를 부여할 수 있을 것이다. 15세기에는 '-오-'가 있고 없는 형태가 혼재되어 있었으나 '-오-'가 사라진 이후의 변화는 '-ㄴ/ㄹ 것' 구조가 그 자리를 채웠다. 이러한 양상은 명사구내포문에서의 변화와 방향이 거의 일치하는 것으로 '-오-'의 소멸에 따라 역할을 '-ㄴ/ㄹ 것' 구조에 넘겨주었고 '-ㄴ/ㄹ 것'의 의미적 기능도 명사적 성격에서 양태적 기능 으로 이행하는 과정이 비슷하다.

5. 결론

지금까지 '-오-'를 선접하고 형태소적 환경이 '-ㄴ, -ㄹ, -ㅁ'인 연결 어미와 종결어미에 대해 살펴보았다. 연결어미에서의 '-오-'는 '-ㄴ, -ㄹ, -ㅁ' 앞에 분포하며 통사적으로 명사구내포문으로 분석해 볼 수 있는 가능성을 가지고 있다. '-오-'가 관여하는 연결어미로 '-오딕, -오 려, -오니, -노니, -오리니' 구문을 통사적 특성의 관점에서 분석해 보았 는데 '-오딕, -오려, -오니'에서는 명사성을 가지고 있다고 해석할 만한 구문들이 남아 있지만 '-오리니'에서는 그렇지 않다. 이것은 명사구내 포문 구성에 관여하던 '-오-'가 첨사와 결합하면서 여러 연결어미로 분화하는 과정에서 '-오-'의 기능이 쇠퇴하여 점점 명사성을 잃어 가면 서 양태적 기능이 남게 되는 것으로 해석할 수 있다. 양태는 화자의 주관적인 태도를 나타내는 범주인데 문법화를 거치면서 연속변이가 일어날 경우 형태·통사적 변화와 함께 의미적 기능의 변화도 일어난 다는 것을 문법화의 이론으로 설명할 수 있었던 것이다. 한편, 종결어 미의 통사적 기능은 연결어미와는 다르게 확인하기가 쉽지 않았다. 다만 '-오-'가 있고 없음에 따라 대립이 될 정도로 이미 '-오-'가 많이 소멸했다고 추측해 볼 뿐이었으나 16세기 이후의 연결어미·종결어미가 변화하는 방향이 모두 비슷한 양상을 보였던 것으로 보아 15세기의 종결어미에서의 '-오-'도 연결어미의 기원과 같았을 것으로 추측해 볼 수 있었다. 여기에서 중요한 것은 '-오-'의 소멸에 따른 '-ㄴ/ㄹ 것' 구조의 등장이었다. '-ㄴ/ㄹ 것' 구조는 명사화 구성의 변화와 연결어미·종결어미의 변화에서 모두 나타나며 그 빈도도 매우 높아지는 변화를 보였다. 이것은 명사형·관형사형 어미의 '-오-'와 연결어미·종결어미의 '-오-'가 언중들에게 같은 형태소로 인식되어 있었을 가능성을 제시한다고 볼 수 있다. 또한 '-오-'의 소멸로 인해 명사구내포문에서는 '-ㄴ 것' 구조가, 연결어미·종결어미에서는 '-ㄹ 것' 구조가 대체되는 경향이 많이 보였는데 이것은 '-ㄴ, -ㄹ'의 의미적 기능과도 관계가 있는데 미정의 완료의 의미를 가진 '-ㄹ'이 화자의 의도나 초점을 더욱 잘 드러낼 수 있는 양태적 의미를 부여할 수 있었기 때문일 것이다.

15세기 명사구내포문 구성에 관여한 '-오-'는 양태적 의미 기능을 하는 연결어미·종결어미에서도 나타나지만 이미 소멸 중이었다. 또한 관형화 구성에서도 명사화 구성에 비해 먼저 소멸하였는데 이것은 명사성이 약한 구성에서 먼저 소멸한 것으로 볼 수 있다. 특히 관형화 구성 중에서도 부사성을 많이 가진 의존명사 구문에서 먼저 소멸하는 것으로도 '-오-'의 근본적 기능은 명사성을 부여하는 일이었음을 짐작하게 했다. 이후에는 명사화 구성에서도 '-오-'는 소멸하며 명사화 구성에서 '-ㄴ 것' 구성과 '-오-'가 선접하지 않는 '-ㅁ' 구성, 그리고 '-기'의 활성화를 가져 온다. '-ㄴ/ㄹ 것'은 '-오-'가 선접한 형태로 명사구내포문 구성에 관여하였는데 '-오-'가 소멸하면서 명사화 구성에서 '-ㄴ 것'의 쓰임이 확대된 것이다. 이때, '-오-'를 선접한 연결어미·종결어미를 대체하는 '-ㄹ 것'의 쓰임도 많아지는데 이것은 '-ㄴ/ㄹ 것이다' 양태적 의미 기능이 확대되어 나타나는 것으로 생각할 수 있다. 이러한 변화의 과정은 우리말의 중요한 언어 변화의 한 양상을 보여주는 것이라고 하겠다. 문법화 현상은 어휘적 층위에서와 마찬가지로 통사적 층위에서도 매우 다양한 모습으로 나타나며 의미적 차원에서도 진행되는 것이다.

참고문헌

강규선(1989), 「삽입모음 「-(o/u)-」의 기능에 대한 고찰」, 『인문과학논문집』 8, 청주대학교.

강길운(1972), 「한정법(삽입모음 -오/우-)에 대하여」, 『덕성여대논문집』, 덕성 여자대학교.

고영근(1981), 『중세국어의 시상과 서법』, 탑출판사.

고영근(1986), 「서법과 양상의 상관관계」, 『국어학신연구』, 탑출판사.

고영근(1987), 『표준 중세국어문법론』, 탑출판사.

고은숙(2004), 「중세국어의 의도성 연결어미 연구」, 고려대학교 대학원, 석사 학위논문.

구현정·이성하(2001), 「조건 표지에서 문장 종결 표지로의 문법화」, 『담화와 인지』 8-1, 담화인지학회.

권재일(1986), 「형태론적 구성으로 인식되는 복합문 구성에 대하여」, 『국어학』 15, 국어학회.

권재일(1987), 「의존구문의 역사성 - 통사론에서 형태론으로」, 『말』 12, 연세 대학교.

권재일(1998), 『한국어 문법사』, 박이정.

김방한 편(1991), 『언어학 연구사』, 서울대학교 출판부.

김영태(1973), 「「-오/우-」 접미사고:전성부사화의 경우」, 『경대문화』 6, 경남 대학교.

김영희(2004), 「종속접속문의 조응 현상과 구조적 이중성」, 『국어학』 제43집, 국어학회.

김주원(1984), 「통사 변화의 한 양상」, 『언어학』 7, 한국언어학회.

김진수(1987), 「국어접속문연구」, 충남대학교대학원 박사학위논문, 1987

김현정(1997), 「국어 명사의 문법화 과정 연구-어미화 과정을 중심으로」, 건국 대학교 국어국문학과 석사학위논문.

남기심(1978), 『국어문법의 시제문제에 관한 연구』, 탑출판사.

남기심(1985), 「접속어미와 부사형 어미」, 『말』 10, 연세대학교.

박철우(1997), 「한국어 정보구조에서의 화제와 초점」, 서울대 언어학과 박사학위논문.

배진영(2005), 「국어 관형절 어미에 관한연구-시간관련 의미를 중심으로-」, 홍익대학교 국어국문과 박사학위논문.

서정수(1978), 「'ㄹ 것'에 관하여」, 『국어학』 6, 국어학회.

서태룡(1979ㄱ), 「국어 접속문에 대한 연구-접속어미의 의미기능을 중심으로-」, 서울대학교 대학원 국어국문학과 석사학위논문.

서태룡(1979ㄴ), 「내포와 접속」, 『국어학』 제8집, 국어학회.

서태룡(1997), 「어말어미의 변화」, 『국어사연구』, 태학사.

석주연(2002), 「중세국어의 인용문과 선어말어미 '오'」, 『형태론』 4권 1호, 박이정.

성광수(1984), 「국어의 추정적 표현」, 『한글』 184, 한글학회.

손주일(1979), 「15세기 국어의 선어말어미 '-오/우-'에 관한 통사론적 연구」, 서강대학교 대학원 석사학위논문.

손주일(1986), 「15세기 국어 [오/우] 재고」, 『한국언어문학』 24, 한국언어문학회.

손주일(1990), 「{-오/우-}의 형태소 정립을 위하여」, 『서강어문』 7, 서강어문학회.

손주일(1993), 「'{-오/우-}ㅁ'형과 '{-오/우-}기'형의 상관성 시고」, 『국어국문학』 110, 국어국문학회.

손주일(1994), 「{-오/우-} 연구 현황과 과제」, 『인문학연구』 32, 강원대학교.

손주일(1996), 「15세기 국어 '-ㄴ, -ㄹ' 관형사형과 '±{-오/우-}'와의 관련성」, 『강원인문논총』.

안병희(1967), 「한국어발달사(중)」, 『한국문화사대계』 5, 고대민족문화연구소.

안병희·이광호(1990), 『중세국어문법론』, 학연사.

안주호(1997), 『한국어 명사의 문법화현상 연구』, 한국문화사.

양정호(2001), 「중세국어 동명사의 선어말어미 '-오-' 연구」, 서울대학교 대학원 박사학위논문.

유현경(1986), 「국어 접속문의 통사적 특질에 대하여」, 『한글』 191호, 한글학회.

유현경(2002), 「부사형 어미와 접속어미」, 『한국어학』 제16집, 한국어학회.

유현경(2003), 「연결어미의 종결어미적 쓰임에 대하여」, 『한글』 261호, 한글학회.

이기용(1978), 「언어와 추정」, 『국어학』 6, 국어학회.

이남덕(1970), 「15세기 국어의 서법 연구」, 이화여자대학교 대학원 박사학위 논문.

이숭녕(1959), 「어간형성과 활용어미에서의 「-(오/우)-」의 개재에 대하여」, 『서울대 논문집』 8, 서울대학교.

이숭녕(1960), 「Volitive form으로서의 Prefinal ending 「-(o/u)-」의 개재에 대하여」, 『진단학보』 21, 진단학회.

이숭녕(1964), 「-(오/우)- 논고」, 『국어국문학』 27, 국어국문학회.

이숭녕(1981), 『중세국어문법』, 을유문화사.

이승재(1992), 『고려시대의 이두』, 태학사.

이승재(1995), 「동명사형 어미의 역사적 변화」, 『국어사와 차자표기』, 태학사.

이 용(2003), 『연결어미의 형성에 관한 연구』, 역락.

이인모(1975), 「중세국어의 서법과 시제의 연구」, 고려대학교 대학원 박사학위논문.

이 정(1979), 「서법에 관하여」, 『한글』 163호, 한글학회.

이현희(1994), 『중세국어 구문 연구』, 신구문화사.

임홍빈(1981), 「선어말 {-오/우-}와 확실성」, 『한국학논총』, 국민대학교 한국학연구소.

장윤희(2009), 「중세국어 연결어미 형성의 문법사-'-오뒤, -은뒤, -은대'를 중심으로-」, 『어문연구』 제38권 제2호, 한국어문교육연구회.

장윤희(2010), 「언어 화석의 확인과 공시적 처리 방안」, 『한국어학』 48, 한국어학회.

전정례(1991), 「중세국어 명사구내포문에서의 '-오-'의 기능과 변천」, 서울대학교 대학원 박사학위논문.

전정례(1994), 「'-오뒤' 구문 연구」, 『국어교육』 85·86, 한국 국어교육 연구회.

전정례(2000), 「'-온뒤/-올뒤>-오뒤' 연구」, 『한말연구』 제6호, 한말연구학회.

전정례(2005), 『언어변화이론』, 박이정.

정수현(2006), 「'노걸대'에 나타난 명사구내포문의 변화」, 건국대학교 대학원 석사학위논문.

정수현(2011), 「선어말어미 '-오-'의 기능과 변천-명사성의 약화와 그 기능 변화를 중심으로-」, 건국대학교 대학원 박사학위논문.

정재영(1985), 「15세기 국어의 선어말어미 {-오/우-}에 대한 연구-형태론과 통사의미론을 중심으로-」, 한국외국어대학교 대학원 석사학위논문.

정재영(1996), 『의존명사 'ᄃᆞ'의 문법화』, 태학사.

정재형(1987), 「초점과 그 표현 유형」, 『국어국문학』 제24집, 문창어문학회.

조재형(2004), 「삽입모음 연구-후기중세국어 명사형과 관형사형 어미 활용에 한하여-」, 중앙대학교 대학원 석사학위논문.

차현실(1981), 「중세국어 응축보문 연구」, 이화여자대학교 박사학위논문.

최남희(1987), 「선어말어미 「-오/우-」의 통어 기능」, 『동의어문논집』 3, 동의대학교 인문대학 국어국문학과.

최대희(2010), 「17세기 국어의 이름마디 구조 연구」, 건국대학교 대학원 박사학위논문.

최재희(1997), 「국어 종속접속의 통사적 지위」, 『한글』 238호, 한글학회.

최현배(1978), 『우리말본』, 정음사.

허 웅(1958), 「삽입모음고-15세기 국어의 일인칭 활용과 대상 활용에 대하여-」, 『서울대 논문집』 7, 서울대학교.

허 웅(1965), 「「인칭 어미설」에 대한 다섯 번째의 논고」, 『한글』 135, 한글학회.

허 웅(1973), 「15세기 국어의 주체-대상법 활용」, 『한글』 152, 한글학회.

허 웅(1975), 『우리 옛말본』, 샘출판사.

허재영(1997), 「우리말 문법화연구의 흐름」, 『한말연구』 3, 한말연구학회.

홍양추(1989), 「국어 부사절 내포문 연구」, 『한글』 203, 한글학회.

홍종선(1983), 「명사화 어미의 변천」, 『국어국문학』 89, 국어국문학회.

홍종선(2009), 「국어 표현의 복합문 구조화 방향성」, 『국어 문장의 확대와 조사의 실현』, 박문사.

황선엽(2002), 「국어 연결어미의 통시적 연구-한글 창제 이전 차자표기 자료를 중심으로」, 서울대학교 대학원 박사학위논문.

Bybee외(1994), *The Evolution of Grmmar : Tense, Aspect, and Modality in the Languages of the World*, Chicago university Press.

Heine외(1994), *Grammaticalization*, Chicago University Press.

Hopper외(1993), *Grammaticalization*, Cambridge University Press.

관형화 구성에서의 '-오-'의 변천*

고경민

1. 서론

본 논문은 관형화 구성에서 중세국어 시기까지 실현되던 '-오-'가 17세기 이후 거의 소멸하게 되는데, 이러한 '-오-'의 변천의 과정을

---

* 본 논문은 필자가 2015년 6월에 시학과언어학회에서 발행한 『시학과언어학』 제30호에 게재한 논문을 수정 보완한 것임을 밝힌다.

통시적으로 살피는 것을 목적으로 한다.

중세국어에서 '-오-'는 동명사형 어미 '-ㄴ', '-ㄹ', '-ㅁ' 앞에 실현되었으며, 명사구내포문임을 표지해 주는 기능을 하였다. 다시 말해 명 '-ㄴ', '-ㄹ'에 의해 관형화 구성으로 명사구내포문을 형성할 때 '-오-'가 실현되었으며, '-ㅁ'에 의한 명사화 구성에서는 거의 예외 없이 '-오-'가 실현되었다. 관형화 구성에서는 '-오-'의 실현이 명사화 구성에 비해 불규칙한 예를 찾아볼 수 있으며, 또한 관형화 구성에서 자립명사 구문보다 의존명사 구문에서 더 먼저 '-오-'의 소멸이 진행되었다. 즉 '-오-'의 소멸이 명사화 구성보다는 관형화 구성에서 좀 더 빠르게 진행되고 있음을 확인할 수 있고, 변천 양상도 쉽게 확인할 수 있다.

그동안 관형화 구성에서의 '-오-'의 변천과 소멸에 대한 연구는 전정례(1991), 손주일(1996), 석주연(2001), 양정호(2003), 정수현(2012), 최대희(2014) 등에서 다룬 바 있다. 이들 연구는 관형화 구성에서의 '-오-' 출현의 차이를 관계화 구성과 보문화 구성에서의 차이, 자립명사 구문과 의존명사 구문의 차이, 핵심명사의 성격과 위치를 통해 살펴본 논의라 할 수 있다.

본 논문에서는 15세기 국어에서 선어말어미 '-오-' 출현이 필수적이었던 자립명사 구문을 중심으로 점차 선어말어미 '-오-'가 소멸되는 과정에 주목하고자 한다. 이때, 자립명사 구문에서의 선어말어미 '-오-' 소멸의 기제에 명사성의 정도가 얼마나 영향을 주었는지 살펴볼 것이다. 사실 15세기 문헌에서 의존명사와 선어말어미 '-오-'가 쓰인 보문화 구성의 경우 자립명사 구문에 비해 선어말어미 '-오-'의 출현의 빈도가 낮은 편이라고 할 수 있으며, 의존명사 구문의 경우에도 의존명사의 성격에 따라 선어말어미 '-오-'가 필수 선접하는 정도가 차이가 있는 것을 살펴볼 수 있다.

이 논문에서는 앞선 선행 연구의 논의 사항을 중심으로 '-오-'가 변천되어 소멸되는 과정에 주목하고자 한다. 특히 소멸 과정에서의 관계

화 구성, 보문화 구성의 차이 및 자립명사와 의존명사의 차이를 예문을 중심으로 살펴보고자 한다.[1]

2. 관형화 구성에서의 '-오-'의 실현 양상

전통적으로 국어문법에서 관형절의 구성은 '-ㄴ', '-ㄹ'에 의한 동사의 관형화를 통해 이루어졌다. '-오-'의 개재는 이러한 절 구성을 통한 명사구내포문의 구성 여부와 깊은 관련이 있다. 전정례(1991:51)에서는 이러한 관형절과 관형구의 구분이 중세국어의 선어말어미 '-오-'의 출현 여부를 구분할 수 있는 기준이라고 언급한 바 있으며, 절을 구성하지 못하는 형태를 몇 가지로 제시하였다.[2] 관형화 구성에서의 '-오-' 변천을 살피기 위해 먼저 관형화 구성에서의 관계화와 보문화에 대해 살펴보기로 한다.

---

1) '-오-'에 관한 연구는 그간 다양한 접근법을 통해 논의가 이루어졌는데 크게 세 가지 차원에서 구분해 볼 수 있다. 첫째, 주체대상법으로 본 논의로 허웅(1958), 김승곤(1974), 최남희(1987), 강규선(1989) 등을 살펴볼 수 있다. 둘째, 의도법으로 접근한 논의는 이숭녕 (1959), 이남덕(1970), 강길운(1972), 손주일(1979), 임홍빈(1981), 정재영(1985), 손형주 (1983) 등이 있다. 셋째, 주체대상법이나 의도법으로 보지 않은 새로운 접근 방향으로는 이인모(1972), 차현실(1981), 손주일(1994, 1996), 전정예(1991), 홍종선(1997), 정수현 (2011), 최대희(2014) 등이 있다.
2) 관형절을 구성하지 않아 '-오-'가 나타나지 않은 사례는 다음과 같이 살펴볼 수 있다. 첫째, 관형형 어미를 통해 관형구를 이루는 경우 '-오-'가 선접되지 않으며, 수식받는 명사가 동작 주체가 된다. (1) 드리에 쩌딜 무를 넌지시 치혀시니(용가:87) 둘째, 관형구가 뒷 명사와 동격구성을 이루고 있는 형태로 이 구성도 절을 이루지 않아 '-오-'가 선접되지 않는다. (2) 이 굳흔 어린 사른미 (월석8:74) 셋째, 주격조사가 표면상 생략되어 절 구성이 되지 않는 경우로 중세국어에서 이러한 구성은 절로서 인식되지 않았다. (3) 찍 무든 옷 닙고 (석상6:27)

2.1. 관계화 구성과 보문화 구성

일반적으로 안은문장과 안긴문장의 기저에 공통된 명사가 있는가 없는가에 따라 전자를 관계화 구성으로 보고, 후자를 보문화 구성으로 보고 있다. '-오-' 소멸 과정에서의 두 가지 구성은 모두 '명사성'이라는 기준3)을 통해 설명이 가능하다. 똑같이 관형절을 이루고 있지만 수식받는 명사의 명사성 정도가 '-오-' 소멸과 관계가 있는 것이다.

먼저 일반적으로 나타나는 관계화 구성과 보문화 구성에서의 '-오-' 개재 여부는 다음과 같은 구문을 통해 확인할 수 있다.

(1) (ㄱ) 일후미묘법련화ㅣ니보살ᄀᆞ라치시논법이라 (석상19:41)
     (ㄴ) 보화번은보비옛고ᄌᆞ로밍ᄀᆞ론번이라 (석상20:7)
     (ㄷ) 근은아래닐온오근이라 (월석7:44ㄱ)
     (ㄹ) 엇뎨ᄆᆞᆫ득ᄉᆞ랑ᄒᆞ논몸ᄋᆞᆯ 부료려ᄒᆞ시ᄂᆞ니 (월석11:6)

(2) (ㄱ) 이 각시ᄊᆞ내얻니논ᄆᆞᅀᆞᆷ애맛도다 (석상6:14)
     (ㄴ) 수달이버룻업순줄을보고 (석상6:21)
     (ㄷ) 즉자히다시니러네사ᄅᆞᆷᄒᆞ논양ᄋᆞ로례삭ᄒᆞᆸ고ᄒᆞ녀긔안ᄌᆞ니
         라 (석상6:21)
     (ㄹ) 제보아ᄋᆞ론견ᄎᆞ로ᄂᆞ외야 (석상9:31)

예문 (1ㄱ)-(1ㄹ)은 관계화 구성에서 '-오-'가 선접한 예이고, (2ㄱ)-(2ㄹ)은 보문화 구성에서 '-오-'가 선접한 예문이다. 관계화 구성의 경우 [-오-+-ㄴ/ㄹ]+명사 구조가 NP를 이루어 전체 문장 안에서 조사와 결합하여 명사와 같은 문장 성분으로 기능한다. 보문화 구성 역시

---

3) 본 논문에서 말하는 '명사성'은 형태 통사적으로 명사와 같은 기능을 하는 특성을 말하는 것으로, 정희정(2000 : 39)에서는 이를 명사구의 핵이 될 수 있는 특성으로 기술하고 있다. 이 연구에서의 '명사성의 정도'는 형태 통사적 결합제약의 정도와 '-오-'의 실현 유무로 판단하였으며, 이는 3장에서 좀 더 자세히 살피기로 한다.

관계화 구성과 마찬가지로 선어말어미 '-오-'와 관형사형 어미 '-ㄴ, -ㄹ'과 함께 나타나고, [-오-+-ㄴ/ㄹ]+명사 형태로 NP 구성을 보이지만 관계화 구성과는 다르게 안은문장과 안긴문장의 기저에 공통된 명사가 없다.

'명사성'의 정도와 관계화, 보문화에 대한 관계를 살펴보기 위해서는 각각의 구성에서 수식하는 명사를 살펴보지 않을 수 없다. 앞서 살핀 관계화 구성과 보문화 구성의 차이는 기저에 공통된 명사가 있는지 없는지의 차이에서 발생한다. 석주연(2011:46)의 논의를 빌리자면 피수식명사가 사태의 참여자인가 그 사태에 대한 발화나 정보를 지시하는 것인가의 차이가 발생하는 것이다.

정수현(2012)에서는 이에 대해 관형화 구성에서 쓰이는 명사가 자립명사가 대부분인데 반해 보문화 구성에서 쓰이는 명사는 의존명사나 자립도가 떨어지는 명사가 올 수 있다고 지적한 바 있다. 다음의 예문은 15세기 관형화 구성에서의 관계화 구성과 보문화 구성 중 자립명사를 수식하는 관계화 구성과 의존 명사를 수식하는 보문화 구성을 살펴본 예이다.

(3)　(ㄱ) 三界第一엣諸佛讚嘆ᄒᆞ시논乘을 得고져願ᄒᆞ리도이시며 (석상13:19)

　　(ㄴ) 이ᄂᆞᆫ方便으로니르시논涅槃이라 (석상13:60)

　　(ㄷ) 일후미妙法蓮華ㅣ니菩薩ᄀᆞᄅ치시논 法이라 (석상19:41)

　　(ㄹ) 寶花幡은보빗옛고ᄌᆞ로ᄆᆡᆼ ᄀᆞ론幡이라 (석상20:7)

　　(ㅁ) 金銀그르세담온種種차반이러니 (월곡44:기122)

　　(ㅂ) 根은아래닐온五根이라 (월석7:44)

(3ㄱ)에서 (3ㅂ)은 관계화 구성으로, 관형절을 이루는 피수식명사가 모두 자립명사로 구성되어 있음을 알 수 있다.

(4) (ㄱ) 須達이버릇<u>업순</u>줄을보고 (석상6:21)

(ㄴ) 즉자히다시너러네사름<u>ᄒᆞᆫ</u>양ᄋᆞ로禮數ᄒᆞᆸ고ᄒᆞ녀긔안ᄌᆞ니라 (석상6:21)

(ㄷ) 生死軍은無明六識等이니침노ᄒᆞ야<u>害ᄒᆞᆫ</u>곧ᄋᆞ로니롤씨賊이라ᄒᆞ고 (석상20:28)

(ㄹ) 淨三昧ᄂᆞᆫ淨藏淨眼이<u>밀삼논</u>바이오 (석상21:35)

(4ㄱ)에서 (4ㄹ)의 예문은 관계화 구성과 달리 공통되는 명사가 없는 보문화 구성으로, 피수식명사가 모두 의존 명사로 구성되어 있음을 보이는 예이다. 물론 보문화 구성에서 모든 피수식명사가 의존명사라는 논의를 하고자 하는 것은 아니다. 보문화 구성이 관계화 구성보다 의존명사를 수식하는 문장이 더 많다는 사실과 이 사실이 이후 '-오-' 소멸과 일련의 관계가 있음을 살피기 위한 것이다. 정수현(2011)에서는 관형화 구성을 이루기 위해서는 안은문장과 안긴문장 모두에서 문장성분으로서 기능을 하여야 하므로 의미적으로도 자립성이 보장되어 있어야 한다고 보았다. 따라서 의미적으로 자립적이라고 할 수 없는 의존명사 등이 나타나는 보문화 구성에서는 문장 구조가 [[-오-+-ㄴ/ㄹ]+명사]로 나타나 NP로 기능한다고 하더라도 거기에 관여하는 명사의 명사성의 정도가 약하여 '-오-'가 관계화 구성에서보다 그 기능을 잃어갈 가능성이 있다고 보았다. 이를 좀 더 상세히 살피기 위해 피수식명사의 차이를 다음 절에서 살펴보기로 한다.

2.2. 의존명사 구문과 자립명사 구문

자립명사가 의존명사에 비해 명사성이 강하고, 이러한 명사성이 '-오-'의 소멸과 관련이 있음은 주지한 바와 같다. 특히 의존명사의 경우 결합하는 의존명사의 유형에 따라 '-오-'가 나중까지 개재하기도 하고, 빠지기도 한다.

최대희(2014)에서는 15세기 문헌의 '-오-' 실현이 명사화 구성에서
는 거의 예외 없이 실현된다고 보았다.[4] 관형화 구성에서는 불규칙하
게 나타나는데, 피수식어가 자립명사 구문일 경우와 형태·통사적 제
약을 덜 받는 의존명사 구문일 경우에는 '-오-'의 선접이 거의 실현되
는 한편 형태·통사적 제약을 받는 의존명사 구문에서는 '-오-'가 실현
되지 않는 경우가 보인다고 기술하고 있다. 이러한 과정을 거치며 16
세기에는 15세기에 비해 '-오-'가 더 불규칙적으로 실현되고, 17세기
명사화 구성에서는 '-오-'의 실현이 보이지만, 관형화 구성에서는 '-오
-'가 거의 실현되지 않고 있다고 살핀 바 있다. 이는 다음의 예문을
통해 확인해 볼 수 있다.

(5) (ㄱ) 나랏중생이니불오시무수매머거든 (월석8:65)

  (ㄴ) 내범혼일업거늘 (월석13:16)

  (ㄷ) 믈읫유정의뚫거시다낟븐줄업긔호리라 (석상9:5)

  (ㄹ) 이런드로머러잇논거시업스니라 (능엄2:109)

  (ㅁ) 담연히즐기논배업더라 (내훈:25)

먼저 (5ㄱ)에서 (5ㅁ)의 예문은 15세기에 살펴볼 수 있는 '-오-'가

---

4) 양정호(2003)를 보면, 후기 중세국어 시기에 명사형 어미 '-ㅁ'이 매우 활발하게 사용되었
던 것을 고려할 때, 전기 중세국어 시기에 '-ㅁ'이 제한된 환경에 출현하고 있는 것은
아마도 이 시기가 명사형 어미 '-ㅁ'이 발달해 가는 초기 단계이기 때문에 그런 것으로
논의하고 있다. 또한 '-ㅁ'에 '-오-'가 통합한 용례를 석독구결 자료를 통해 살폈는데, '-ㅁ'에
'-오-'가 통합한 예보다 그렇지 않은 예가 다소 많이 보인다고 하였다. 이 논의를 근거로
후기 중세국어 시기에 동명사형 어미와 '-오-'의 통합을 추론해 보면, '-오-'는 명사적 특성을
가진 형태소인데, 전기 중세국어 시기에 명사절 형성에 활발하게 참여했던, '-ㄴ, -ㄹ'에
'-오-'의 실현이 불규칙한 것은 '-ㅁ'의 영역 확대와 관련이 있을 것으로 보고 있다. '-ㅁ'이
명사절 형성에 참여하지 않았다면, '-ㄴ, -ㄹ'은 명사절 형성에서 매우 굳건한 위치를
차지했겠지만, '-ㅁ'의 영역 확대는 '-ㄴ, -ㄹ'의 불안정성을 가져 왔을 것이기 때문이다.
이후에 후기 중세국어 시기로 오면서 '-ㅁ'은 명사절 형성에 매우 중요한 자리를 차지하게
되면서, 명사적 특성이 강한 '-오-'를 예외 없이 통합하게 되었지만, '-ㄴ, -ㄹ'은 명사절
형성에 덜 관여하게 되면서, '-오-'가 통합되지 않은 예가 더 많아졌다고 판단하고 있다.

개재된 자립명사 구문과 의존명사 구문이다. (5ㄱ)과 (5ㄴ)은 자립명사 앞에 '-오-'가 개재된 것이고, (5ㄷ)에서 (5ㅁ)은 의존명사 앞에 '-오-'가 개재된 것이다.

(6) (ㄱ) 무쇼돌 히밤마다 먹논딥과콩 (번노상:11)

　　(ㄴ) 진실로태자의 니르논말와 곧 ㅎ야 (번소9:46)

　　(ㄷ) 제모미 ㅎ마 아논이리져고딕 (번소6:18)

　　(ㄹ) 이내익키 아쳗논배니 (번소6:13)

　　(ㅁ) 비록 자반는배다올홀 디라도 (번소7:2)

　　(ㅂ) 티장ㅎ야주어 보내는 거시 구장만ㅎ더니 (번소9:58)

16세기 문헌을 살펴보면 (6ㄱ)에서 (6ㄷ)과 같이 자립명사를 수식하는 관형절의 경우 '-오-'가 선접하고 있으나 의존명사의 경우 (6ㄹ)과 같이 '-오-'가 선접하기도 하고, (6ㅁ)이나 (6ㅂ)과 같이 '-오-'가 없는 문장이 나타나기도 한다. 이는 17세기 문헌을 통해 조금 더 확실히 알 수 있다.

(7) (ㄱ) 每日學長이더 그래는 學生을다가스승씌숩고 (노언상:6)

　　(ㄴ) 멀리흔초가로 지은덤이이시니 (노언상:56)

　　(ㄷ) 너희둘히 셜리니러 자븐것 서러져짐시르라 (노언상:53)

　　(ㄹ) 아히의 먹는것 닙는거시다이어린놈의쳔이라 (노언하:44)

(7ㄱ)부터 (7ㄹ)은 17세기 문헌을 살펴본 것으로 여기서는 자립명사나 의존명사가 예외 없이 '-오-'를 개재하지 않는다는 사실을 알 수 있다. 15세기부터 17세기의 문헌의 예문을 통해 알 수 있는 사실을 정리하면 다음과 같다.

첫째, 15세기 관형화 구성은 피수식어가 자립명사일 경우에 거의 예외 없이 '-오-'가 선접하지만 의존명사일 경우에는 유형에 따라 '-오-'

가 실현하기도 하고, 실현하지 못하기도 한다. 이는 의존명사 유형의 명사성의 정도와 '-오-' 개재 여부가 관련이 있다는 것으로 설명할 수 있다.

둘째, 16세기 문헌의 관형화 구성에서는 피수식어가 자립명사인 경우와 의존명사인 경우 '-오-'가 출현하는 것에 차이가 있다. 이미 명사성이 약화되거나 서술문화한 경우, 관형화 구성이 명사나 연결어미로 대체되면서 관형화내포문을 구성하지 않는 경우 '-오-'가 선접하지 않는다.

셋째, 17세기 관형화 구성을 보면 자립명사와 의존명사 모두에서 '-오-'의 실현을 찾아보기 어렵다. 다만 '-오-'가 소멸되지 않고 남아 있는 예들이 있는데 이러한 구성은 '-오-'가 결합된 절의 관용적 사용에 의해서 '-오-'가 남아 있는 형태라고 볼 수 있다.

아래 (8ㄱ)에서 (8ㄷ)은 이렇게 화석화하여 남아 있는 관용 표현의 사례이다.

(8) (ㄱ) 네닐온곧이롤사기다가이디몯ᄒᆞ여도 (번소6:15)
     (ㄴ) 닐온바버믈 (소언5:14)
     (ㄷ) 횡산은닐온아긔소니몬져나미니 (언태:23)

(8ㄱ)에서 (8ㄷ)까지 공통적으로 살펴볼 수 있는 '닐온'은 '[닐다+오+ㄴ/ㄹ]' 형태가 일종의 관용화한 표현으로 설명할 수 있다. (8ㄴ)에서와 같이 주어가 나타나지 않는 형태에서의 '-오-'는 이미 명사구내포문 구성의 표지로서 기능한다고 보기는 어려울 것이다. 그밖에 이러한 예로 '곧온'을 살펴볼 수 있다.

(9) (ㄱ) 世雄이곧온ᄯᅡ기업스샤百福으로ᄌᆞ개莊嚴ᄒᆞ샤無上智慧롤得
         ᄒᆞ시니 (법화3:101)

(ㄴ) 셋재글온여슷가지지죄니례졀과음악과활쏘기와어거ᄒ기와글
쓰기과산계홈이니라. (소언1: 11)

(ㄷ) 본ᄃᆡ로서르좃고고고리글온芙蓉은本來제ᄒ雙ㅣ로다 (두시-
중 15:32)

이렇듯 15세기 관형화 구성에서 활발한 결합을 보였던 '-오-'는 16
세기와 17세기를 거치면서 점차 변천과 소멸의 길을 걷게 된다. 다음
장에서는 관형화 구성에서 '-오-'가 어떤 과정으로 변천하고 소멸했는
지를 살펴보기로 한다.

3. 관형화 구성에서의 '-오-'의 변천과 소멸

3.1. 관형화 구성에서의 '-오-' 변천

이 장에서는 관형화 구성에서의 '-오-' 변천과 소멸 이후의 변화에
대해 살펴보기로 한다. 이 글에서는 관형화 구성에서의 '-오-' 변천과
소멸의 이유를 '-오-'가 개재된 동명사형 어미 '-ㄴ', '-ㄹ'의 명사성이
약해짐[5])에 따른 변화로 설명하고자 한다. 명사성의 약화는 결국 관형
화 구성에서의 '-오-'가 명사구내포문 표지로서의 기능을 상실해 가는
것이라고 설명할 수도 있을 것이다.

전정례(1991), 정수현(2012), 최대희(2014)에서 관형화 구성에서의
'-오-' 변천을 주로 명사성의 약화로 설명하는 데 반해 '-오-' 소멸의
원인을 '-오-'가 갖는 잉여성의 문제와 결부시켜 설명하기도 한다. 석

---

5) 본 논문에서 논의의 대상이 되는 명사성의 약화는 연구자에 따라 다양한 논의가 진행된
부분이기도 하다. 앞선 연구자에서 말하는 '명사성의 약화'는 '-오-'에 자체적으로 명사성이
있고, 점점 명사적 특성이 없어지면서 소멸했다기보다는 '-오-'가 개재된 '-ㄴ', '-ㄹ'의 명사
성의 약화가 '-오-' 소멸의 주된 원인이라 보고 있다. 본 논문에서는 이와 더불어 '것'의
발달이나 '-오-'를 선접하는 명사구문의 명사적 특성도 영향을 미쳤을 것으로 보고 있다.

주연(2001:42)에서는 핵심명사가 관계절의 비주어 논항일 때 '-오-' 출현이 규칙적이지만 그것이 부사적 논항(장소, 시간)일 경우 '-오-' 출현 여부가 상당히 불규칙하다는 점을 지적한 바 있다. 아래는 석주연(2001:43)에서 이러한 견해의 논거로 사용된 예문이다.

(10) (ㄱ) 外道<u>사</u><u>노</u> 무 술 (월석9:36)

    (ㄴ) 西天은부텨<u>나신</u>나라히니 (월석1:30)

    (ㄷ) 精舍노<u>조심호노</u>지비라 (월석1:6)

    (ㄹ) 님금<u>묻조왯노</u>싸히 (두시-초8:62)

    (ㅁ) 사름<u>가도노</u>싸 (석상9:8)

    (ㅂ) 비아니<u>오노</u>싸 (월석10:84)

    (ㅅ) 과실<u>시므노</u>싸 (월석21:39)

여기서 이 논의를 살펴봐야 하는 이유는 관형화 구성에서의 '-오-' 소멸의 원인이 무엇인지와 관계가 있기 때문이다. '-오-'가 명사구내포문 표지로서의 역할을 수행한다는 측면에서 본다면 관형화 구성에서도 '-오-'가 절 구성을 이루는 내포문에 개재한다는 결론을 이끌어 낼 수 있다. 다만 절 구성을 하는데도 불구하고 '-오-'가 선접하지 않는 문장에 대해서는 설명이 필요한데 -물론 전정례(1991)애서 이미 설명을 하고 있지만- 여기에 적용해볼 수 있는 기준이 바로 '명사성'의 정도가 될 수 있다. 위에서 살핀 석주연(2001)의 부사적 논항에 해당하는 부분은 '-오-'가 잉여적인 성격을 가지고 있다고 볼 수도 있겠으나 부사어 앞에서 '-오-'가 잉여적인 성격을 갖는 것에 대해서는 설명이 필요할 것으로 보인다. 이와 달리 위의 예문에서 사용된 '무 술, 싸ㅎ, 나라ㅎ'와 같은 어휘가 이미 NP → ADVP와 같은 구조로 부사화했으며, 이렇게 부사적 성질을 띠게 된 어휘의 명사성의 약화[6]로 인해 '-오-'

---

6) 전정례(1991 : 99)는 시간이나 장소, 도구를 의미하는 부사구의 경우 의미역을 담당하며, 부사화의 정도에 따라 명사성의 정도에도 차이가 있음을 기술한 바 있다. 또한 명사적

가 선접하지 않는다는 논의로 설명한다면 '-오-'의 통사적 성격을 규명하는 것과 '-오-' 소멸의 원인과 과정을 살피는 데 좀 더 효율적인 접근이 가능할 것이다.

이렇듯 '명사성의 정도'를 '-오-' 변천과 소멸의 원인으로 제시했을때 중요한 것은 '명사성의 정도'의 차이가 '-오-'의 변천이나 소멸 시기에도 영향을 준다는 점이다. 이는 관계화 구성과 보문화 구성의 피수식명사의 '명사성의 정도' 차이를 통해 확인해 볼 수 있다. 즉, 자립명사를 수식하는 관계화 구성에 비해 의존 명사가 피수식명사로 구성되는보문화 구성에서 상대적으로 '-오-' 소멸이 더 빨리 이루어지는 것이다. 아래의 예문은 16세기 문헌 가운데 '-오-'가 남아 있는 관형화 구성의 예와 '-오-'가 남아 있지 않은 관형화 구성을 보여주는 예문이다.

(11) (ㄱ) 빅셩이자뱃논常性이라 (번소6:1)
    (ㄴ) 이베굴히욜마리업스며 (번소6:13)

같은 시기의 예문이지만 의존명사를 수식하는 보문 구성에서는 이미 '-오-'가 선접하지 않는 모습을 볼 수 있는데 이는 예문 (12)에서확인해 볼 수 있다.

(12) (ㄱ) 듕샹이궁박흔줄을어엿쎄너겨 (이륜:37)
    (ㄴ) 뎌人家ㅣ사룸미만흔주를보면 (번노상:46)

의존명사를 수식하는 관형화 구성에서의 '-오-' 소멸이 모든 의존명사에 동일하게 적용되는 것은 아니다. 앞에서 살핀 바와 같이 의존명사의 유형에 따라 소멸 시기에 조금씩 차이가 있다. 전정례(1991)에서는

기능의 표지인 '-오-'가 부사적으로 기능하는 명사 앞에서 나타나지 않게 되는 것을 의미역에서 갖는 부사성이 견인되었기 때문이라고 설명하고 있다.

의존명사의 목록을 '-오-'의 출현과 관련하여, 보편성 의존명사, 부사성 의존명사, 서술성 의존명사로 구분하였으며, 최대희(2013)에서는[7) 명사성의 정도에 따라, 1유형(명사성이 가장 강한 유형), 2유형(명사성이 덜 강한 유형), 3유형(명사성이 가장 약한 유형)으로 분류하였다.

위의 최대희(2013)와 같은 논리라면 명사성의 정도가 가장 강한 '것', '바'와 같은 의존명사류가 가장 오랜 시간 '-오-'가 남아있는 것으로 유추할 수 있다. 대표적으로 '것'을 통해 명사성의 정도에 대해 살펴보기로 한다.

(13) (ㄱ) 네得혼거슨滅이아니니 (법화3:198)
     (ㄴ) 므슴미어루降히욜거시업스니 (금삼2:5)

위의 (13ㄱ)과 (13ㄴ)은 15세기 문헌에서 '것'이 조사 '은'과 '이'와 결합한 것으로 의존명사로서 명사성이 강한 '것'은 거의 필수적으로 '-오-'와 통합하는 모습을 보여준다. 하지만 아래의 예문에서 보듯 같은 시기임에도 어떤 조사와 결합하는가에 따라 '-오-'와 통합하지 않는 모습을 보이기도 한다.

(14) (ㄱ) 太子ㅅ法은거즛마를아니ᄒ시ᄂ거시니 (석상6:24)
     (ㄴ) 자본이리無常ᄒ야몰몬미듫거시니 (석상6:11)
     (ㄷ) 序는…後ㅅ사ᄅᆞᆷ알의ᄒᄂ거시라 (월석서:1)

이러한 이유에 대해서 전정례(1991:111)에서는 '것'이 '이다'와 통합할 때 앞의 관형절보다는 뒤의 '이다'와 긴밀하게 통합함으로써 서술적 기능을 나타내어 '-오-'가 선접하지 않게 되며, 이것이 '것이다'라는 표현으로 발달한 것으로 설명하고 있다. 다시 말하면 이는 '것'이 서술

7) 제 1 유형 - 것, 곧, 바, 이, 줄, 닷, 양, 제 2 유형 - 적(제), 딛, 제 3 유형 - 만, 뿐, ᄯᄛᆞᆷ

어와 통합하려는 성질에 가까워질수록 '-오-'가 본래 가지고 있던 명사구내포문 표지로서의 기능을 축소시키는 역할을 했다고 볼 수 있다. 그리하여 한편으로는 '것'의 발달이 '-오-' 소멸의 원인을 제공했다고도 볼 수 있는 것이다.

또한 명사성을 강하게 갖는 '것'이 '-이다'와 결합하면서 명사성을 점차 잃는다는 설명은 몇몇의 불규칙한 예외로 설정한 항목에 대한 설명이 가능하다. 양정호(2003:174)에서는 '-오-'의 출현과 '것'과 같은 의존명사와의 결합에 대해 표제명사의 속성이 '-오-' 통합 여부를 결정하는 것이 아니며, 표제명사가 관계절의 필수 성분으로 이해될 가능성이 적을 때 '-오-'가 통합하지 않는다는 견지를 밝힌 바 있다. 즉, 여기에 따르면 피수식명사가 관형절의 목적어인데도 '-오-'가 개재되지 않은 경우나 반대로 피수식명사가 관형절의 주어인데도 '-오-'가 개재될 때 이는 불규칙으로 설명할 수밖에 없는 것이다.

(15) (ㄱ) 이런두로머러잇논거시업스니라 (능엄2:109)
     (ㄴ) 버힌거시正티아니커든먹디아니ᄒ며 (소언1:2)

예문 (15ㄱ)은 양정호(2003)에 따르면 자동사 '잇다'의 활용형에 '-오-'가 개재되어 있는데, '것'이 동사 '잇다'의 주어로 해석되는 구문이므로 '-오-' 결합 환경에서 벗어난다. 또 (15ㄴ) 예문을 봐도 의존명사 '것'은 앞의 '버힌'의 목적어로 볼 수 있기 때문에 '-오-'가 출현해야 하지만 '-오-'가 보이지 않는다는 것이다. 그러나 이 설명에 대한 불합리성은 앞의 연구사 논문에서 이미 지적한 바가 있다. 전정례(1991:69)에서는 이러한 의존명사 구문에서의 '-오-' 출현의 불규칙성을 공시태 속에 존재하는 통시적인 변화로 보기도 했다. 또한 손주일(1996:82)에서는 의존명사의 성질에 따라 '-오-'의 기능이 좌우되는 것은 아니며, 오히려 명사구내포문을 이루는 피수식어류 중의 한 종류가 의존명사일 뿐이고, 이때 '-오-' 기능의 변천에 따라 어떤 의존명사류에서 먼저 '-오-'가 소멸되었느냐를 살피는 관점이 필요하다고 밝힌 바 있다. 하지만 명사구내포문의 '표지' 역할을 수행하는 관형화 구성에서의 '-오-'를 상기한다면 명사구내포문에서 피수식명사의 성질이 '-오-'에 영향을 주는 것이 당연하며, '-오-'의 기능을 규명하고, 변천과 소멸을 살피는 과정에서 충분한 상호작용이 이루어졌을 것으로 짐작할 수 있다.

결과적으로 관형화 구성에서의 '-오-'의 변천과 소멸의 핵심어는 '명사성'의 정도라고 볼 수 있다. 이를 위해 자립명사 구문과 의존명사 구문에서의 '-오-' 실현 정도와 소멸 시기의 차이를 앞에서 살핀 바 있다. 관형화 구성에서의 '-오-' 소멸은 개별적인 층위의 변화가 아닌 명사성이라는 기저의 원인을 바탕으로 '-ㄴ', '-ㄹ'의 명사성의 약화, '것이다'와 같은 표현법의 발달 등 복합적인 요인이 작용한 것으로 볼 수 있다.

3.2. '-오-' 소멸과 이후의 변화

한 언어에서 오랜 시간 특정한 기능을 담당했던 형태가 갑자기 사라지는 일은 없을 것이다. 긴 시간 많은 이들에 의해 사용되었던 형태가 사라지는 데에는 적지 않은 시간과 이를 대체할 수 있는 다른 형태가 필요하기 마련이다. 관형화 구성에서의 '-오-'가 17세기에 들어서면서 거의 용례를 찾아볼 수 없게 된 것은 앞서 '명사성'의 약화로 설명될 수 있다고 살핀 바 있다. 그렇다면 이 점진적인 '명사성'의 약화로 인해 발생한 '-오-'의 불규칙성이나 '-오-'의 자리와 기능을 대신했던 형태를 찾는 것은 '-오-' 소멸의 통시적인 과정을 이해하는 것에 중요한 작업이 될 것이다.

'-오-' 소멸 과정에서의 대체 유형은 크게 세 가지로 살펴볼 수 있다.

'-오-'가 소멸되는 과정에서 '-오-'가 없이 관형화 구성을 이루는 유형
과 '-오-'가 소멸된 뒤 문 전체가 명사화 구성으로 바뀐 유형, 마지막으
로 앞서 살핀 의존명사 '것'으로 대체된 '-ㄴ+ 것' 구성의 유형이다.

먼저 첫 번째로 '-오-'가 없이 관형절을 이룬 것으로 비슷한 시기의
문헌에서도 차이를 보인다. 이러한 현상에 대해 손주일(2006:93)에서
는 '동요' 현상이라 지칭한 바 있다. '동요' 현상은 소멸 이전의 불규칙
한 상황을 말한 것으로 같은 문헌에서조차 다른 양상을 보이기도 한다.
다음은 정수현(2011)에서 발췌한 예문이다.

> (16) (ㄱ) 어늬이셩신현신의ᄒ시논이리며어늬ᄀ장어리니의ᄒ논이린
> 고ᄒ야 (번소6:8)
> (ㄴ) 어늬이셩인현인의ᄒ시ᄂᆞ바일이며어늬이ᄀ장어린이의ᄒᄂᆞ바
> 일인고ᄒ야 (소언5:8)

16세기의 두 문헌에서 같은 문을 적고 있음에도 이렇게 차이를 보이
는 것은 15세기 이후 시작된 '-오-' 소멸이 점진적으로 범위를 확대해
가고 있으며, 그 과정의 시작은 의존명사 구문에서 먼저 일어났다는
점을 확인할 수 있다.

다음 유형은 이러한 의존명사 구문이 '-오-' 소멸의 단계를 거쳐 명
사화 구성으로 바뀐 유형이다. 이 유형에서는 피수식명사인 의존명사
가 사라지고, 그 자리에 명사화 구성에서 활발하게 사용된 '-ㅁ' 명사
화 구성과 '-기' 명사화 구성이 자리를 차지하게 된다.[8]

> (17) (ㄱ) 직조롤 녀폴주리업고안졍티아니면 (번소6:16)

---

[8] 최대희(2014)에서는 '-오-'의 소멸로 인해 '-ㅁ'에 의한 명사화 구성이 불안정하게 되고,
그 불안정성을 해소하기 위해 '-기'에 의한 명사화 구성이 활성화 되었을 수도 있으며,
반대로 '-기' 명사화 구성의 활발한 사용이 '-ㅁ' 명사화 구성을 위축시켜 '-오-'의 소멸을
가져올 수도 있었을 것으로 설명하고 있다.

(ㄴ) 직조를넘꾐이업고안졍홈이아니면뼈 (소언5:15)

(ㄷ) 므슴프롤일근심ᄒ리오 (번노하:3)

(ㄹ) 므슴풀기근심ᄒ료 (노언하:2)

(17ㄴ)은 (17ㄱ)의 구성에서 '-오-'가 빠지고, '-ㅁ'이 들어간 예이고, (17ㄹ)은 (17ㄷ)의 구성이 '-기' 구성으로 바뀐 예이다. 이 예문을 통해 관형화 구성에서의 '-오-' 변천과 소멸은 '-ㅁ' 명사화 구성과 '-기 명사화 구성'의 발달과 밀접한 관계가 있었음을 짐작해 볼 수 있다.

마지막으로 살펴볼 수 있는 유형은 16세기 이후부터 활발한 문 구성을 보이는 '-ㄴ 것' 구성으로 대체된 유형이다. 정수현(2011)에서 제시한 아래의 예문은 이러한 '-ㄴ 것' 구성으로 대체되는 과정을 잘 보여주고 있다.

(18) (ㄱ) 우리너희를자디몯게ᄒ논주리아니라 (번노상:47)

(ㄴ) 네너희를재디아니려ᄒ는줄이아니라 (노언:43)

(ㄷ) 내너희롤재오교져아니ᄒ는거시아니라 (몽노3:13)

(ㄹ) 내너희롤재오지아니런거시아니라 (청노3:17)

결과적으로 관형화 구성에서 폭넓게 사용되었던 '-오-'가 개재된 구성은 15세기를 지나 16세기에 이르러 점진적으로 사용이 축소되었고, 17세기에 이르러서는 몇몇의 관용적인 표현을 제외하고는 자취를 찾을 수 없게 된다.

이 과정에서 '-오-'가 없이 관형화 구성을 이루는 유형과 '-오-'가 소멸된 뒤 문 전체가 명사화 구성으로 바뀐 유형, 의존명사 '것'으로 대체된 '-ㄴ+것' 구성이 그 자리를 차지하게 된다.

4. 결론

지금까지 관형화 구성에서의 '-오-'의 변천과 소멸에 대해 살펴본 결과 다음의 몇 가지로 정리해 볼 수 있을 것이다.

첫째, 관형화 구성에서의 '-오-'의 실현은 관계화 구성과 보문화 구성으로 구분할 수 있는데, 관계화 구성이 자립명사 구문을 주로 수식하고, 보문화 구성이 의존명사 구문을 주로 수식한다는 점은 관형화 구성에서의 '-오-'의 변천과 소멸에 직접적인 영향을 끼쳤다고 볼 수 있다.

둘째, 관형화 구성에서의 '-오-'의 변천에서 주목할 사항은 '-오-'를 선접하는 자립명사 구문과 의존명사 구문의 '명사성의 정도'이다. 명사성이 강한 자립명사 구문에서 '-오-'가 더 오랜 기간 남아 있으며, 같은 의존명사 구문에서도 '명사성'이 강한 의존명사가 약한 것에 비해 늦은 시기까지 '-오-'를 유지하고 있다.

셋째, '-오-'의 소멸 이후 그 자리를 대체하는 유형은 세 가지로 살펴볼 수 있다. 하나는 '-오-'가 없이 관형화 구성을 이루는 유형이고, 하나는 '-오-'가 소멸된 뒤 문 전체가 명사화 구성으로 바뀐 유형으로 '-ㅁ' 명사화 구성과 '-기 명사화 구성'이 '-오-'의 자리를 차지하게 된다. 마지막으로 17세기 이후의 문헌에서 '-오-'가 있었던 자리가 '-ㄴ+것' 구성으로 대체된 유형이다.

관형화 구성에서의 '-오-'의 변천과 소멸 역시 일반적인 언어 현상과 마찬가지로 점진적인 변화 가운데 이루어졌으며, 그 변화를 설명할 수 있는 핵심어는 '명사성의 약화'이다. '명사성의 약화'는 다음과 같이 세 층위에서의 변화를 집약적으로 반영한 것이라 할 수 있다. 이러한 변화 양상을 세 가지로 정리하면 다음과 같이 살펴볼 수 있다.

첫째, '-ㄴ', '-ㄹ' 앞에 선접되어 관형화 구성을 이루었던 '-오-'가 '-ㄴ', '-ㄹ'의 명사성이 약화되면서, 명사구내포문 표지로서의 '-오-'의 명사적 성격도 약화된 것이다.

둘째, 관형화 구성을 이룰 때 관형절의 수식을 받는 '자립명사'와 '의존명사'의 명사성을 살펴볼 수 있다. 특히 수식받는 의존명사의 명사성의 정도가 약해진 것이 '-오-' 변천의 기제가 되었다고 볼 수 있다.

셋째, 앞의 두 요인으로 인해 '-오-'가 본디 가지고 있었던 명사성이 약화되었고, 이는 앞선 두 층위의 변화와 더해져 '-오-' 소멸을 가속화했을 것이다.

결과적으로 '명사성의 약화'로 설명할 수 있는 요인들의 총체적인 결합이 오랜 시기 넓게 분포했던 관형화 구성에서의 '-오-'의 변천과 소멸을 이끌어 낸 것으로 볼 수 있을 것이다.

참고문헌

강규선(1989),「삽입모음「~(o/u)-」의 기능에 대한 고찰」,『인문과학논문집』 8, 청주대학교.

강길운(1972),「한정법(삽입모음 -오/우-)에 대하여」,『덕성여대논문집』, 덕성여자대학교.

고경민(2015),「관형화 구성에서의 '-오-'의 변천과 소멸」,『시학과언어학』 제 30호, 시학과언어학회.

권재일(1985),『국어의 복합문 구성 연구』, 집문당.

권재일(2009),『한국어문법론』, 태학사.

김승곤(1974),「'오/우' 형태소고-노걸대와 박통사를 중심으로」,『국어국문학』 65·66, 국어국문학회.

서태룡(1979),「내포와 접속」,『국어학』제8집, 국어학회.

석주연(2001),「언어 사용자의 관점에서 본 중세국어 관형사형의 '-오-' 소멸」, 『형태론』 13, 박이정.

손주일(1993),「'{-오/우-}ㅁ'형과 '{-오/우-}기'형의 상관성 시고」,『국어국문학』 110, 국어국문학회.

손주일(1996),「15세기 국어 '-ㄴ, -ㄹ' 관형사형과 '{-오/우-}'와의 관련성」, 『강원인문논총』 3, 강원대학교 인문과학연구소.

손형주(1993),「15세기 국어「-오/우-」의 연구」,영남대학교 교육대학원 석사학위논문.

양정호(2003),『동명사 구성의 '-오-' 연구』, 태학사.

이남덕(1970),「15세기 국어의 서법 연구」, 이화여자대학교 대학원 박사학위논문.

이숭녕(1959),「어간형성과 활용어미에서의 「-(오/우)-」의 개재에 대하여」, 『논문집』 8, 서울대학교.

이숭녕(1964),「-(오/우)- 논고」,『국어국문학』 27, 국어국문학회.

이인모(1975),「중세국어의 서법과 시제의 연구」, 고려대학교 대학원 박사학위논문.

임홍빈(1981),「선어말 {-오/우-}와 확실성」,『한국학논총』, 국민대학교 한국
학연구소.

전정례(1991),「중세국어 명사구내포문에서의 '-오-'의 기능과 변천」, 서울대
학교 대학원 박사학위논문.

정수현(2011),「선어말어미 '-오-'의 기능과 변천 — 명사성의 약화와 그 기능
변화를 중심으로 — 」, 건국대학교 대학원 박사학위논문.

정수현(2012),「15세기 관형화 구성에 나타난 선어말어미 '-오-' 연구」,『겨레
어문학』 48, 겨레어문학회.

정재영(1985),「15세기 국어의 선어말어미 {-오/우-}에 대한 연구-형태론과
통사의미론을 중심으로-」, 한국외국어대학교 대학원 석사학위논문.

차현실(1981),「중세국어 응축보문 연구」, 이화여자대학교 박사학위논문.

최남희(1987),「선어말어미「-오/우-」의 통어 기능,『동의어문논집』 3, 동의대
국어국문학과.

최대희(2013),「'-오-'의 실현과 의존명사 명사성과의 상관성 연구 — 15세기
문헌을 중심으로 — 」,『한말연구』 32, 한말연구학회.

최대희(2014),「'-오-'의 소멸과 명사구내포문 구성 변천과의 상관성」,『국제
어문』 62, 국제어문학회.

최전승 외(2008),『국어학의 이해: 새롭게 펴낸 국어학 입문서』, 태학사.

허 웅(1958),「삽입모음고 — 15세기 국어의 일인칭 활용과 대상 활용에 대
하여 — 」,『논문집』 7, 서울대학교.

허 웅(1975),『우리 옛말본』, 샘출판사.

홍종선(1997),『근대 국어 문법-국어의 시대별 변천 연구』, 국립국어연구원.

명사화 구성에서의 '-오-'의 변천

이소영

1. 서론

15세기 명사구내포문에서의 '-오-'는 16, 17세기에서는 점차 그 수가 줄어들고 또 완전히 소멸하였다. 중세국어에서 '-오-'는 명사구내포문 구성에서 동명사형 어미인 '-ㄴ, -ㄹ, -ㅁ' 앞에서 실현되는데 관형화 구성과 명사화 구성에서의 소멸된 시기가 다르다.

본 논문은 15세기부터 17세기의 문헌을 대상으로 하는데 이 시기 동안 나타난 명사화 구성에서의 '-오-'의 실현 양상을 살펴봄으로써 '-오-'의 소멸에 따른 명사화 구성의 변천 과정을 확인할 수 있을 것이다. 이를 위해 2장에서는 15세기 명사화 구성에서의 '-오-'를 살펴보고, 3장에서는 명사화 구성에서 '-오-'의 변천을 유형별로 살펴볼 것이다.

2. 15세기 명사화 구성에서의 '-오-'

'-오-'의 소멸은 의존명사 구문의 관형화 구성에서 시작되어 자립명사 구문의 관형화 구성으로 확산되었으며, 15세기 국어에서는 '-오-'의 선접이 필수적이었던 명사화 구성에까지 확산되었다. 그러나 명사화 구성에서의 '-오-'의 소멸은 '-오-'를 선접한 형과 '-오-'를 선접하지 않은 형의 공존이 오랫동안 계속되었고, 관형화 구성에서보다 명사성이 오랫동안 남아있었다고 볼 수 있다.

이 장에서는 명사화 구성에서의 '-오-'의 변천 과정을 시기별로 살펴볼 것이다. 석독구결에 나타난 '-ㄴ'과 '-ㄹ'은 일반적으로 명사형 어미로 사용되고 '-ㅁ'의 경우에는 '-ㄴ', '-ㄹ'에 비해서 출현 빈도가 낮았다. 그러나 후기 중세국어 시기에 이르면 '-ㄴ'과 '-ㄹ'이 명사형 어미로 사용되는 경우가 매우 적고, '-ㅁ'이 일반적으로 사용된다. 명사화 구성은 원래 명사가 아닌 것이 명사 혹은 명사적 성격을 갖게 되는 것으로 조사와 함께 주어, 목적어 등으로 쓰여 전체 문장에서 명사와 같은 통사적 기능을 수행한다.

15세기 국어의 명사화 구성에 나타난 '-오-'는 동명사형 어미 '-ㅁ'과 결합하여 '-옴'의 형태로 나타나는 만큼 '-ㅁ'과 매우 밀접한 형태를 보이는 것이다. '-옴'이 명사화 구성을 이룬다는 것은 확실하다. 이때 '-옴' 자체를 하나의 형태소로 보는 견해도 있고 선어말어미 '-오-'와

'-ㅁ'으로 분석하는 견해도 있다. 15세기 국어의 명사화 구성에서는 '-오-'의 선접이 필수적이었다.

다음은 16세기 국어에서 명사화 구성에 '-오-'를 선접한 예문이다.

(1) 아ᄅᆞ미화동티아니호ᄆᆞᆫ (이륜,27)
(2) 됴한닐란닐완고해로온일란업계호ᄆᆞᆯ잘ᄒᆞ며 (여씨:4)
(3) 오행이서르生홈애몬져理와氣인는디라 (동몽:18)
(4) 이엇디…내아니라兵이라홈과다ᄅᆞ리오 (맹자1:10)
(5) 곽도경의네딋죠샹들히효도호ᄆᆞ로일홈나ᄆᆞᆯ희셔 (이륜,23)
(6) ᄒᆞ나ᄒᆞᆫᄀᆞ론덕과업과로서ᄅᆞ권아니호미오 (여씨:7)

다음 (7)~(9)는 16세기 국어의 '-오-'를 선접하지 않은 예문이다.

(7) 효되ᄆᆞ촘이며비르숨이업고=孝無終始 (소언2:34)
(8) 몸이쏘ᄒᆞᆫ용납ᄒᆞᆯ를보디몯ᄒᆞ고 (동몽,24)
(9) 孔子ㅣ 書를定ᄒᆞ시매 (동몽,18)

위의 예문을 보면 16세기의 '-ㅁ'형태는 모든 문장성분에서 항상 '-오-'를 선접한 형태와 '-오-'를 선접하지 않은 형태가 공존하지만 '-오-'를 선접한 구성이 '-오-'를 선접하지 않은 구성에 비해서 빈번히 나타나는 것을 확인할 수 있다.

다음의 예문 (10)~(16)은 모두 '-오-'가 나타나고 있는 문장으로 조사 '이, 을' 등과 같이 쓰여 주어나 목적어로 기능하고 있으나 명사구로 설명할 수 없는 경우로 이런 형태들은 전성명사와 쓰임이 같다. 이러한 구성에서는 명사형 어미 '-ㅁ' 앞에 '-오-'가 화석화하여 굳어진 것이라는 것을 확인할 수 있다.

(10) 쏘三禪三天에少淨天少淨은조호미져글씨니三禪天中에조호미뭇

져그니라 (월석1:33)

(11) 조호미샹녜色身에ㄱ득ᄒ며몷고미未來예니서너브며 (월석2:54)

(12) 如ᄂᆞᆫ眞性을니ᄅᆞ니眞性을如ㅣ라호ᄆᆞᆫ 붋고미無量世界ᄅᆞᆯ비춰여ㄱ린ᄃᆡ업고 (월석9:10)

(13) 長壽ᄅᆞᆯ得ᄒ고가ᅀᆞ며로몷求ᄒ면가ᅀᆞ며로몷得ᄒ고벼스ᄅᆞᆯ求ᄒ면벼스ᄅᆞᆯ得ᄒ고 (석상9:23)

(14) 化樂ᄋᆞᆫ지서즐길씨니즐거볼몷제밍ᄀᆞ라제즐기ᄂᆞ니 (월석1:31)

(15) 法忍이ᄯᅩ두가지니ᄒᆞ나ᄒᆞᆫ칢봄과더봄과ᄇᆞ롬과비와빅골폼과목뫃롬과老病死ᄃᆞᆯ히오 (월석7:53)

(16) 내授記ㅅ소리ᄅᆞᆯ듣좁고ᄆᆞᅀᆞ매긼부미ㄱ득ᄒ야 (법화4:66)

(17) 有情이오시업서모기벌에머더더뷔치뷔로셜버ᄒ다가 (월석9:26)

예문 (17)의 "더뷔 치뷔"는 "덥다"와 "춥다"의 옛말 "칩다"에 명사를 만드는 "-의"가 결합한 형태이다. (17)의 "더뷔 치뷔"와 (15)의 "치봄과 더봄"의 구조적으로 어떤 차이도 없다. 또한 (12)를 분석해 보면 '붋고미' 앞의 문장인 "眞性을 如ㅣ라 홈"을 설명하는 문장은 주어로서 단독으로 나타나는 명사임을 확인해 볼 수 있다. 따라서 위의 전성명사로 볼 수 있을 만한 예들은 '-오-'가 명사형 어미와 함께 쓰이는 일이 잦은 이유로 굳어져 어휘화된 것으로 해석할 수 있다.

이러한 예들을 통해 알 수 있는 사실은 선어말어미 '-오-'는 명사화 구성에 쓰였으며 이미 15세기에 명사화 구성으로 볼 수 없는 예문들에 나타난 것으로 보아 선어말어미 '-오-'는 전성명사에 굳어져서 나타나기도 했다는 것이다. 이렇게 전성명사를 만드는 데에 관여했다는 것은 '-오-'의 기능이 명사화 구성에 기초하고 있었다는 것을 방증해 주는 것이기도 하다. 이렇듯 '-오-'는 명사화 구성을 이루는 선어말어미였으며 더불어 명사성을 나타내기도 했던 것으로 추측해 볼 수 있다.

15세기에 대체로 규칙적이었던 '-오-'의 선접이 16세기에는 '-ㅁ'과 결합하던 '-오-'가 소멸됨으로 인해서 명사형 어미로서의 기능이 점차 약화된다. 따라서 '-오-'의 소멸로 인해 '-오-'는 불규칙하게 나타나고, '-ㅁ' 형태가 위축이 되면서, '-ㅁ'형태의 불안정해진 자리에 '-기'의 활성화가 진행된다고 볼 수 있다.

다음의 예문은 16세기 문헌에 나타난 명사화 구성을 '-오-'를 선접한 구문과 '-오-'를 선접하지 않은 구문으로 나누어 일부만을 제시한 것이다. 이 구문을 통해 '-오-'의 선접이 불규칙하게 나타나는 것을 확인할 수 있다. 16세기에 와서는 '-오-'를 선접한 형태와 '-오-'를 선접하지 않은 형태가 공존하지만, 여전히 '-오-'를 선접한 형태가 많이 나타나는데 이 시기에 '-오-'가 점차 소멸되는 과정에 들어서게 된다.

'-오-'는 15세기에 명사화 구성에서의 선접이 필수적이었다가 16세기에 차차 소멸 과정을 거쳐 17세기에는 '-오-'의 소멸이 더 활발해진다. 이때 '-오-'가 선접하지 않은 형태가 '-오-'를 선접한 형태와 비슷한 분포를 보이게 되는데 다음 (18)~(27)의 예문을 통해서 이를 확인할 수 있다.

다음 (18)~(22)은 16, 17세기의 '-오-'를 선접한 예문이다.

(18) ᄌᆞ연히굉공한딛딛홈업스며 (권념:4)
(19) 小學글이傳호미업거늘 (여훈상:26)
(20) 그곡셕踐홈을미더 (경민중:12)
(21) 琴瑟을鼓홈ᄀᆞ티야 (여훈상:46)
(22) 붓그러온바ᄂᆞᆫ學이업고셔文을호미라 (여훈상:8)

다음 (23)~(27)은 16, 17세기의 '-오-'를 선접하지 않은 예문이다.

(23) 닉일은구룸브트미됴쓰오니 (첩신-초6:13)
(24) 이러모로뼈네敎호미반ᄃᆞ시方이이셔 (여훈상:25)
(25) 지어미공경ᄒᆞᄆᆞ로뼈그지아비를셤기며 (여훈하:8)
(26) 어버이를봉양ᄒᆞ면곳이부텨롤봉양ᄒᆞ미니 (경민중:34)

(27) 境外예쓰디업슴이니 (여훈상:21)

위의 예문을 보면 17세기에는 '-오-'를 선접한 명사화 구성과 '-오-'
를 선접하지 않은 명사화 구성이 공존하고 있다는 점에서는 16세기와
비슷하다. 하지만 분포 면에서 봤을 때 16세기에는 '-옴'형이 '-ㅁ'형보
다 많은 분포를 보였으나, 17세기에는 '-옴'형과 '-ㅁ'형의 분포가 비슷
하게 나타난다.

다음 (28)~(35)의 예문에서와 같이 17세기에는 '-기'가 16세기에 비
해 현저하게 많이 나타나고 있다. '-기'가 '-오-'의 소멸로 인해서 '-오
-+-ㅁ'의 기능이 약화되면서 그 기능을 많은 부분에서 대체하고 있는
것을 확인할 수 있다.

(28) 鮮果를 氷盤에줌가두면ㄱ장보기됴ㅎ니라 (박언상:6)
(29) 담밧ᄂᆞ널로담머리예막아미기를굿이ㅎ고 (박언상:10)
(30) 그제브터나시되ㄱ렵기를當티못ㅎ여라 (박언상:13)
(31) 뎌ᄂᆞ고티기쉬오니모롬이膏藥을브티디말라 (박언상:13)
(32) 鹿角마개에약대쎠밋히ᄆᆞᆯ쇠와못금싀를민들기를輕妙히ㅎ고
      (박언상:15)
(33) 네이다슷발칼을이리민들기를곱고乾淨히ㅎ려ㅎ면 (박언상:16)
(34) 뎌三台돈은민들기를잘ㅎ엿고 (박언상:18)
(35) 南斗六星돈은민들기를너모두렷게ㅎ엿고 (박언상:18)

3. 명사화 구성에서의 '-오-'의 변천

이 장에서는 16세기에 선어말어미 '-오-'가 쓰인 명사구내포문으로
서의 쓰임이 문헌에 어떻게 나타나고 있는지를 살펴볼 것이다. 이를
통해 15세기를 거쳐 16세기에는 명사화 구성에서의 '-오-'가 어떻게

변천되었는지를 알 수 있을 것이다.

전정례(1995:119)에서는 의존명사 구문의 관형화 구성에서 시작된 '-오-'의 소멸은 자립명사 구문의 관형화 구성으로 확산되었으며, 15세기 국어에서는 '-오-'의 선접이 필수적이었던 명사화 구성에까지 확산되어 16세기 이후의 자료에서는 이러한 구성에서의 '-오-'의 소멸을 확인할 수 있다고 하였다.

문헌의 자료를 보면 명사화 구성에서 '-오-'는 점차 소멸해 가는 것을 확인할 수 있는데 같은 언어 자료를 시대에 따라 번역해 놓은 <번역노걸대>와 <노걸대언해>, <몽어노걸대>과 <청어노걸대>, <번역박통사>와 <박통사언해>, <번역소학>과 <소학언해>의 비교를 통해 명사화 구성에서의 '-오-' 소멸을 확인할 수 있을 것이다.

먼저 <번역박통사>와 <박통사언해>에 나타나는 양상을 보면 <번역박통사>에서는 '-오-+-ㅁ'형이 가장 많이 보이며, 다음으로 '-기'형, '-ㅁ'형 순으로 나타나며, <박통사언해>에서는 '-기'형이 가장 많이 보인다. 그리고 '-오-+-ㅁ'형과 '-ㅁ'형은 비슷하게 나타나고 있다. 이를 통해 17세기에는 앞선 시기에서보다 '-기'는 활성화 되어 쓰이고 있음을 확인할 수 있다. 다음으로 <번역노걸대>와 <노걸대언해>에 나타나는 양상을 보면 '번역노걸대'에서도 <번역박통사>와 만찬가지로 '-오-+-ㅁ'형이 가장 많이 나타나며, 다음으로 '-기'형, '-ㅁ'형 순으로 나타나고 있다. 그리고 <노걸대언해>에서도 <박통사언해>와 마찬가지로 '-기'형이 가장 많이 보이고, '-ㅁ'형과 '-오-+-ㅁ'형은 비슷하게 나타나고 있다.

3.1. -오-+-ㅁ 〉-ㅁ

16세기 자료에서 '-오-'가 소멸한 명사화 구성이 모든 조사와의 통합형을 가진 것을 볼 때 16세기 이후부터는 명사화 구성에서 '-오-'의 소멸이 전면적으로 일어났음을 알 수 있다. 그러므로 명사화 구성에서 '-오-'를 선접한 형과 선접하지 않은 형의 쌍형은 오랜 기간 공존했음을 확인할 수 있다. '-오-'의 소멸로 인해 명사형 어미 '-ㅁ'만 관여하는 구문이 나타나기 시작한다. '-오-'가 문 구성에 활발하게 관여하는 16세기까지는 '-ㅁ 주어절'이 '-오+-ㅁ'형으로 많이 나타나고 <번역박통사>에는 '-오-'가 관여하지 않은 '-ㅁ'형은 보이지 않는다. 하지만 아래의 (36)~(40)의 예문을 보면 16세기에 비해서 17세기 <박통사언해>에서는 '-오-'의 소멸로 인해 '-ㅁ'형으로 많이 나타나는 것을 확인할 수 있다.

(36) 흔디위마즘을니버도올흐니라 (박언상:33)
(37) 우리둘히…禮拜供養ᄒ야져기인연을지음이됴흐리로다 (박언상:66)
(38) 眼下에交手ᄒ면곳지며이그믈보리라 (박언상:22)
(39) 이다前世예修善積福ᄒ여시매 (박언상:28)
(40) 그날에각각둥흔밍셔를닐러무음됴흔弟兄을지음이엇더ᄒ뇨 (박언상:23)

'-오-'의 기능이 활발하게 나타나는 16세기까지는 '-ㅁ 주어절'이 '-오+-ㅁ'형으로 많이 나타나고 <번역노걸대>에서는 '-ㅁ'형이 많이 보이지 않는다. 하지만 아래의 (41)~(44)의 예문을 보면 16세기에 비해서 17세기 <노걸대언해>에서는 '-오-'의 소멸로 인해 '-ㅁ'형으로 많이 나타나는 것을 확인할 수 있다.

(41) 세히흔듸길녀매져므니슈고ᄒᄂ니라 (번노상:34)
(42) 이구싯더히ᄀ장어위다뼈우믈멀즈시미라 (번노상:38)
(43) 일빅낫돈애밧고믈흔말뿔옴ᄒ니 (번노상:54)
(44) 미실길ᄃ녀슈구ᄒ고머규믈ᄀ장몯ᄒ야 (번노상:69)

다음 (45)~(57)의 예문을 통해 <노걸대언해>에서는 '-ㅁ'형이 <번역노걸대>에 비해 더 많이 나타나는 것을 알 수 있다.

(45) 골픈제ᄒ 입어더먹으미브른제ᄒ 말어듬도곤나ᄋ니라 (노언상:39)
(46) 그免帖우희세번마ᄌᄆᆯ면ᄒ라ᄒ여쓰고 (노언상:4)
(47) 네니ᄅᄆᆡ올타 (노언상:10)
(48) 네니ᄅᄆᆞ도올커니와 (노언상:4)
(49) 도적들히네의쳔이시며쳔업스ᄆᆯ엇디알리오 (노언상:24)
(50) 마ᄌᄆᆞ을면ᄒ거니와 (노언상:4)
(51) 머금이브르냐아니브르냐우리ᄀ장비브르다 (노언상:38)
(52) 먹음이엇더ᄒᄂᆄ (노언상:54)
(53) 세번마ᄌᄆᆞ을닙ᄂ니라 (노언상:4)
(54) 엇디漢語니ᄅᄆᆞ을잘ᄒᄂᆄ (노언상:2)
(55) 쥬인형아니ᄅᄆᆡ올타 (노언상:49)
(56) 큰형의니ᄅᄆᆡ올타 (노언상:37)
(57) 믈이흔디워ᄀ장쉬ᄆᆯ기ᄃ려 (노언상:22)

전정례(1995:119)에서는 '-오-'를 선접한 형과 '-오-'를 선접하지 않는 쌍형의 존재를 <번역소학>과 <소학언해>의 비교를 통해 확인하고 있다.

다음의 (58)부터 (63)까지의 예문은 16세기의 '-오-' 소멸이 이루어진 것이다.

(58) 어마니믜ᄉ랑ᄒ샤미 (번소6:10)
    엄의ᄉ랑홈이 (소언5:9)
(59) 孔子ㅣ법도로ᄀ라츄ᄆᆯ (번소6:23)
    孔子ㅣ일홈지어ᄀ라치시ᄆᆯ (소언5:21)
(60) 일아는사ᄅ믜더러이너교미ᄃ외ᄂ니라 (번소6:26)
    유식ᄒ니의더러이너김이되ᄂ니라 (소언5:24)

(61) 사르미비홈이쇼믈아쳬러홀시라 (번소6:18)

  ᄂᆞᆷ익비홈이심을아쳐ᄒᆞᄂᆞ니라 (소언5:17)

(62) 내의ᄆᆞᅀᆞᆷ요동아니호미 (번소6:10)

  내의ᄆᆞᆷ요동아니홈이 (소언5:9)

(63) 顔子ᅵ로ᄒᆞ욤다ᄅᆞᆫ듸옴기디아니호믈… (번소6:9)

  顔子의노옴기디아니홈을… (소언5:9)

다음의 (64)~(69)까지의 예문은 16세기의 '-오-'가 소멸되지 않고
남아 있는 것이다.

(64) 지블正히요매시작일싀 (번소6:7)

  집을正홈애비르슴이라 (소언5:7)

(65) 일워셰유미어려오ᄆᆞᆫᄒᆞᄂᆞ래올옴ᄃᆞᆯ고 (번소6:20)

  일우셰윰이어려옴은ᄒᆞᄂᆞᆯ애올옴ᄃᆞᆯ고 (소언5:19)

(66) 벼슬올오믈求ᄒᆞᆫ대 (번소6:21)

  벼슬올옴을求ᄒᆞᆫ대 (소언5:19)

(67) 사르미날어딘줄아디몯혼ᄆᆞ란분별마오 (번소6:22)

  사름이아디몯혼ᄆᆞ란분별마오 (소언5:20)

(68) 어딘사름도의디아니호미 (번소6:32)

  君子ᅵ 되디아니홈은 (소언5:30)

(69) ᄌᆞ뎨글빈호미이시며 (번소6:36)

  子弟혹문홈이이시며 (소언5:34)

위 예문의 <번역소학>과 <소학언해>의 비교에서 관형화 구성에서
의 '-오-'의 소멸이 완성된 것과 비교해 보면, 이것도 명사성의 정도에
있어서의 차이로 인해서 명사화 구성에서의 '-오-'는 관형화 구성에서
의 '-오-'와 소멸 시기가 다름을 알 수 있다. 이는 '-ㄴ, -ㄹ'에 의한
관형화 구성보다는 '-ㅁ'에 의한 명사화 구성의 명사성이 강하기 때문
인 것이다.

3.2. -오-+-ㅁ〉-기

전정례(1995:129)에서는 명사화 구성의 '-오-'는 주로 동일한 통사적 구성에서 '-오-'를 소멸시키면서 변천해 간다고 하였다. 그러나 '-옴'에 의한 명사화 구성의 약화를 가져온 것을 '-기'의 활발한 사용에서 찾아볼 수 있다고 하였다. '-기'는 15세기 국어에서는 내포문을 구성하는 기능을 가졌다기보다는 파생접사에 불과하였고 용례도 적었다. 그런데 16세기 이후에는 그 용례가 눈에 띄게 많아졌으며 명사화 구성에 적극적으로 참여하게 되었다. 이러한 '-기'의 통사적 기능의 확대는 '-옴'과의 충돌을 피할 수 없게 하였으며 '-옴'형은 '-기'에도 그 자리를 내어 주게 되었다.

'-오-+-ㅁ〉-기'는 '-옴〉-음〉-기'로 변천하는 것이 아니라 '-옴' 구성에서 바로 명사화소 '-기'로 대체된다. 이렇게 '-옴'형에서 '-기'형으로 바로 대체된 것을 통해 당시 언중들의 언어 직관에 '-오-+-ㅁ'이 명사화 구성에 관여하는 것으로 자리 잡고 있었음을 알 수 있다. 다음 (70)~(73)의 예문을 통해 확인할 수 있다.

(70) 튝판으로담애마가믜요믈구디ᄒ고 (번박상:10)
    담밧ᄂ는널로담머리예막아믜기를굿이ᄒ고 (박언상:10)
(71) 록각부리예대쎠로마기ᄒ고ᄆ릇쇠다님쇠딩ᄀ로몰경묘히ᄒ고 (번박상:15)
    鹿角마개예약대쎠밋히ᄆᄅ쇠와뭇금쇠를 믄들기를 輕妙히ᄒ고 (박언상:15)
(72) 네이다슷가짓갈히이리ᄃᆼᄀ로몰곱고조케ᄒ면 (번박상:16)
    이네이다슷발칼을이리믄들 기를 곱고 乾淨히ᄒ려ᄒ면 (박언상:16)
(73) 뎌엷ᄌᆞᆷ믈돈세나츤딩ᄀ로미묘코 (번박상:19)
    뎌三台돈은믄들 기를 잘ᄒ엿고 (박언상:18)

즉 15세기 국어의 명사화 구성에서 '-오-'의 소멸로 인해 '-오-+-ㅁ'
형을 대체할 무언가가 필요하게 되었고, '-기'가 그 기능을 담당하기
시작하는데 16세기에는 '-오-+-ㅁ'형에 비해서는 '-기'형이 적은 편이
다. 다음 (74)~(83)은 <번역박통사>의 문헌을 통해 알 수 있는 '-기'의
예문이다.

(74) 빋주기아니사르믈주기쉽게ᄒᆞᄂᆞ녀 (번박상:35)
(75) ᄒᆞ희옷비얌믈이기디내면 (번박상:37)
(76) 뎌ᄆᆞ쇼고티기잘ᄒᆞᄂᆞ니라 (번박상:42)
(77) 믈고티기됴ᄒᆞ면 (번박상:43)
(78) 고티기ᄆᆞ차다 (번박상:43)
(79) 숟갇나히가니믈리기가 (번박상:45)
(80) 됴토다됴토다네게으른양쓰기말며 (번박상:50)
(81) 활혀기ᄂᆞᆫ각별ᄒᆞᆫ히미잇고 (번박상:55)
(82) 술머기ᄂᆞᆫ각별ᄒᆞᆫ챵짓이잇ᄂᆞ니라 (번박상:55)
(83) ᄀᆞᆺ아기싯기기믓고 (번박상:56)

다음의 (84)~(89)의 예문을 보면 16세기 국어에서도 '-오-' 소멸의
확대로 인한 '-오+-ㅁ'형을 대체할 무언가가 더 필요하게 되는데 역시
'-기'가 '-오-+ㅁ'의 기능을 담당하기 시작한다. 그러나 16세기에도
'-오-+-ㅁ'형에 비해서는 분포가 적은 편이다.

(84) 저기어든눈앏픳즐기기를홀 거시라 (번박상:7)
(85) 구워렌태티기ᄒᆞ며 (번박상:18)
(86) 모ᄎᆞ라기로노롯ᄒᆞ기ᄒᆞ며 (번박상:18)
(87) 시워렌대믈트기ᄒᆞ며 (번박상:18)
(88) 에엿븐더말모로ᄂᆞᆫ즘싱들히치기를ᄀᆞ장몯ᄒᆞᄂᆞ니 (번박상:21)
(89) ᄒᆞ룻바믜치기를닐굽여듧번식ᄒᆞ야 (번박상:22)

17세기에는 '-오-'의 소멸로 인해 '-오-+-ㅁ'의 기능이 더욱 약화되면서 그 기능을 많은 부분에서 대체하고 있다. 따라서 '-기'가 16세기에 비해 많이 나타난다. 다음 (90)~(95)는 <박통사언해>의 예문이다.

(90) 鮮果를 氷盤에 ᄌᆞᆷ가두면 ᄀᆞ장보기됴ᄒᆞ니라 (박언상:6)

(91) 담빗ᄂᆞᆫ 널로 담머리예막아 믠기를 굿이ᄒᆞ고 (박언상:10)

(92) 그제브터나시되 ᄀᆞ렵기를 當티못ᄒᆞ여라 (박언상:13)

(93) 뎌ᄂᆞᆫ 고티기 쉬오니모롬이 膏藥을 브티디말라 (박언상:13)

(94) 鹿角마개에약대뼈밋히 ᄆᆞᆯ 쇠와뭇금쇠를 민들기를 輕妙히ᄒᆞ고 (박언상:15)

(95) 뎌진쥬ㅣ 크기 언메나ᄒᆞ뇨 (박언상:19)

다음 (100)~(107)은 16세기 <번역노걸대>에 보이는 '-기'형의 예문이다.

(100) 스승님앏픠셔사ᄉᆞᆯ 쎄혀글 외오기 ᄒᆞ야 (번노상:3)

(101) 엇디홀시사ᄉᆞᆯ쎄혀글 외오기며 엇디홀시 免帖잇고 (번노상:3)

(102) 이번몬외온좌를마초와 티기를 면ᄒᆞ거니와 (번노상:4)

(103) 네콩 슲기 아디몯ᄒᆞᄂᆞᆫ 듯 ᄒᆞ고나 (번노상:19)

(104) 우리ᄂᆡ실 ᄆᆞ 숨 노하가져네 ᄀᆞ장일 가기 말라 (번노상:26)

(105) 믈 잇기만 ᄒᆞ 면나가디몯ᄒᆞ리라 (번노상:34)

(106) 일즉인방의 나ᄃᆞ니기 니그면 (번노상:41)

(107) 이수울 ᄑᆞ 리여 싯구기 잘ᄒᆞᄂᆞ다 (번노상:65)

다음 (108)~(118)은 17세기 <노걸대언해>에 보이는 '-기'형이다. 17세기의 문헌에서는 '-기'가 16세기에 비해 많이 나타나고 있음을 확인할 수 있다.

(108) 닉일일녜쟈예셔셔울<u>가기</u>몃즘게길히잇느뇨 (노언상:9)

(109) 예셔셔울<u>가기</u>당시롱五百里우흐로잇느니 (노언상:9)

(110) 이벗아네콩<u>숲기</u>롤아디못ᄒᆞ는ᄃᆞᆺᄒᆞ다 (노언상:18)

(111) 네블<u>셋기</u>ᄒᆞ는다블셋기못ᄒᆞ는다 (노언상:18)

(112) 내블<u>셋기</u>못ᄒᆞ고보롬마시랴 (노언상:18)

(113) 법다이밍글<u>기</u>롤됴히ᄒᆞ엿느니라 (노언상:24)

(114) 네뒷<u>티기</u>아디못ᄒᆞ거든 (노언상:29)

(115) 이골이조브니 믈잇<u>글기</u>만히ᄒᆞ면다나가디못ᄒᆞ리라 (노언상:31)

(116) 네믈<u>깃기</u>니근듯ᄒᆞ괴야내믈<u>깃기</u>닉디못호롸 (노언상:31)

(117) 믈은믈<u>먹기</u>쟉게혼다 (노언상:32)

(118) 오라내시험ᄒᆞ여믈<u>깃기</u>비화지라 (노언상:32)

전정례(1995:129)를 보면 '-옴'>'-기'에로의 교체를 <번역소학>과 <소학언해>의 비교를 통해서 확인하고 있다.

(119) 잔머<u>구모로</u>노픈이롤삼고 (번소6:19)

    잔먹<u>움기</u>로뻐노픈허울을삼고 (소언5:18)

(120) ᄒᆞ마<u>뉘우조미</u> 려오니라 (번소6:19)

    이믓<u>뉘웃기</u>어려우니라 (소언5:18)

(121) 사치예<u>드루미</u>쉽고 (번소10:30)

    샤치혼ᄃᆡ<u>들기</u>ᄂᆞ쉽고 (소언6:129)

명사화 구성의 '-기'는 문어체보다는 구어체적인 특성을 갖는 것으로, 17세기 이후의 구어체 중심의 문헌에서 많은 용례를 보이고 있다. '-기'는 16세기 이후 국어에서 '-ㅁ'에 의한 명사화 구성을 교체시키는데, 18세기 문헌에서 사용이 가장 많았다는 연구가 있다.

'-기'는 여러 가지 점에서 '것'과 공통점을 갖는데, 15세기 국어에 이미 문체적인 특성을 가지고 존재하다가 차츰 그 기능과 세력을 확장하여 새로운 교체형으로 등장하게 되는 시기, 방법 등이 유사하다.

특히 '-오-'의 소멸과 밀접한 관련을 갖고 있다는 점에서 더욱 그러하다. '것'이 관형화 구성의 '-오-'의 소멸에 중요한 기능을 담당하였다면, '-기'는 명사화 구성의 '-오-'의 소멸에 큰 몫을 담당하였던 것이다. 그러므로 '것'에서처럼 '-기'는 명사화 구성에서의 '-오-'의 소멸의 결과로만 해석할 것이 아니라 소멸의 한 원인으로도 해석될 수 있는 것이다. 공시적으로 공존하는 두 언어형식 중에서 어느 하나가 세력을 얻어 다른 하나를 침식하여 소멸하게 하는 것은 언어변화의 가장 보편적인 방식이기 때문이다.

3.3. -오-+-ㅁ〉-ㄴ 것

'-오-'의 소멸로 인한, '-ㅁ'의 위축은 형태론적인 구성으로의 변화뿐만 아니라, 통어론적 구성으로의 변화도 가져온다. 즉, '-오-'가 존재하다가 소멸하면서 통어론적 구성인 '-ㄴ 것'의 구성으로 바뀌었다. 선어말어미 '-오-'가 가장 강력하게 자리 잡고 있었던 구성이 다름 아닌 '-ㅁ'과 결합한 명사화 구성이다. 이 구성에서 '-오-'가 사라짐에 따라 '-오-'가 없이 '-ㅁ'으로만 명사화 구성이 유지되다가 명사성과 내포문에 주어지는 초점, 강조가 약화되는데 이 '-오-'가 사라지기 이전의 그 기능을 넘겨받을 구성이 필요하게 되는데 이러한 요구로 '-ㄴ 것'이 등장한 것으로 생각된다. 형태론적 구성의 기능이 불완전할 경우 통어론적 구성으로 변별력을 강화하는 것이 문법 변화의 한 원리인데, 현대국어에서도 형태론적 구성보다 통어론적 구성이 더 자연스럽고 생산성이 높게 나타난다.[1]

---

1) ㄱ. 나는 영화를 <u>봄이</u> 싫다.
　ㄴ. 나는 영화를 <u>보기</u> 싫다.
　ㄷ. 나는 영화를 <u>보는 것이</u> 싫다.

다음의 예문은 '-오-'의 소멸에 의한 '-오-+-ㅁ>(-ㅁ)-ㄴ 것'으로 교체되는 과정을 <번역박통사>와 <박통사언해>, <번역노걸대>와 <노걸대언해>, <몽어노걸대>와 <청어노걸대>를 통해 비교한 것이다.

(122) 우리벋지어:가미마치됴토다 (번노상:8)

우리벗지어가미마치됴토다 (노언상:7)

흠쯰벗지어가는거시더옥올흐니라 (청노1:11)

(123) 골픈 제 흔 입 어더 머구미 브른 제 흔 말 어둠두곤 더으니 (번노상:43)

골픈 제 흔 입 어더 먹으미 브른 제 흔 말 어듬도곤 나으니라 (노언상:39)

주릴 지 흔 번 어더 먹는 거시 부를 쎠 흔 말 볼 엇는 거세셔 나으니라 (몽노3:8)

빈 곫홀 째예 흔 입 먹는 거시 브를 제 흔 말 볼 엇나니 (청노3:11)

(124) 사오나온 일란 펴내요미 ᄀ장 사오나온 이리라 (번노하:44)

사오나온 일란 드러내미 ᄀ장 사오나온 일이라 (노언하:40)

사온나온 일만 내여 니ᄅᆞ는 거시 ᄀ장 사오나온 일이라 (몽노7:1)

(125) 큰 형님 니ᄅᆞ샤미 올ᄒᆞ시이다 (번노상:41)

큰 형의 니름이 올타 (노언상:37)

큰 兄의 니ᄅᆞ는 거시 올타 (몽노3:5)

(126) 관원들히 굴겨 더도다 두워 두워 더로미 아니 하다 (번박상:4)

위의 예문에서 한국어 모어 화자들은 ㄴ과 ㄱ의 예문은 자연스럽게 느끼고 발화하지만 ㄱ은 부자연스럽게 느낀다. 이처럼 ㄱ은 부자연스럽기 때문에 ㄴ이나 ㄷ으로 교체하는 방법이 고려되는 것이다. 현대 국어에서에서 주어절의 생산성을 보면 'ㄴ/ㄹ 것)-기)-ㅁ' 순이다. 이를 통해서도 형태론적 구성의 불완전성을 통사론적 구성이 대체할 수 있을 것이라고 추론할 수 있다.

官人들이 글겨 더도다 두어 두어 <u>감흔 거시</u> 하디 아니흐다 (박언
상:4)

(127) 두 舍人의 <u>비서이쇼미</u> ㄱ장 아룸다오니 (번박상:30)
　　　두 舍人의 <u>비온 거시</u> 風風流流흐고 (박언상:28)

위의 (122)~(127)의 예문은 '-오-+-ㅁ>(-ㅁ)>-ㄴ 것'의 유형이다.
'-오-'의 소멸로 인한 '-ㅁ'의 위축은 '-ㄴ 것'구성을 등장하게 하였고,
'-오-+-ㅁ'의 기능을 대체하기 시작하였다.

다음 (128)~(131)은 17세기에 나타나는 '-ㄴ 것'유형의 예문이다.
'-ㄴ'과 '것'이 긴밀하게 통합된 구조를 이루고 있다. (128)은 '살아
있음'의 상태, (129)는 '丐乞흐다'의 행동, (130)은 '흐다'의 행동, (131)
은 '비오다'의 행동 그 자체를 가리키는 데 쓰이고 있다.

(128) 隣里ᄂᆫ 날노 더브러 흔가지로 흔듸셔 살아 <u>잇ᄂᆫ 것</u> <u>업ᄂᆫ 거슬</u>
　　　서르 ᄌᆞ뢰흐며 (경민중:8)
(129) 가난흐야 굴머 <u>丐乞(개걸)흐ᄂᆫ 거시</u> 다 이 소업을 브즈런이 아니
　　　흐ᄂᆞ 사름이라 (경민중:10)
(130) 공양흐기를 넙이 <u>흐ᄂᆞ 거시</u> 그 유익디 아니홈을 붉이 가히 알띠라
　　　(경민중:36)
(131) 두 舍人의 <u>비온 거시</u> 風風流流흐고 (박언상:28)

3.4. 그 밖의 유형

명사화 구성에서 '-오-'가 소멸하면서 나타난 유형을 '-ㅁ'형, '-기'
형, '-ㄴ 것'형 세 가지로 나누어 확인해 보았다. 위에서 살펴본 유형
외에 '-오-'가 소멸한 후에 명사구내포문을 이루던 구성이 부사화

(ADVP)하거나 접속문화, 서술문화(VP)하여 나타나는 구성과 '-ㄴ 것'
이 '-ㄴ+명사'형의 구조를 사용한 관형화 구성으로 바뀐 것을 예문을
통해 살펴볼 것이다.

다음 (132), (133) 예문은 '-오-'가 존재하다가 사라지면서 다른 '-ㄴ
것'이 '-ㄴ+ 명사'의 구조를 사용한 관형화 구성으로 바뀐 예문이다.

    (132) 네 닐옴도 올타커니와 (번노상:5)
            네 니름도 올커니와 (노언상:4)
            네 니르는 말이 올커니와 (몽노1:6)

    (133) 사르미 짓글휴믈 크게 ᄒᆞ느다 (번노하:36)
            사룸이 짓괴기를 크게 ᄒᆞ더니 (노언하:33)
            사룸이 만히 지져괴모로 (몽노7:2)
            사룸이 지져괴는 소리예 (청노7:3)

위의 (132), (133) 예문 역시 '-오-'가 소멸해 감에 따라 '-ㄴ 것' 구조
로 바뀌었던 것과 비슷한 맥락이다. 의존명사 '것' 대신에 '-오-'가 결
합한 동사의 구체적 목적어가 될 수 있는 명사와 결합한 관형화 구성으
로 변화한 것이다.

다음 (134)~(138) 예문은 '-오-'가 소멸한 후에 명사구내포문을 이루
던 구성이 부사화(ADVP)하거나 접속문화, 서술문화(VP)하여 나타나
는 구성이다. 정수현(2011:57)에서는 이런 변화를 하나로 묶어서 기술
하려고 하는 일은 생성문법에서 직접성분을 분석해 내는 과정에서
동사구(VP)와 연결되는 성분을 함께 설명할 수 있기 때문이며, 이렇게
명사화 구성(NP)의 구성이 부사화(ADVP), 접속문화, 서술문화(VP)
하는 변화의 과정은 우리 국어에서도 통사적 변화를 찾을 수 있다는
사실을 말해준다고 기술하였다.

(134) 오직 노ᄅ샛 말ᄒᆞ요믈 즐기고 녯 도리 스랑호믈 아니ᄒᆞ야 (번소
6:19)
오직 희롱엣 말을 즐기고 녯 도리 싱각디 아니ᄒᆞ야 (소언5:17)
(135) 쁴우믈 멀즈시 미라 (번노상:38)
쁴워 멀즈시 미라 (노언상:34)
(136) 우리 벋 지어 :가미 (번노상:8)
우리 벗 지어 가미 (노언상:30)
우리 벋ᄒᆞ야 가면 (몽노1:11)
(137) 세히 흔듸 길 :녀매 (번노상:34)
세 사ᄅᆞᆷ이 홈ᄭᅴ 녜매 (노언상:30)
세 사ᄅᆞᆷ이 홈ᄭᅴ 갈씬 (몽노2:21)
(138) 머구미 브르녀 아니 브르녀 (번노상:42)
머그미 브르냐 아니 브르냐 (노언상:38)
먹어 빅부르냐 아니냐 (몽어3:7)

앞에서 살펴본 것을 통해서 '-오-'가 사라지면서 우리말이 커다란
통사 변화를 겪었으며, 한 형태소가 소멸할 때 소멸된 형태소가 수행했
던 기능을 대체하는 새로운 구조와 형태가 나타나는 것을 알 수 있다.
따라서 선어말어미 '-오-'의 소멸로 인한 NP>ADVP화는 우리말의 통
사 변화의 큰 흐름을 제시할 수 있는 동시에 15세기 이전에 겪었을
우리말의 통사 변화 또한 추측해 볼 수 있게 하는 것이다.

4. 결론

지금까지 15세기 문헌에서 많이 보이는 명사화 구성 '-오-'의 실현과
16세기 이후부터 소멸이 시작되어 확산되는 과정을 문헌 자료를 통해
서 살펴보았다. '-오-'의 소멸은 의존명사 구문의 관형화 구성에서 시

작되어 자립명사 구문의 관형화 구성으로 확산되었다. 그리고 '-오-'의 선접이 필수적이었던 15세기 국어의 명사화 구성에까지 확산되었다. 16세기에는 '-ㅁ'과 결합하던 '-오-'가 소멸됨으로 인해서 명사형 어미로서의 기능이 점차 약화된다. 따라서 '-오-'가 불규칙하게 나타나고, '-ㅁ' 형태가 위축이 되면서, '-ㅁ'형태의 불안정해진 자리에 '-기'의 활성화가 진행된다고 볼 수 있다. 즉, 16세기부터는 '-오-'의 소멸로 인한 '-오-+-ㅁ'형을 대체할 다른 것이 필요하게 되었는데 '-기'가 이를 대체하게 되었지만 '-오-+-ㅁ'형에 비해서는 분포가 적은 편이었다. 17세기 들어서면서 '-오-'의 소멸이 더 활발해지면서 '-오-'가 선접하지 않은 형태와 '-오-'가 선접한 형태가 비슷한 분포를 보이게 된다.

'-오-'가 소멸하면서 그 자리에 나타나는 유형을 네 가지로 나누어 자세히 살펴보았다. 먼저 '-오-'의 소멸로 인해 명사형 어미 '-ㅁ'만 관여하는 구문이 나타나게 된다. '-오-'의 기능이 활발하게 나타나는 16세기까지는 '-오-+-ㅁ'형으로 많이 나타나지만 17세기에는 '-오-'의 소멸이 활발해지면서 '-ㅁ'형으로 많이 나타난다.

'-기'는 15세기 국어에서는 용례도 적고 파생접사에 불과했는데 16세기 이후에는 용례가 많아졌으며 명사화 구성에 적극적으로 참여하게 되었다. 이러한 '-기'의 통사적 기능의 확대는 '-옴'과의 충돌을 피할 수 없게 하였으며 '-옴'형은 '-기'에도 자리를 내어 주게 되었다. 17세기에는 '-오-'의 소멸로 인해서 '-오-+-ㅁ'의 기능이 약화되면서 그 기능을 많은 부분에서 대체해야 했기 때문에 '-기'가 16세기에 비해서 많이 나타난다.

'-ㄴ 것'은 '-오-'의 소멸로 인해 통어론적 구성으로 바뀐 것이다. 선어말어미 '-오-'가 가장 강력하게 자리 잡고 있었던 구성이 다름 아닌 명사형 어미 '-ㅁ'과 결합한 명사화 구성인데 이 구성에서 '-오-'가 사라짐에 따라 '-오-'가 없이 '-ㅁ'으로만 명사화 구성이 유지되다가 명사성과 내포문에 주어지는 초점, 강조가 약화되는데 이러한 '-오-'가 사라지기 이전의 그 기능을 넘겨받을 만한 구성인 '-ㄴ 것'이 등장한 것으로 생각된다.

마지막으로 위의 세 유형 외에 '-오-'가 소멸한 후에 명사구내포문을 이루던 구성이 부사화(ADVP)하거나 접속문화, 서술문화(VP)하여 나타나는 구성과 '-ㄴ 것'이 '-ㄴ+ 명사'형의 구조를 사용한 관형과 구성으로 바뀐 것이 있다.

'-오-'의 소멸 과정과 밀접한 관계가 있는 것으로 17세기의 '-옴'과 '-음'의 분포를 들 수 있다. 전정례(1991)에서는 '-오-'를 이른바 '명사구내포문 표지'로 설정한 바 있다. 이로 인해 '-오-'의 소멸로 인한 '-옴', '-음' 구성의 약화는 '-ㅁ'의 위축, '-기'의 활성화, '다른 구조로의 대체' 등의 여러 변화를 가져오게 된다.

'-오-'의 소멸에 따른 '-ㅁ'의 위축은 '-기'의 활성화에 영향을 미치게 된다. '-기'는 15세기부터 있었으나 미비하였고, 16세기부터 본격적으로 기능하기 시작하는데 17세기에는 그 기능이 더욱 확대되면서 '-ㅁ'과의 충돌로 인해 '-기'가 '-ㅁ'의 범위를 침범하게 되고 그 결과 '-ㅁ'은 위축된다고 볼 수 있다.

전정례(1995:157)와 최대희(2010), 정수현(2011)에서는 '-오-'의 소멸이 가속화하는 요인을 16세기 이후의 '-기'와 '-것'의 발달에서 찾고 있다. 또한 '-오-'에 의한 구성의 상당 부분이 명사화 구성에서는 '-기'에, 관형화 구성에서는 '-것'에 의해 대체되는데 여기서 '-기', '-것'의 발달은 '-오-'의 소멸에 한 원인을 제공하는 것이라고 보고 있다.

참고문헌

고영근 · 남기심(1985), 『표준국어문법론』, 탑출판사.

고영근(1987), 『표준 중세국어문법론』, 탑출판사.

권재일(1992), 『한국어 통사론』. 민음사.

권재일(1998), 『한국어 문법사』, 박이정.

김석득(1983), 『우리말 연구사』, 정음문화사.

노동헌(1993), 「선어말어미 '-오-'의 분포와 기능에 대한 연구」, 서울대학교 대학원 석사학위논문.

서은아(1999), 「15 · 16세기 국어의 풀이씨 이름법 '-ㅁ, -기' 연구」, 『건국어문학』 23 · 24, 건국대학교 국어국문학과.

서은아(2000), 「17 · 18세기 국어의 풀이씨 이름법 '-ㅁ, -기' 연구」, 『겨레어문학』 25, 겨레어문학회.

손주일(1979), 「15세기 국어의 선어말어미 '-오/우-'에 관한 통사론적 연구」, 서강대학교 대학원 석사학위논문.

안주호(1997), 『한국어 명사의 문법화 현상 연구』, 한국문화사.

양정호(2001), 「중세국어 동명사의 선어말어미 '-오-' 연구」, 서울대학교 대학원 박사학위논문.

전정례(1991), 「중세국어 명사구내포문에서의 '-오-'의 기능과 변천」, 서울대학교 대학원 박사학위논문.

정수현(2006), 「'노걸대'에 나타난 명사구내포문의 변화」, 건국대학교 대학원 석사학위논문.

정수현(2011), 「선어말어미 '-오-'의 기능과 변천 -명사성의 약화와 그 기능변화를 중심으로」, 건국대학교 대학원 박사학위논문.

최대희(2010), 「17세기 국어의 이름마디 구조 연구」, 건국대학교 대학원 박사학위논문.

허 웅(1973), 「15세기 국어의 주체-대상법 활용」, 『한글』 152, 한글학회.

허 웅(1975), 『우리 옛말본』, 샘출판사.

허원욱(2009), 「17세기 '-기' 이름마디의 통어적 연구-부림말로 기능」, 『한말연구』 24, 한말연구학회.